하나님이 보내신 성령께서

항상 함께하시고 기도하시며 도우시는

_______________께 이 소중한 책을 드립니다.

년 월 일

_______________ 드림

하나님의 풍성함을 경험하라

빈손에 채워진 하늘

초판 1쇄 발행 2026년 2월 13일

지은이 고재호
펴낸이 장길수
펴낸곳 지식과감성#
출판등록 제2012-000081호

교정 김지원
디자인 정윤솔
편집 정윤솔
검수 한장희, 이현
마케팅 김윤길

주소 서울시 금천구 벚꽃로298 대륭포스트타워6차 1212호
전화 070-4651-3730~4
팩스 070-4325-7006
이메일 ksbookup@naver.com
홈페이지 www.knsbookup.com

ISBN 979-11-392-3080-2(03230)
값 17,000원

지식과감성#
홈페이지 바로가기

《하나님의 풍성함을 경험하라》 영적 성장 묵상 시리즈 1

하나님의 풍성함을 경험하라

빈손에 채워진 하늘

고재호 지음

지식과감성#

삶의 맨 앞에 기록된 기도, 그 첫 번째 이야기

이 책은 필자가 신앙인으로서 발을 딛고 선 현실과, 붙잡고 나아가야 할 말씀 사이에서 고군분투했던 지난 5년(2020년 9월~2025년 10월) 여정의 가장 쓰라렸던 첫 순간을 담고 있습니다. 거창한 신학적 깨달음이나 화려한 간증이 아닙니다. 매일 아침 출근길, 기도하지 않으면 단 한 걸음도 내디딜 수 없을 만큼 절박했던 한 사람의 '생존 기록'과 같습니다.

가정과 직장, 그리고 나라 안팎에서 발생하는 여러 어려움 속에서 매일매일 기도와 말씀을 묵상했습니다. 특히 가장 날카로운 통증을 안겨준 것은 관계로 인한 고통이었습니다. 직장 생활의 긴장과 염려는 영혼을 갉아먹는 듯했고, 매일 쓰라림이 가득한 마음을 새롭게 회복시키지 않으면 하루를 시작할 수 없을 정도로 힘든 시기였습니다. 수많은 사람이 가정과 직장에서 관계로 인해 상처받고 신음하는 것을 보면서, 나 역시 그 고통의 굴레에서 어떻게 하면 빠져나올 수 있을지, 아니면 적어도 그 무게를 줄일 수 있을지 그 해결의 실마리를 온몸으로 찾고 싶었습니다.

나는 해결책을 찾기 위해 기도와 말씀이라는 유일한 무기를 붙잡았습니다. 출근하기 전 기도 시간은 생명과도 같은 시간이었습니다. 그 시간에 하루의 무게를 견뎌낼 충분한 은혜와 능력을 공급받지 못하면 살아갈 수가 없었습니다. 아침 기도 시간에는 물론이고, 출퇴근하는 전철 안에서, 점심때 30여 분간 산책을 하면서, 오직 어려운 문제에 대한 답과 고통뿐인 관계 해결의 지혜를 얻기 위해 집중적으로 부르짖었습니다. 깨달음은 천천히, 때로는 깊이 있게 다가왔습니다. 이전에도 분명 하나님께서 감동과 은혜를 주셨지만, 여기저기 종이나 다른 곳에 기록하다 보니 그 보배로운 메시지들이 모두 사라져 버렸습니다.

그러던 중, 하나님께서는 어느 날 마음에 주신 은혜를 소중히 간직해야 할 것에 대한 강한 부담감을 주셨습니다. 이것이 바로 2020년 9월 4일, 핸드폰 메모장에 첫 깨달음을 기록하기 시작한 계기입니다. 그때그때 기록하지 않으면 이상하리만큼 기도가 끝나고 한 시간만 지나도 하나도 기억이 나지 않았습니다. 은혜를 헛되이 받지 않기 위해, 그리고 언젠가 필요한 분들에게 전달하기 위해 시작된 이 작은 습관은, 이후 5년간 영적 생명줄이 되었습니다.

이 첫 번째 책에 기록된 내용은 2014년 2월부터 재직한 회사에서 2020년 9월부터 2022년 6월까지 겪은 시련을 토대로 작성된 배경입니다. 힘들게 한 특정 직원과의 만남, 출근하기 위해 회사 출입문 앞에 설 때마다 밀려드는 긴장감과 염려는 하나님 앞에 매일 수시로 부르짖게 만들었습니다. 당시 나는 신앙의 '뿌리'가 얼마나 약한지, 고난이라는 바람 앞에서 얼마나 쉽게 흔들리는 존재인지를 뼈저리게 느꼈습니다. 그래서 이 묵상은 '어떻게 하면 흔들리지 않는 믿음의 기초를 세울 수 있을까'라는 근원적인 질문에서 출발합니다.

"왜 이런 고통을 주시는지?" "하나님의 계획과 뜻이 무엇인지?" "어떻게 이 문제를 해결해야 하는지?"를 깨달음과 확신이 올 때까지 질문하고 또 질문했습니다. 하나님은 성경을 통해서, 기도 중에 주시는 감동을 통해서, 설교 말씀을 통해서 다양한 방법으로 그 원인과 해결책의 실마리를 알게 하셨습니다. 이 책은 고난의 깊은 터널에 진입한 분들과 긴 터널을 통과하는 분에게 가장 먼저 다가갈 기본적이고, 절박했던 깨달음을 담고 있습니다. 눈에 보이는 기적보다는, 평소에 깨닫지 못했던 진리들과 하나님의 깊은 마음을 발견하는 여정이었습니다.

하나를 깨닫고 나면 큰 기쁨과 평안이 찾아와 그날 하루를 잘 지냈지만, 이튿날 아침이면 다시 같은 긴장감이 밀려왔습니다. 어제 주신 은혜가 왜 지속되지 못하고 마음에서 요동치는지 원인을 알고 싶었습니다. 이 책은 바로 그 답을 찾아가는 여정, 즉 새로운 피조물로서의 하나님의 사녀라는 정체성을 확립하고 믿음의 뿌리를 띵 깊이 내리는 기초 공사의 기록입니다. 이 책을 통해 독자님들의 고통스러운 마음에 작은 위로와 함께, 고난을 헤쳐나갈 영적 근육이 형성되기를 간절히 소망합니다.

이 모든 기록은 연대기순으로 구성되어 있으며, 생생한 삶의 현장에서 울려 퍼진 목소리와 그때그때 주신 하나님의 말씀을 담아 전달하고자 했습니다. 이는 곧 한 성도의 영적 성장 기록 일기이자, 하나님께서 한 사람을 어떻게 이끌어 가고 계시는지를 볼 수 있는 소중하고도 풍성한 증거가 될 것입니다.

아울러 독자분들께서는 이 책을 필자가 이전에 출간한 간증 중심의 서적 《계획이 무너지면 꿈은 완성된다》(지식과감성)의 심화 편으로 이해해주시면 좋겠습니다. 그 간증이 나오기까지 하나님께서 매일 어떠한 깨달음과 은혜로 한 성도를 인도하셨는지를 상세히 기록한 책이 바로 이 두 번째 시리즈입니다.

이 책을 읽는 독자님들의 삶 속에도 이처럼 풍성하고 살아있는 하나님의 은혜가 부어지기를 간절히 기도합니다.

마지막으로 이 책이 출간되도록 기도로 도움을 주신 오륜교회와 광진교구 남자2 순모임 집사님들, 칠 남매 형제들, 예수전도단 제주DTS 5기 동기들, 과거 고시 공부를 함께 했던 믿음의 형제들과 수많은 믿음의 동역자에게 감사의 마음을 전달합니다.

이 책의 내용을 보다 깊이 깨닫고 삶에 적용할 수 있도록 돕는 몇 가지 제안을 드립니다.

묵상의 깊이를 더하는 작은 Tip

1. **기도로 시작하십시오.** 글을 읽기 전, 먼저 성령님의 도우심을 구하십시오. 우리의 지혜가 아닌 하나님의 조명 아래 있을 때, 글 속에 담긴 진리가 살아있는 생명으로 다가올 것입니다.

2. **날짜의 흐름을 따라 읽으십시오.** 같은 날짜에 기록된 묵상들은 하나의 큰 강물처럼 서로 연결되어 있습니다. 그날의 글들을 함께 읽고 묵상하신다면, 하나님께서 전하고자 하시는 메시지의 풍성한 흐름을 명확하게 파악할 수 있습니다.

3. **질문 속에 담긴 진리를 찾으십시오.** 이 책의 묵상 글은 삶의 치열한 고난과 진리를 향한 갈급함 속에서 하나님께 드린 질문에 대한 응답들입니다. 저자가 어떤 질문 뒤에 이 깨달음을 얻었을지 그 마음을 헤아리며 읽으신다면, 더 큰 영적 유익을 누리게 될 것입니다.

4. **자신의 삶을 질문으로 드려보십시오.** 지금 당면한 고통이나 마음 깊은 곳의 갈망을 하나님 앞에 정직한 질문으로 내어놓으십시오. 성령께서 이 글들을 통로 삼아 당신만을 위해 예비하신 특별한 은혜와 세밀한 음성을 반드시 들려주실 것입니다.

프롤로그

믿음의 기초와 부르심

이 첫 번째 묵상집은 가장 근원적인 질문, “나는 누구인가?”와 “왜 여기 존재하는가?”에 대한 답을 찾아가는 영혼의 첫 여정을 기록합니다. 2020년 9월부터 2022년 6월까지의 기록은, 세상을 향해 굳게 닫혀 있던 마음의 문이 그리스도의 십자가 앞에 열리고, 하나님의 부르심을 깨닫는 감격적인 순간들을 담고 있습니다. 이 기간은 신앙의 토대가 놓이는 기간이며, 모든 영적인 건축물의 설계도이자 가장 견고한 주춧돌과 같습니다.

1. 죄와 사망에서 자유를 선포하다: 새로운 피조물의 정체성

우리가 그리스도인이 되는 것은 단순히 종교를 바꾸는 행위가 아니라, 존재론적인 혁명입니다. 우리는 이 책을 통해 죄와 사망의 권세에서 해방되어 예수 그리스도 안에서 ‘새로운 피조물’이 되는 정체성의 재정립 과정을 목격하게 될 것입니다. 묵상의 시작은 구원의 은혜가 얼마나 압도적인지를 깨닫는 것에서 출발합니다. 우리의 노력이나 자격이 아닌, 오직 십자가의 보혈로만 얻어진 이 은혜로운 선물의 진리를 마음 깊이 새깁니다. 이 새로운 정체성은 우리의 과거를 벗어버리고, 현재의 삶을 영원한 하나님의 목적에 맞추도록 근본적으로 변화시킵니다. 이 깨달음 속에서 비로소 우리는 두려움 대신 평안을, 절망 대신 소망을 경험하는 첫 기쁨을 누리게 됩니다.

2. 반석 위에 세우는 영혼의 기초 공사

이 시기의 묵상은 마치 새로운 건물을 지을 때 땅을 파고 기둥을 세우는 것과 같습니다. 아직 화려한 외형이나 눈부신 사역의 열매는 없을지라도, 영원히 흔들리지 않을 반석 위에 뿌리를 내리는 깊고 중요한 '기초 공사'가 이 시기 동안 이루어집니다. 이 기초는 두 가지 핵심 요소로 구성됩니다. 첫째는 '말씀'입니다. 성경을 단순히 지식으로 습득하는 것을 넘어, 내 영혼의 양식과 삶의 지침으로 받아들이는 훈련이 시작됩니다. 둘째는 '기도'입니다. 하나님과의 일방적인 요청이 아닌, 그분의 마음을 알아가고 교제하는 통로로서의 기도를 배우는 과정이 펼쳐집니다. 이 두 기둥은 우리의 영혼이 세상의 어떤 풍파에도 흔들리지 않도록 견고하게 붙잡아 주는 역할을 합니다.

3. 첫사랑의 회복과 부르심의 목적

만일 당신의 믿음 생활이 무언가 허전하거나, 처음 하나님을 만났을 때의 감격이 희미해졌다면, 이 책은 당신의 영적인 첫사랑을 회복시키도록 이끌어 줄 것입니다. 우리가 받은 구원이 얼마나 크고 값진 은혜인지를 다시 한번 확신하게 하고, 우리의 영혼을 뜨겁게 했던 초기의 감격과 순수함을 되찾아 줄 것입니다. 모든 영적인 성장의 출발점은 우리가 누구에게 속한 자인지, 그리고 우리를 부르신 그분의 목적이 무엇인지를 명확히 아는 것에서 시작되기 때문입니다. 우리의 삶은 우연이 아니라, 하나님의 위대한 계획 속으로 '부르심을 입은 자'의 필연적인 여정입니다. 이 부르심의 목적을 깨달을 때, 우리의 삶은 비로소 의미와 방향을 얻게 되며, 이 땅에서 하나님 나라를 살아가는 영광스러운 특권을 누리게 될 것입니다.

이 책은 영적 성장을 위한 묵상 시리즈 첫 번째 책입니다. 다음과 같은 시리즈로 책이 구성될 것이며, 영적 성장 단계에서 하나님께서 어떠한 말씀으로 한 사람을 어린아이 단계부터 장성한 단계에 이르기까지 인도하셨는지를 경험할 수 있습니다.

하나님께서 당신을 지금보다 더 깊이, 더 풍성하게 인도하실 것을 기대하십시오. 하나님께서는 우리 마음 안에서부터 새 일을 행하실 것입니다. 그분이 작정하셔서 시작하신 일을 끝까지 책임지고 인도하실 것입니다.

'하나님의 풍성함을 경험하라' 묵상 시리즈(안)

구분	주요 내용(기간)	제목과 부제
1권	믿음의 기초와 부르심 (2020. 09. ~ 2022. 06.)	**하나님의 풍성함을 경험하라** : 빈손에 채워진 하늘
2권	일상 속의 순종과 동행 (2022. 07. ~ 2023. 01.)	**오늘, 하나님과 걷다** : 동행하는 자에게 비밀을 나타내신다
3권	자기 부인과 영적 접붙임 (2023. 02. ~ 2023. 05.)	**나를 무너트리는 은혜** : 자기 부인의 십자가와 접붙임의 신비
4권	영적 권세와 승리 (2023. 06. ~ 2023. 10.)	**세상을 이기는 무릎** : 기도와 계시 된 말씀이 권능
5권	고난 속의 인내와 연단 (2023. 11. ~ 2024. 03.)	**고난은 인내로 연단되어** : 기다림 속에서 발견하는 하나님의 깊은 목적
6권	성령의 열매와 풍성한 결실 (2024. 04. ~ 2024. 10.)	**연단 후 맺어지는 열매** : 그리스도의 향기가 흘러넘치는 삶의 결실
7권	말씀 묵상과 깊은 뿌리 (2024. 11. ~ 2025. 02.)	**깊이 뿌리 내리는 시간** : 영혼의 잔뿌리를 깊이 내리는 묵상 훈련
8권	하늘 시민권과 영원한 소망 (2025. 03. ~ 2025. 06.)	**땅에서 하늘을 살다** : 시련의 날에 마음과 시선을 하늘에 고정하기
9권	아버지의 마음과 영적 기업 (2025. 07. ~ 2025. 10.)	**남겨질 영적 유산** : 아버지의 마음과 뜻을 알고 따라가기

※ 위 시리즈는 2026년 2월부터 3개월 간격으로 출간할 예정입니다.

2026년 2월 13일

지은이 고재호

목차

서문: 삶의 맨 앞에 기록된 기도, 그 첫 번째 이야기 5
프롤로그: 믿음의 기초와 부르심 10
'하나님의 풍성함을 경험하라' 묵상 시리즈(안) 13

PART 1. 친밀함

1. 미움이 사랑으로, 작은 시작의 위대한 능력 22
2. 갈등을 푸는 열쇠: 타인의 필요를 채우는 삶 25
3. 율법의 잣대를 버리고 은혜로 관계 맺기 27
4. 진리로 마음을 새롭게 건축하는 변화의 길 29
5. 하나님의 통치 아래서 경험하는 권능의 이동 31
6. 고정관념을 깨트릴 때, 생명이 흐른다 33
7. 부모의 문제를 아이에게 돌리지 말라 36
8. 말씀의 씨앗이 가진 무한한 생명력과 하나님의 계획 39
9. 세상의 멍에를 벗고 주님의 멍에를 메라 42
10. 율법의 담을 허물고 십자가의 자유를 누리십시오 45
11. 하나님께서 역사하시는 흐름(Flow) 48
12. 나를 향한 하나님의 부르심을 인식하기 52
13. 이웃에게 흘러가는 은혜 55
14. 인생의 목표 58
15. 인정 욕구 뒤의 불안을 이해하고 사랑으로 공존하기 60
16. 참 평안과 안식은 어떻게 누릴 수 있는가? 63
17. 일상 속에서 경험하는 성령님의 친밀한 임재와 역사 66
18. 하나님이 아끼시는 것과 인간이 소중히 여기는 것의 차이 68
19. 성령님과 육신의 갈망 사이에서 겪는 내적 갈등 71
20. 고난을 통해 배우는 하나님의 완전한 주권과 사랑 73

21. 용서와 사랑: 묶인 것을 풀어주는 열쇠 75
22. 끝까지 순종하신 예수님의 삶을 따르는 제자의 길 77
23. 육체의 욕망을 이기는 삶 80
24. 마귀의 책략을 분별하고 성령의 시선으로 관계를 보호하라 82
25. 내면의 쓰레기를 보석으로 바꾸는 은혜 85

PART 2. 불가능은 없다

26. 용서와 긍휼의 마음으로 나를 돌아보기 90
27. 모든 능력과 지혜, 형통의 근원은 하나님 93
28. 생각의 출처를 분별하고 성령의 인도에 따르라 95
29. 관계의 평안을 위해 성령의 마음 다스림을 구하라 98
30. 권력자가 아닌 섬기는 자의 자리 101
31. 고통스러운 관계 속에서 바라봐야 할 시선 103
32. 감추어진 신비, 예수 그리스도 안에서 누리는 은혜 105
33. 원통한 감정과 관계 치유, 회복 107
34. 나를 괴롭게 한 사람, 하나님이 보내신 선물 113
35. 갈등을 통해 새롭게 빚으시는 하나님 115
36. 믿음을 단련하시는 하나님의 과정 117
37. 하나님의 특별한 설계와 사람을 존중하는 삶 120
38. 모든 문제의 뿌리는 하나님을 떠났기 때문 123
39. 기도하고 기대하며 기다리라 125
40. 긴장이 가득한 관계를 완화하려면 127
41. 진정한 복은 무엇이고 누구를 위해 주셨는가? 129
42. 소통을 여는 대화의 지혜 131
43. 하나님의 거대하고 세밀한 경륜 안에서 살아가기 133
44. 사람의 열심이 고통이 될 수 있는 이유 136
45. 믿음은 해석을 결정한다 138
46. 광야로 내몰릴 때 141

47. 하나님께서 자신을 계시하시는 목적 144
48. 꿈은 상처 속에서 자라난다 147
49. 과거에 묶이지 않고 새롭게 태어나라 151
50. 고난과 더불어 친구 되기 153

PART 3. 평강

51. 요셉에게 허락하신 감옥의 시간, 연단과 준비의 은혜 156
52. 공존과 공생의 지혜 159
53. 사면초가 속에서 드러나는 하나님의 구원 계획 162
54. 자기다운 삶, 하나님께서 주신 가장 특별한 길 164
55. 비교하지 않고 하나님 안에서 강력한 무기를 발견하라 166
56. 구원과 새 언약 속 하나님의 열망 168
57. 하나님을 드러내시는 사건 170
58. 마음과 생각 속의 진리 분별하기 173
59. 두려움 속에서 드러나는 하나님의 약속과 보호 175
60. 하나님의 계획을 발견하는 삶 177
61. 불편한 사람을 통한 하나님의 메시지 179
62. 상처와 분노의 반복을 멈추는 길 181
63. 기적보다 귀한 하나님의 뜻 183
64. 하나님과 만나는 자리 185
65. 성령님의 계시를 따라 사는 삶 187
66. 현실의 유혹을 넘어, 하나님의 길을 선택하라 190
67. 칭찬보다 귀한 말, 반대의 소리에 귀 기울이기 192
68. 하늘에 쌓아둔 믿음의 연금 194
69. 고통 너머에 있는 하나님의 마음 198
70. 숨겨진 보물찾기 200
71. 서로의 다름을 통해 완성되는 하나님의 나라 203
72. 거짓된 욕망을 대적하고 거룩한 갈망을 사모하라 205

73. 고통 중에도 하나님의 뜻을 바라보며 믿음으로 반응하는 삶 207
74. 시시비비보다 더 귀한 가르침 209
75. 악한 것을 무너뜨리고 선한 것으로 다시 세우시는 하나님 211

PART 4. 보혜사 성령

76. 치유를 위한 하나님의 손길 214
77. 고통을 통해 일하시는 하나님의 손길 216
78. 억울함 속에서 지혜로 반응하기 218
79. 나의 의가 아닌 그리스도의 의로 살아가기 220
80. 힘든 섬김을 통해 배우는 교훈 222
81. 고통의 경험조차 사명의 재료가 된다 224
82. 나는 왕이 아니라, 왕의 뜻을 이루는 자입니다 226
83. 갈등의 뿌리를 성찰하다 228
84. 존중 없는 관계는 깨어진다 230
85. 영혼을 위한 침묵, 기도로 심고 사랑으로 섬기라 232
86. 하나님의 고독한 사역에 동참하라 234
87. 지금 누리는 모든 것, 전적인 은혜임을 기억하라 236
88. 진실한 관계를 위한 정직함, 거짓된 평화를 깨뜨려라 238
89. 비전의 조정: 하나님의 꿈을 나의 소원으로 240
90. 완벽주의자와의 건강한 동행: 긍휼과 섬김의 협력 242
91. 성령님의 시선으로 사람을 바라보라 244
92. 어떠한 상황에서도 하나님만을 신뢰하라 246
93. 도와줄 때는 때를 분별하는 지혜와 기다리는 섬김이 중요 248
94. 기도 응답의 지연 속에 감추어진 하나님의 목적 250
95. 기도의 근본 목적, 생명의 줄로 관계를 회복하라 252
96. 염려 대신 믿음으로 살아가는 비결 254
97. 상대를 변화시키려 말고, 마음을 읽어주는 사랑 256
98. 성령님의 시선으로 바라보는 회복 258

99. 영적 엔트로피의 법칙을 깨트리라 260
100. 성령님의 도우심 없이는 이길 수 없는 내면의 영적 전쟁 262

PART 5. 기도

101. 끝까지 용서하고 사랑하라: 생명을 살리는 유일한 길 268
102. 다른 이의 허물을 보기 전에, 나의 눈 속 들보를 보라 270
103. 십자가의 은혜로 비난의 자리를 떠나 사랑을 택하라 272
104. 성령 없이 쌓은 탑은 영적인 방해물이 된다 274
105. 마음과 생각의 주도권을 성령님께 온전히 드리라 276
106. 나를 힘들게 하는 사람은 하나님이 보내신 선교 대상 278
107. 오직 하나님의 영광만을 위한 기도의 깊이 280
108. 고정관념을 넘어, 하나님의 뜻을 구하라 282
109. 세상의 틀을 깨고, 자녀를 향한 하늘의 소명을 회복하라 284
110. 속사람의 정결함을 먼저 구하라 286
111. 상처를 복음의 문으로: 예상치 못한 간증의 자리 288
112. 반복되는 듯한 상황에서 하나님이 예비한 '새 일'을 보라 290
113. 진리의 영으로 거짓된 영을 분별하라 292
114. 성령님과 함께 왜곡된 생각의 프레임을 재구성하라 294
115. 정결한 신부의 단장: 하나님의 꿈에 동참하라 296
116. 이해되지 않는 고난 속에서 질문하고 기다리는 믿음 298
117. 영혼의 고통에 응답하는 동역자가 되라 300
118. 일시적인 즐거움을 내려놓고 새 소명에 순종하다 302
119. 자기 생각의 틀을 깨트리고 무한한 세계로 날아오르라 304
120. 나는 집 안에 있는 탕자인가, 집을 떠난 탕자인가? 306
121. 온유와 겸손의 길: 성령님과 함께 메는 예수님의 멍에 308
122. 수혜자의 자리에서 복음 전달자의 통로로 310

에필로그: 하나님의 꿈은 계속 진행 중이다 313

PART 1.
친밀함

시 25:14 여호와의 친밀하심이 그를 경외하는 자들에게 있음이여 그의 언약을 그들에게 보이시리로다

NIV The LORD confides in those who fear him; he makes his covenant known to them.

2020. 09. 04.

 미움이 사랑으로, 작은 시작의 위대한 능력

우리는 삶의 여정 속에서 때때로 마음에 불편함이나 미움을 일으키는 사람을 만나게 됩니다. 감정이 격해지는 순간, 인간적인 본능은 상대를 피하거나 단점을 들추는 데 집중하게 만들지요. 하지만 그리스도인으로서 우리는 내 감정에 머무르지 않고, 그럴 때일수록 선하고 바른 방향으로 나아가기 위해 마음을 다잡고 기도해야 합니다.

어쩌면 미움이 가득한 관계 속에서 사랑을 선택하기 위한 우리의 노력은, 지극히 작아서 눈에 잘 띄지도 않는 겨자씨 한 알처럼 느껴질 수 있습니다. '내가 이렇게 애써봐야 소용없지 않을까', '내 작은 순종이 무슨 변화를 가져올까'라는 회의감이 들 수도 있지요. 그러나 하나님께서는 바로 그 작고 보잘것없는 몸부림, 즉 하나님께 순종하고자 하는 마음 그 자체를 가장 귀하게 여기십니다. 우리의 미약한 애씀을 희망의 불꽃으로 삼아 사용하시며, 순종하려는 그 사람을 통해 마침내 당신의 크고 선한 계획이 이루어지도록 역사하시는 분이 바로 우리 주님이십니다.

상황이 아무리 절망적이어서 마치 꺼져가는 등불처럼 희미해 보일지라도, 변화는 외부 조건이 아니라 내 마음속에 선한 씨앗을 심는 것에서부터 시작됩니다. 이웃을 향한 아주 작은 선의(善意), 오직 하나님만을 의지하려는 굳건한 태도, 그리고 기도하며 그 뜻에 순종하려는 의지만 있다면, 우리 마음을 짓누르던 미움은 서서히 따뜻한 사랑으로 변모될 수 있습니다.

상대방을 바라볼 때, 우리는 그 사람의 흠이나 내 마음에 들지 않는 부분에 쉽게 집착합니다. 하지만 이제 시선을 돌려, 죄인 된 우리를 용납하신 하나님의 긍휼한 시선으로 그를 바라보며 기도하는 삶을 선택해야 합니다. 이것이 우리가 할 수 있는 가장 선하고 위대한 행동입니다. 그리고 기도로 마음을 다진 후에는, 당장 지금 실천할 수 있는 가장 작은 선한 행동부터 용기 있게 시작해 나가는 것이 중요합니다.

내 안에서 성령님께서 일하시는 작은 소망의 불씨가 피어오르는지 잠잠히 살펴보시기 바랍니다. 비록 그 불꽃이 미미하게 보일지라도, 그것이 바로 하나님께서 우리의 관계와 삶 속에 역사하실 수 있는 가장 강력한 통로가 됩니다. 하나님의 일하심은 내가 마음 문을 열고 순종한 그 순간, 즉 나의 내면에서부터 시작되어, 결국 상대방에게도 흘러가 선한 생명력으로 퍼져나가게 하십니다.

결국 미움을 넘어 사랑으로 가는 길은 거창한 능력이 아니라, 주님을 의지하며 선을 행하려는 작은 믿음과 순종에 달려 있습니다. 우리가 믿음으로 심은 이 작은 선의의 씨앗은 때가 되면 반드시 풍성한 사랑의 열매로 결실하게 될 것입니다

"우리가 선을 행하되 낙심하지 말지니 포기하지 아니하면 때가 이르매 거두리라 그러므로 우리는 기회 있는 대로 모든 이에게 착한 일을 하되 더욱 믿음의 가정들에게 할지니라"(갈 6:9-10)

"이르시되 너희 믿음이 작은 까닭이니라 진실로 너희에게 이르노니 만일 너희에게 믿음이 겨자씨 한 알 만큼만 있어도 이 산을 명하여 여기서 저기로 옮겨지라 하면 옮겨질 것이요 또 너희가 못할 것이 없으리라"(마 17:20)

묵상 Point

1. 미움과 불편함을 느끼는 대상을 떠올릴 때, 나는 그를 위해 기도하기를 선택합니까, 아니면 감정을 정당화하기를 선택합니까?
2. 내가 오늘 당장 그 사람에게 실천할 수 있는 겨자씨 한 알 같은 작은 선한 행동이나 마음의 변화는 무엇인지 구체적으로 생각해 봅시다.

2020. 10. 19.

2 갈등을 푸는 열쇠: 타인의 필요를 채우는 삶

가정이나 직장, 그리고 우리가 속한 다양한 공동체 안에서 다툼과 분열을 경험하는 근본적인 원인은, 종종 우리 각자가 자신의 욕구와 기대만을 앞세우며 살아가기 때문입니다. 내 중심적인 관점에서 벗어나지 못할 때, 관계의 긴장은 고조되고 공동체는 경직되기 마련입니다.

이러한 갈등의 실타래를 풀기 위해 우리에게 필요한 것은, 잠시 내려놓음의 자세를 취하고 다른 사람이 무엇을 필요로 하는지, 그들이 진심으로 원하는 것이 무엇인지 귀 기울여 듣는 자세입니다. 상대방의 마음과 욕구를 이해하고, 그 필요를 채워주기 위해 진심으로 노력하는 그 순간부터, 굳게 닫혀 있던 관계의 문은 서서히 열리기 시작합니다. 성경은 이웃을 내 몸과 같이 사랑하라고 가르치며, 심지어 원수까지 사랑하라고 명령합니다. 타인의 필요를 헤아리려는 이러한 마음은 곧 우리 안에서 역사하시는 성령의 아름다운 열매이기도 합니다. 하나님께서는 이러한 이타적인 마음을 가장 기뻐하십니다.

더욱 놀라운 사실은, 타인의 필요를 채워주는 내어줌의 삶을 살아가다 보면, 오히려 나의 필요가 완전히 충족되지 않아도 신선한 기쁨과 사랑으로 마음이 채워지는 역설적인 경험을 한다는 것입니다. 이는 세상의 계산법으로는 이해할 수 없는, 위로부터 오는 더 좋은 것으로 충만함을 누리는 것입니다. 마치 씨앗을 땅에 심을 때 더 큰 열매로 돌아오는 것처럼, 타인의 유익을 구하는 것이 결국 나를 포함한 모두에게 유익하게 작용한다는 사실을 깨닫게 됩니다. 이것이 바로 그리스도께서 자신의 모든 것을 비우신(케노시스) 사랑을 통해 우리에게 보여주신 하나님 나라의 원리입니다. 즉, 자기를 비우고 타인을 섬기는 자리에서 비로소 참된 풍성함을 얻는 것입니다.

우리의 관계가 예수 그리스도 안에서 겸손과 사랑의 마음으로 섬김을 주고받는 장(場)이 될 때, 우리는 세상이 줄 수 없는 평화와 화목을 경험하게 될 것입니다.

"아무 일에든지 다툼이나 허영으로 하지 말고 오직 겸손한 마음으로 각각 자기보다 남을 낫게 여기고 각각 자기 일을 돌볼뿐더러 또한 각각 다른 사람들의 일을 돌보아 나의 기쁨을 충만하게 하라"(빌 2:3-4)

"너희가 받기를 바라고 사람들에게 꾸어 주면 칭찬 받을 것이 무엇이냐 죄인들도 그만큼 받고자 하여 죄인에게 꾸어 주느니라 오직 너희는 원수를 사랑하고 선대하며 아무 것도 바라지 말고 꾸어 주라 그리하면 너희 상이 클 것이요 또 지극히 높으신 이의 아들이 되리니 그는 은혜를 모르는 자와 악한 자에게도 인자하시니라"(눅 6:34-35)

묵상 Point

1. 나는 공동체 속에서 상대방의 진정한 필요보다 나의 욕구와 기대를 먼저 주장하며 관계의 경직성을 만들고 있지는 않습니까?
2. 타인의 필요를 채워주는 삶을 실천했을 때, 내가 받은 신선한 기쁨은 무엇이었습니까? 오늘 내가 비울 수 있는 작은 것과 채워줄 수 있는 상대방의 필요는 무엇인지 구체적으로 생각해 봅시다.

2020. 10. 22.

 율법의 잣대를 버리고 은혜로 관계 맺기

우리가 누군가를 미워하거나 분노하게 될 때, 그 마음의 깊은 곳에는 흔히 '나는 옳고 너는 틀렸다'라는 율법적인 의로움이 자리 잡고 있습니다. 이 율법주의적인 잣대에 사로잡히면, 우리는 상대방의 실수와 잘못만을 반복해서 떠올리며 끊임없이 판단하고 정죄하게 됩니다. 결국 자기 자신만이 절대적인 옳음의 틀 속에 갇혀버리는 고통과 갈등으로 가득 찬 관계가 됩니다.

이러한 자기 의(Self-righteousness)는 마치 독버섯처럼 마음속에 자기를 변호하는 강한 논리를 키워냅니다. 그 논리는 자신을 방어하는 데 성공할지 모르지만, 주변 사람들에게는 날카로운 상처로 작용합니다. 문제는 이러한 독선적인 태도를 정작 본인은 깨닫지 못하는 경우가 많다는 것입니다. 마음속에 오래 쌓인 악한 생각과 감정을 처리하지 못하면 건강하고 성숙한 관계는 불가능합니다. 우리의 마음 환경이 은혜와 용서로 정결하게 새롭게 되어야 진정한 사랑과 성숙이 자라날 수 있습니다.

은혜로 관계를 맺는다는 것은 상대방의 잘못을 묵인하는 것이 아니라, 그 사람을 바라보는 '해석의 주권'을 하나님께 맡기는 것을 의미합니다. **율법은 행위의 결과에 집중하여 심판의 근거를 찾지만, 은혜는 그 사람의 존재 자체에 집중하여 회복의 기회를 찾습니다.** 우리가 성령의 도우심으로 율법을 벗고 은혜로 타인을 바라볼 때, 비로소 그 사람의 허물 뒤에 숨겨진 아픔과 연약함이 보이기 시작합니다. 이러한 영적 시각의 변화는 갈등의 현장을 정죄의 전쟁터가 아닌, 하나님의 긍휼이 임하는 성소로 변화시킵니다. 내가 틀릴 수 있음을 인정하고 하나님의 주권을 신뢰할 때, 우리는 비로소 관계를 파괴하는 '옳음의 우상'에서 벗어나 생명을 살리는 '사랑의 종'이 될 수 있습니다.

우리가 분노와 비난으로 상대방을 공격하고 내 마음에 평안이 없을 때, 우리는 먼저 하나님께서 우리에게 베푸신 크신 은혜와 용서를 기억해야 합니다. 우리는 모두 스스로의 힘으로는 하나님의 영광에 도달할 수 없는 죄인이었지만, 그리스도 예수 안에 있는 속량으로 말미암아 값없이 의롭다 하심을 얻었습니다. 이 은혜는 하나님의 자비와 사랑으로 주어진 선물입니다.

나의 허다한 죄와 허물을 용서하시고 자녀 삼아주신 그 큰 사랑을 되새길 때, 비로소 '나는 옳다'는 율법적인 자기 의로움을 내려놓을 수 있습니다. 이제 생명의 말씀으로 우리의 마음을 새롭게 채워 달라고 기도해야 합니다. 하나님의 사랑과 생명이 우리 안에 흘러넘칠 때, 그 은혜는 막힘없이 주변으로 흘러가 세상에 기쁨과 평안을 가져다주는 화해의 통로가 될 것입니다.

"모든 사람이 죄를 범하였으매 하나님의 영광에 이르지 못하더니 그리스도 예수 안에 있는 속량으로 말미암아 하나님의 은혜로 값 없이 의롭다 하심을 얻은 자 되었느니라"(롬 3:23-24)

"서로 친절하게 하며 불쌍히 여기며 서로 용서하기를 하나님이 그리스도 안에서 너희를 용서하심과 같이 하라"(엡 4:32)

묵상 Point

1. 관계의 갈등 속에서 나의 옳음을 증명하려는 율법적 태도가 하나님의 은혜를 가로막고 있지는 않나요?
2. 나를 값없이 의롭다고 하신 하나님의 용서를 기억하며, 상대방을 긍휼히 여기는 마음을 달라고 기도하고 있나요?

2021. 03. 04.

 진리로 마음을 새롭게 건축하는 변화의 길

예수님께서는 '새 술은 새 부대에 담아야 한다'라고 말씀하셨습니다.(눅 5:37-38) 이는 생명의 진리, 즉 새 포도주와 같은 복음이 우리 삶에 온전히 담기기 위해서는 새롭게 변화된 마음이라는 새 부대가 필요하다는 영적인 교훈을 담고 있습니다. 우리의 마음과 생각, 감정, 언어, 행동, 습관까지 근본적으로 변화시키고 싶다면, 우리는 어디서부터 시작해야 할까요?

변화의 시작은 먼저 진리에 속하지 않은 모든 것을 마음에서 하나씩 제거하고, 그 자리를 생명의 진리로 채우는 작업에서 출발해야 합니다. 우리는 처음부터 완전한 존재가 아니기에, 교육과 훈련, 건강한 경험을 통해 성장하고 성숙해 갑니다. 이 과정에서 가장 중요한 요소 중 하나는 좋은 멘토와 동역자를 만나는 일입니다. 우리가 힘들게 여기는 문제들을 건강하게 극복해 낸 영적인 멘토를 찾아, 마음과 삶 속에 깊이 박힌 어둡고 해로운 생각의 뿌리들을 함께 점검해 보십시오. 생각의 뿌리와 마음의 동기가 진리 위에 새롭게 건축될 때까지 훈련할 수 있는 환경을 스스로 만들어야 합니다.

결국 생각의 뿌리는 과거의 경험과 지식으로 형성된 마음입니다. 이 마음의 기초가 진리인지, 아니면 거짓된 세상의 가치관으로 쌓인 것인지 성령님의 도우심으로 분별해야 합니다. 여기서 주의해야 할 점은, 부패한 옛사람을 스스로의 의지로 개선하려는 노력은 결국 헛된 것에 불과하다는 사실입니다. 죄성을 가진 인간은 스스로 거룩해질 수 없으며, 오직 십자가 복음과 성령의 사역을 통해서만 근본적으로 변화할 수 있습니다.

내 안에 선과 악, 정의와 불의, 성공과 실패의 기준이 세상의 논리에 의해 어떻게 세워졌는지 돌아보고, 성령님의 역사하심을 따라 마음을 진리 위에 새롭게 건축해 나가십시오. 우리의 가치관과 세계관, 그리고 행동을 결정하는 내면의 소프트웨어가 완전히 새로워질 때, 우리는 하나님의 선하시고 기뻐하시고 온전하신 뜻을 분별하며 진정한 변화의 삶을 살아가게 될 것입니다.

"너희는 이 세대를 본받지 말고 오직 마음을 새롭게 함으로 변화를 받아 하나님의 선하시고 기뻐하시고 온전하신 뜻이 무엇인지 분별하도록 하라"(롬 12:2)

"너희는 유혹의 욕심을 따라 썩어져 가는 구습을 따르는 옛 사람을 벗어 버리고 오직 너희의 심령이 새롭게 되어 하나님을 따라 의와 진리의 거룩함으로 지으심을 받은 새 사람을 입으라"(엡 4:22-24)

묵상 Point

1. 나는 지금 옛사람의 구습을 따르는 '오래된 부대'에 집착하며 진정한 변화(새술)를 거부하고 있지는 않습니까? 내 마음속에 제거해야 할 진리가 아닌 것들은 무엇입니까?
2. 마음을 새롭게 건축하는 과정에서 나에게 필요한 영적인 멘토 또는 동역자는 누구이며, 이들을 통해 구체적으로 어떤 도움과 훈련을 받고자 합니까?

2021. 03. 09.

 하나님의 통치 아래서 경험하는 권능의 이동

Power Shift(권력의 이동)는 단지 세상의 정치, 경제 영역에만 국한된 개념이 아닙니다. 이 단어는 성경 사사기 시대의 주요한 특징이자, 하나님께서 당신의 백성을 통치하시는 방식에 대한 중요한 진리를 담고 있습니다. 즉, 누구에게 더 강력한 능력이 있는가에 따라 한 개인과 공동체의 상황이 결정된다는 원리입니다.

구약 이스라엘 백성이 하나님의 도우심을 간절히 구할 때, 성령의 능력(Power)은 이스라엘 편에 있었습니다. 그러나 그들이 하나님의 뜻을 거역하고 악을 행할 때, 하나님께서는 대적자의 능력을 키워 이스라엘을 원수의 손에 넘기셨습니다. 이는 이스라엘을 깨닫게 하고 연단하며 훈련시키기 위한 하나님의 섭리이자 교육의 도구였습니다. 결국 모든 권능의 최종적이고 유일한 주체는 하나님이시며, 하나님은 언약 백성의 순종 여부에 따라 그 능력을 거두기도, 허락하기도 하십니다.

이러한 언약의 원리는 우리의 일상 속 삶에서도 동일하게 적용됩니다. 우리가 하나님의 보호와 능력 아래 실기를 원한다면, 반드시 하나님의 뜻대로 살아야 합니다. 하나님의 능력은 세상의 어떤 권세나 환경보다 압도적이며, 우리를 보호하고 승리하게 하시는 유일한 힘입니다.

반대로, 우리가 하나님의 뜻을 거역하고 육신의 욕망대로 살면, 우리를 보호하던 하나님의 능력이 떠나게 되고, 그 능력은 우리를 괴롭히고 고통을 주는 외부의 어려움이나 원수에게로 넘어간 것처럼 보이게 됩니다.

만약 오늘 고통스러운 환경이나 사람 때문에 힘들다면, 먼저 내가 하나님 앞에서 어떻게 살고 있는지 겸손히 살펴보아야 합니다. 잘못되고 악한 길을 걷고 있었다면, 그 길에서 돌이켜 하나님 앞에 겸손히 나아가 회개해야 합니다. 회개는 단순한 감정적 후회가 아니라, 방향을 바꾸어 하나님께로 돌아가는 삶의 결단입니다.

우리가 회개와 순종으로 나아갈 때, 하나님은 그 권능으로 무너졌던 모든 것을 정상적인 상태로 회복시키십니다. 우리를 괴롭히던 권세는 힘을 잃고, 우리의 삶은 다시 하나님의 보호하심 아래서 궁극적인 승리로 인도될 것입니다. 모든 능력의 근원이신 하나님께 복종할 때, 그 능력이 우리의 삶을 주장하실 것입니다.

"이스라엘 자손이 여호와께 부르짖으매 여호와께서 이스라엘 자손을 위하여 한 구원자를 세워 그들을 구원하게 하시니"(삿 3:9)

"그런즉 너희는 하나님께 복종할지어다 마귀를 대적하라 그리하면 너희를 피하리라 하나님을 가까이하라 그리하면 너희를 가까이하시리라"(약 4:7-8)

묵상 Point

1. 나는 지금 현재의 고통스러운 환경이나 관계의 어려움을 외부적인 문제로만 돌리고 있지는 않습니까? 먼저 내가 하나님 앞에서 순종의 길을 걷고 있는지 스스로 점검하고 회개할 부분은 없는지 생각해 봅시다.
2. 권능의 이동이 오직 하나님께 달려 있음을 인정한다면, 내 삶과 환경이 하나님의 통치 아래 온전히 복종하고 승리할 수 있도록 오늘 어떤 구체적인 결단을 실천하시겠습니까?

2021. 04. 06.

 고정관념을 깨트릴 때, 생명이 흐른다

우리 속에 오랫동안 자리 잡은 견고한 프레임(Frame) 즉, 고정관념을 깨뜨리지 못하면 참된 생명이 흐를 수 없습니다. 내 생각이나 가치관에 사로잡혀 있으면 성령님께서 역사하실 공간이 없고, 진리의 목소리를 듣거나 순종할 수 없습니다.

열왕기하 5장에서 나아만 장군의 이야기가 이를 잘 보여줍니다. 나아만은 엘리사가 전한 하나님의 치료 방법(요단강에서 7번 몸을 씻는 행위)을 듣고도, 자기 기대나 생각과 다르다고 분노하며 선지자의 말씀을 거절했습니다. 그 결과, 그는 하나님의 뜻과 방법을 받아들이지 못하는 어리석은 결정을 내린 것입니다.

우리도 삶 속에서 자신 안에 깊이 뿌리내린 경험과 확신, 지식이 떠오를 때마다, 그 생각이 하나님의 말씀과 성품에 비추어 옳은 것인지 분별한 후 행동해야 합니다. 좌절과 분노는 대부분 내 생각대로 일이 풀리지 않을 때 나타나는 현상입니다.

따라서 우리의 생각과 계획을 하나님 앞에 점검하고 맡기며, 결과를 내 마음대로 추정하지 말아야 합니다. 하나님이 주인 되시고 왕 되심을 고백하는 사람이라면, 생각과 행동을 달리해야 합니다.

생각은 하나님께서 인간에게 허락하신 자유의지와 일반은총의 산물입니다. 그러나 성령님의 다스림 없이 내 마음대로 살면, 우리는 현상과 눈앞의 이익에 따른 자기중심적 사고로 살아가게 됩니다. 하나님은 이것을 경계하십니다.

우리의 생각이 하나님의 뜻과 다스림 안에 있기를 원한다면, 마음을 말씀으로 채우고, 솟아오르는 모든 생각을 하나님 앞에 가져가 검증과 묻는 과정을 거쳐야 합니다. 세상의 평가나 다른 사람의 의견을 함부로 수용하면, 세상이 설정한 프레임이 내 안에 들어와 내 속사람을 틀에 가두게 됩니다. 그러면 잘못된 가치관 속에서 살게 됩니다.

내 속에 깊이 자리한 견고한 진을 분별하고 깨뜨리십시오. 하나님께서 주시는 새로운 시각과 창조적 가치관, 하나님의 시선으로 바라보도록 도우심을 구해야 합니다.

하나님의 자녀는 끊임없이 세상의 가치관과 평가에 대해 하나님께 질문하고 조언을 구하는 사람들입니다. 그렇게 하나님께 경청할 때, 우리가 알지 못했던 새로운 진리와 경험을 발견하게 됩니다. 세상이 사소하게 여기는 일에도 새로운 가치를 부여하면, 우리의 마음과 태도는 달라집니다. 하나님께서 도우시면, 작은 일에도 탁월한 성과와 풍성한 열매를 맺을 수 있습니다.

- 내 안에 자리 잡은 고정관념은 무엇인가?
- 내가 내 생각대로 결정하거나 판단하는 영역이 있는가?
- 세상의 평가보다 하나님의 생각과 인도를 우선으로 삼고 있는가?
- 오늘 하나님의 시선으로 사소한 일에도 새 가치를 부여할 준비가 되었는가?

"그러나 하나님께서 세상의 미련한 것들을 택하사 지혜 있는 자들을

부끄럽게 하려 하시고 세상의 약한 것들을 택하사 강한 것들을 부끄럽게 하려 하시며"(고전 1:27)

"범사에 헤아려 좋은 것을 취하고 악은 어떤 모양이라도 버리라(test them all; hold on to what is good, reject every kind of evil.)"(살전 5:21-22)

묵상 Point

1. 나아만 장군처럼, 내가 하나님의 인도하심이나 말씀을 내 경험과 지식이라는 견고한 프레임으로 인해 거부하거나 불평하고 있는 영역은 무엇입니까?
2. 오늘 내가 하나님의 시선으로 바라보며 새로운 가치를 부여할 수 있는 사소한 일이나 사람은 무엇이며, 이를 통해 성령님의 다스림을 따르는 구체적인 행동은 무엇일지 결단해 봅시다.

2021. 05. 14.

 부모의 문제를 아이에게 돌리지 말라

우리 인생은 때때로 마주하는 수많은 실수와 아픈 실패, 그리고 예기치 못한 고난을 통해 진정한 진리를 배워가는 거룩한 과정입니다. 마치 학생들이 오답 노트를 정리하며 정답을 향한 정확한 길을 찾아가는 것처럼, 우리의 삶 또한 계획대로 되지 않는 막막한 경험 속에서 비로소 하나님께서 예비하신 하늘의 평안과 지혜를 깊이 있게 깨닫게 됩니다. 이러한 연단의 시간 속에서 우리는 타인에게 상처를 주지 않고, 나를 포함한 공동체 모두가 하나님의 품 안에서 아름답게 더불어 살아가는 성숙한 방법을 익히게 됩니다.

그러나 부모로서 우리는 자녀가 작은 실수를 하거나 우리의 기대와 다른 방향으로 행동할 때, 너무도 쉽게 그 책임을 아이에게 전가하거나 날카로운 말로 책망하곤 합니다. 그럴 때마다 자녀는 깊은 심리적 위축과 이유를 알 수 없는 죄책감에 시달리며, 부모로부터 오는 부당하고 억울한 상처를 영혼 깊숙이 새기게 됩니다. 하지만 우리가 기억해야 할 서늘한 진실은 그 순간 솟구치는 분노와 비난의 감정이 사실은 아이의 잘못 때문이 아니라 부모 내면의 미해결된 과제에서 기인한다는 점입니다. 이는 부모 스스로가 하나님 앞에서 직면하고 해결해야 할 주제이며, 이를 자녀에게 쏟아붓는 순간 아이는 고스란히 그 독을 받아내야 하는 피해자가 됩니다. 따라서 부모는 자녀를 탓하기 전에 왜 내 안에서 그토록 실망과 화가 일어나는지를 정직하게 돌아보며, 자신의 내면을 성령의 조명 아래 점검하는 기회로 삼아야 합니다.

대화와 교제의 자리에서도 부모가 자녀의 세상적인 성공이나 명문대 진학과 같은 개인적인 욕망을 자녀라는 백지에 억지로 그려 넣으려 한다면, 그 관계는 결코 건강하고 편안하게 유지될 수 없습니다. 하나님께서 자녀를 우리 가정이라는 울타리에 보내신 것은, 부모의 대리 만족을 위해서가 아니라 그 자녀를 하나님 나라의 고결한 가치관과 바른 믿음 안에서 거룩하게 양육하도록 잠시 맡기신 것입니다. 이 거룩한 청지기적 사명을 온전히 수행하기 위해서는 무엇보다 부모 자신이 먼저 하나님 안에서 날마다 새롭게 태어나고, 흐트러진 내면의 질서가 복음으로 정돈되는 영적 치유의 과정이 선행되어야 합니다.

부모가 먼저 하나님의 긍휼한 마음과 거룩한 관점으로 자녀를 대하기 시작할 때, 그리고 매일의 삶 속에서 하나님과 동행하며 자녀의 장래를 온전히 주님께 의탁하는 기도의 삶을 살아갈 때, 비로소 자녀에게도 하나님께서 공급하시는 진정한 생명의 기운과 풍성한 양육의 은총이 흘러가게 됩니다. 진정한 의미의 영적 양육은 부모의 혈기나 인간적인 노력으로 성취되는 것이 아닙니다. 하나님께서 각 자녀를 향해 세워두신 특별한 계획과 신비로운 섭리를 신뢰하며, 모든 환경과 성장의 때를 주관하시는 창조주의 손길을 믿음으로 바라보는 것에서 시작됩니다.

여기에 더해, 부모는 자녀와의 관계를 '심판의 장'이 아닌 '은혜의 통로'로 전환해야 합니다. 우리가 자녀의 허물을 볼 때 분노하는 이유는 우리 자신이 하나님의 은혜 없이는 살 수 없는 죄인이라는 사실을 망각했기 때문일 때가 많습니다. 부모인 우리 역시 하나님 앞에서 수없이 넘어지고 오답을 써 내려가는 연약한 존재임을 자각할 때, 자녀의 실수 앞에서 비난의 손가락을 거두고 긍휼의 손을 내밀 수 있습니다. 가정은 완벽한 사람들이 모여 서로를 검열하는 곳이 아니라, 부족한 죄인들이 모여 하나님의 완벽한 사랑을 함께 맛보고 배우는 성소가 되어야 합니다. 부모가 자신의 연약함을 하나님 앞에 정직하게 내어놓는 모습을 보일 때, 자녀는 그 모습을 통해 살아계신 하나님의 사랑과 용서를 배우게 될 것입니다.

결국 부모로서 우리는 자녀를 향한 뜨거운 사랑과 무거운 책임감 속에서 끊임없이 자신의 내면을 성찰하고 오직 하나님께만 의지하는 훈련을 멈추지 말아야 합니다. 내 안에서 예고 없이 휘몰아치는 분노와 좌절감, 그리고 불편한 감정의 실체를 말씀 앞에 비추어 보십시오. 아이에게 그 책임을 떠넘기며 영적인 폭력을 가하지 않도록 깨어 주의하며, 하나님께서 친히 주관하시는 자녀의 인생 여정과 그 성장의 과정을 묵묵히 신뢰하는 인내의 자세가 절대적으로 필요합니다.

"여호와께서 집을 세우지 아니하시면 세우는 자의 수고가 헛되며 여호와께서 성을 지키지 아니하시면 파수꾼의 깨어 있음이 헛되도다"(시 127:1)

"보라 자식들은 여호와의 기업이요 태의 열매는 그의 상급이로다"(시 127:3)

묵상 Point

1. 자녀의 실수나 부족함 앞에서 일어나는 나의 분노가 혹시 내 내면의 해결되지 않은 상처나 욕망에서 비롯된 것은 아닌가요?
2. 자녀의 인생을 내 계획대로 통제하려는 청지기적 교만을 내려놓고, 하나님께서 아이의 삶에 두신 고유한 섭리를 신뢰하며 기도하고 있나요?

2021. 06. 20.

 말씀의 씨앗이 가진 무한한 생명력과 하나님의 계획

모든 씨앗에는 그 자체 안에 무한한 생명력이 담겨 있습니다. 더 나아가, 장차 성장했을 때 나타날 설계도, 열매의 모습, 그리고 열매를 맺고 아름답게 될 하나님의 때와 풍성함까지 이미 디자인되어 내장되어 있습니다. 이처럼 씨앗 속에는 하나님이 설계하신 커다란 그림과 계획이 이미 담겨 있습니다. 하나님은 그 계획대로 때를 따라 일을 시작하시고, 성취하시며, 마침내 아름답게 완성하십니다. 우리는 만군의 여호와의 열심과 신실하심이 모든 것을 이루실 것을 믿음으로 바라보고 기대하기만 하면 됩니다.

이와 마찬가지로, 하나님께서 우리의 마음속에 뿌리시는 말씀의 씨앗에도 동일한 생명력과 가능성, 그리고 설계도가 담겨 있습니다. 말씀의 씨앗은 사람이 잘 돌보고 노력했기 때문에 열매를 맺는 것이 아닙니다. 근본적으로, 하나님께서 세상의 씨앗과 마찬가지로 말씀의 씨앗을 심으실 때, 이미 그 속에는 생명력과 설계도가 있으며, 하나님께서 성장 과정을 통해 때가 차면 열매를 맺도록 모든 것을 공급하시고 주관하십니다. 만약 누군가가 하나님께서 말씀을 통해 어떻게 성장하고 열매를 맺게 하시는지 볼 수 있는 영적 안목을 갖추었다면, 그는 참으로 큰 축복을 받은 사람입니다.

하나님께서 우리에게 선포하고 듣게 하시는 말씀도 씨앗과 같은 원리로 작동합니다. 그 말씀을 우리의 마음속에 심도록 허락하신 성령님께서, 하나님의 선한 목적과 뜻에 따라 그 말씀을 우리 안에서 반드시 이루게 하십니다. 이것은 우리가 상상하기 어려운 놀라운 신비입니다. 그러나 말씀을 듣는 우리에게 요구되는 것이 있습니다. 마태복음 13장에 기록된 씨 뿌리는 자의 비유는, 씨앗 자체에는 문제가 없으나 그 씨앗이 뿌려지는 마음 밭의 중요성을 강조합니다.

"아무나 천국 말씀을 듣고 깨닫지 못할 때는 악한 자가 와서 그 마음에 뿌려진 것을 빼앗나니, 이는 곧 길 가에 뿌려진 자요. 돌밭에 뿌려졌다는 것은 말씀을 듣고 즉시 기쁨으로 받되 그 속에 뿌리가 없어 잠시 견디다가 말씀으로 말미암아 환난이나 박해가 일어날 때에는 곧 넘어지는 자요 가시떨기에 뿌려졌다는 것은 말씀을 들으나 세상의 염려와 재물의 유혹에 말씀이 막혀 결실하지 못하는 자요 좋은 땅에 뿌려졌다는 것은 말씀을 듣고 깨닫는 자니 결실하여 어떤 것은 백 배, 어떤 것은 육십 배, 어떤 것은 삼십 배가 되느니라 하시더라"(마 13:19-23)

이 말씀에서 알 수 있듯, 말씀을 듣고 깨닫지 못하면 사탄이 와서 그 마음에 뿌려진 것을 빼앗아 갑니다. 그러나 깨달음을 얻으면 말씀의 씨앗이 깊이 뿌리를 내리고 성장하여, 환난이나 세상의 염려, 재물의 유혹에도 흔들리지 않고 결실하게 됩니다. 많은 말씀을 듣는 것도 중요하지만, 그 말씀을 깨닫고 실천하며 삶에 적용하는 과정을 통해 마음속에 깊이 뿌리를 내려 자라게 하는 것이 더 중요합니다. 이를 위해 우리는 가장 먼저 성령님의 도우심을 구해야 합니다. 시편 1편의 의인처럼 주야로 말씀을 묵상하며 하나님께 질문하고 구하십시오. 하나님은 성령님을 통해 반드시 깨닫게 하시며, 그 말씀을 보내신 목적을 이루실 것입니다.

"하나님의 말씀은 살아 있고 활력이 있어 좌우에 날선 어떤 검보다도 예리하여 혼과 영과 및 관절과 골수를 찔러 쪼개기까지 하며 또 마음의 생각과 뜻을 판단하나니"(히 4:12)

"내 입에서 나가는 말도 이와 같이 헛되이 내게로 되돌아오지 아니하고 나의 기뻐하는 뜻을 이루며 내가 보낸 일에 형통함이니라"(사 55:11)

묵상 Point

1. 나는 말씀을 들을 때 길가, 돌밭, 가시떨기 중 어떤 마음 밭의 태도를 주로 보이고 있습니까? '좋은 땅'이 되기 위해 성령님께 구하며 제거해야 할 나의 내면의 요소는 무엇입니까?
2. 최근 나에게 뿌려진 말씀의 씨앗 중 결실하기를 간절히 바라는 말씀은 무엇이며, 이 씨앗이 세상 염려와 유혹에 넘어지지 않도록 구체적으로 깨닫고 적용할 나의 삶의 영역은 무엇인지 생각해 봅시다.

2021. 06. 23.

 세상의 멍에를 벗고 주님의 멍에를 메라

"수고하고 무거운 짐 진 자들아 다 내게로 오라 내가 너희를 쉬게 하리라 나는 마음이 온유하고 겸손하니 나의 멍에를 메고 내게 배우라 그리하면 너희 마음이 쉼을 얻으리니 이는 내 멍에는 쉽고 내 짐은 가벼움이라 하시니라"(마 11:28-30)

우리가 살아가는 동안 세상은 무거운 멍에를 우리 어깨 위에 얹습니다. 성공해야 한다는 압박, 사람들의 기대와 비교, 죄와 율법의 정죄, 질병과 고난의 짐은 우리를 지치게 하고 숨 막히게 만듭니다. 그러나 주님은 그런 멍에가 아니라, "가볍고 쉬운 멍에"를 메라고 말씀하십니다.

예수님께서 말씀하신 멍에는 이스라엘 농경 문화 속에서 익숙한 그림을 통해 설명됩니다. 두 마리의 소가 함께 메는 멍에, 즉 경험 많은 어미소와 아직 미숙한 어린 소가 나란히 멍에를 메고 같은 방향으로 걸어가는 모습입니다. 어린 소가 혼자 무거운 짐을 감당하는 것이 아니라, 강한 어미 소가 사실상 모든 짐을 짊어지고 인도합니다. 어린 소는 단지 어미의 걸음을 따라가는 것만으로 훈련되고, 결국 자유롭게 길을 배워 나갑니다. 예수님께서 "내 멍에는 쉽다"라고 하신 이유가 바로 여기에 있습니다.

첫째, 예수님의 멍에는 하나님 아버지와의 언약 관계 속에서 이해됩니다.

예수님은 아버지께서 자신을 만민의 대속자로 보내셨음을 분명히 하셨습니다. 그 사명은 결코 혼자서 감당하는 것이 아니었고, 하나님 아버지께서 늘 함께하셨습니다. 이 언약 관계는 끊을 수 없는 영원한 결속이며, 그 속에서 예수님은 자신의 사명을 온전히 감당하셨습니다. 우리 또한 이 언약을 믿고 신뢰할 때 참자유를 누리게 됩니다. 우리의 힘이 아니라, 어미 소와 같이 모든 것을 공급하시고 우리의 멍에를 함께 지시는 하나님께서 힘과 능력을 주시기 때문에, 그 멍에는 절대 무겁지 않습니다.

둘째, 예수님의 멍에는 성령님과의 동행을 의미합니다.

예수님의 사역 전 과정에서 성령님은 늘 예수님과 함께하시며 모든 능력과 은혜를 공급하셨습니다. 예수님은 홀로 사역하지 않으셨고, 성령님의 인도하심과 공급하심 속에서 길을 걸으셨습니다. 마찬가지로 우리가 성령님의 도우심을 따라 행할 때, 무거운 멍에가 자유와 평안으로 바뀝니다. 율법의 멍에, 죄와 정죄의 멍에, 세상의 가치관이 지워놓은 멍에는 우리를 얽매지만, 성령님은 진리의 영으로 우리를 자유롭게 하십니다.

하나님은 우리에게 결코 짊어질 수 없는 멍에를 지우지 않으십니다. 오히려 누구나 감당할 수 있는 가볍고 쉬운 멍에, 곧 먼저 그 멍에를 지셨던 예수님께 배우며 성령님과 동행하는 멍에를 허락하십니다. 이 멍에는 억압이나 강요가 아니라, 자유와 평안, 그리고 하나님의 뜻을 이루는 기쁨으로 이어집니다.

따라서 우리의 삶 속에서 질문해야 할 것은 "나는 지금 어떤 멍에를 메고 있는가? 누구와 그 멍에를 함께 메고 있는가?"입니다. 세상이 주는 무거운 멍에를 내려놓고, 주님께서 주시는 멍에를 구하며 배워야 합니다. 주님의 멍에는 우리를 얽매지 않고, 오히려 하나님과 함께 걷게 하며 참된 쉼과 자유를 누리게 합니다.

"그리하면 여호와 그가 네 앞에서 가시며 너와 함께 하사 너를 떠나지 아니하시며 버리지 아니하시리니 너는 두려워하지 말라 놀라지 말라"(신 31:8)

우리는 결코 혼자가 아닙니다. 하나님의 언약과 성령님의 동행 속에서 오늘도 주님의 멍에를 배우며 걸어갈 때, 우리의 인생은 진정한 쉼과 자유를 누리게 될 것입니다.

묵상 Point

1. 나는 지금 세상의 압박이나 자기 의(義)가 지워 놓은 무거운 멍에를 메고 있지는 않습니까? 내가 당장 내려놓아야 할 불필요하고 무거운 짐은 무엇인지 구체적으로 파악해 봅시다.
2. 예수님의 가볍고 쉬운 멍에를 메기 위해, 나는 오늘 하루 성령님과 함께 '같은 걸음'을 걷는다는 믿음으로 어떤 일에 순종하며 '쉼'을 얻을지 결단해 봅시다.

2021. 06. 24.

10 율법의 담을 허물고 십자가의 자유를 누리십시오

하나님은 우리와 막힘이 없는 교제를 원하십니다. 그러나 사람과 하나님 사이에는 죄와 율법이라는 장벽이 있었습니다. 율법은 선을 드러내기 위한 거울의 역할을 했지만, 동시에 인간의 연약함과 죄를 드러내는 역할을 했기에 늘 두려움과 정죄의 그림자를 남겼습니다. 그러나 예수 그리스도의 십자가는 이 장벽을 완전히 허물었습니다. 더 이상 율법은 우리를 하나님 앞에 서지 못하게 막는 담이 될 수 없습니다.

만약 우리가 하나님 앞에 나아갈 때마다 죄책감과 두려움에 사로잡혀 자유롭지 못하다면, 그것은 그리스도의 십자가 복음을 온전히 누리지 못하고 다시 옛사람의 논리와 율법주의로 돌아간 것입니다. 사탄은 끊임없이 우리의 생각 속에서 율법적인 두려움을 일깨우고, 하나님 앞에 담대하게 나아가지 못하게 합니다. 그렇기에 성경은 “마귀를 대적하라”라고 명령합니다.

율법주의는 하나님과의 관계뿐 아니라 사람과의 관계 속에서도 나타납니다. 누군가 나에게 다가오는 것을 두려워하거나 경직된 태도를 보인다면, 내 안에 강한 율법주의적 태도가 있음을 점검해야 합니다. 다른 이가 다가올 때마다 비난과 잔소리, 부족함을 지적할까 두려워한다면, 그것은 복음이 아닌 율법의 멍에로 사람을 얽매는 것입니다.

특히 “도움”이라는 명목으로 상대방의 부족한 부분을 먼저 찾아내어 알려주고자 하는 태도는 겉으로는 선한 의도처럼 보이지만, 사실상 그 사람을 무너뜨리고 정죄하는 파괴적인 행위일 수 있습니다. 다른 사람의 삶을 함부로 평가하거나 비난하는 것은 곧 그를 지으신 하나님을 멸시하는 것이며, 눈에 보이는 부분만 보고 판단하는 교만에 불과합니다. 우리는 결코 다른 사람의 마음 깊은 곳과 하나님의 큰 계획을 다 알 수 없습니다. 그러므로 가장 안전한 길은 그를 위해 기도하고 성령의 인도하심을 받는 것입니다.

자녀, 배우자, 직장 동료, 친구 모두 하나님께서 특별한 계획 가운데 두신 존재들입니다. 지금 내 기준으로 부족해 보이더라도, 그들 역시 거룩한 성전으로 지어져 가는 과정에 있다는 사실을 잊지 말아야 합니다. 하나님은 각 사람을 성숙으로 이끄시는 주권자이시며, 우리가 개입해서 무너뜨릴 존재가 아닙니다.

따라서 우리가 해야 할 일은 다른 사람을 바꾸려는 것이 아니라, 먼저 내 마음속의 장벽과 걸림돌을 제거하는 것입니다. 누구든지 편히 다가올 수 있는 열린 마음, 사랑과 온유, 예수님의 희생적인 사랑으로 채워진 마음을 품어야 합니다. 이것이 십자가의 삶입니다.

율법주의를 십자가에 못 박고, 주님의 은혜와 사랑으로만 사람을 대할 때, 우리는 참된 자유와 화평을 누리게 됩니다. 그리고 그 안에서 하나님과 막힘없는 교제, 이웃과 따뜻한 관계가 열리게 됩니다.

"그러므로 이제 그리스도 예수 안에 있는 자에게는 결코 정죄함이 없나니 이는 그리스도 예수 안에 있는 생명의 성령의 법이 죄와 사망의 법

에서 너를 해방하였음이라"(롬 8:1-2)

"형제들아 너희가 자유를 위하여 부르심을 입었으나 그러나 그 자유로 육체의 기회를 삼지 말고 오직 사랑으로 서로 종 노릇 하라"(갈 5:13)

묵상 Point

1. 나는 하나님과의 관계와 사람과의 관계에서 죄책감과 정죄의 두려움을 느끼며 율법의 멍에를 메고 있지는 않습니까? 십자가의 은혜를 온전히 붙잡고 하나님께 담대하게 나아가는 구체적인 방법은 무엇입니까?
2. 내가 '도움'이라는 명목으로 혹 다른 사람에게 율법적인 비난이나 정죄의 말을 하고 있지는 않았는지 돌아봅시다. 이제 그를 향해 사랑과 온유함으로 대하기 위해 성령님께 구할 것은 무엇입니까?

2021. 07. 03.

11 하나님께서 역사하시는 흐름(Flow)

"파종하려고 가는 자가 어찌 쉬지 않고 갈기만 하겠느냐 자기 땅을 개간하며 고르게만 하겠느냐 지면을 이미 평평히 하였으면 소회향을 뿌리며 … 이는 그의 하나님이 그에게 적당한 방법을 보이사 가르치셨음이며 … 그의 경영은 기묘하며 지혜는 광대하니라"(사 28:24-29)

하나님은 무작위로 역사하시는 분이 아니라, 당신의 뜻과 계획 속에서 질서 있는 흐름 가운데 일하십니다. 우리의 기도와 삶의 자리 속에서 하나님이 어떻게 일하시는지를 깨닫는 것은 매우 중요합니다. 그 흐름을 아는 사람은 환경에 흔들리지 않고 끝까지 하나님의 때를 기다리며 믿음으로 나아갈 수 있습니다.

1. 말씀을 통한 하나님의 계시

하나님은 무엇보다 먼저 기록된 성경을 통해 자신이 누구이신지, 우리의 창조 목적이 무엇인지, 어떻게 하나님을 만날 수 있고 도움을 받을 수 있는지 알려주십니다. 성경은 단순한 지식의 책이 아니라, 하나님의 뜻과 계획이 드러나는 살아있는 계시입니다. 말씀을 통해 하나님을 바로 알고, 그분이 원하시는 관계와 교제 속으로 들어가게 됩니다.

"주의 말씀은 내 발에 등이요 내 길에 빛이니이다"(시 119:105)

2. 성령님을 통한 감동과 인도

하나님은 성령님을 통해 기도하는 시간과 말씀을 묵상하는 순간에 우리의 마음을 비추시며 깨달음을 주십니다. 단순한 생각이나 감정이 아니라, 성령님의 감동은 하나님으로부터 오는 계시이자 길잡이입니다. 성령님은 우리의 기도를 이끌어 하나님의 뜻에 합당한 간구를 하게 하십니다.

"이와 같이 성령도 우리의 연약함을 도우시나니 … 오직 성령이 말할 수 없는 탄식으로 우리를 위하여 친히 간구하시느니라"(롬 8:26)

3. 예수님의 중보기도

우리가 드린 기도는 예수 그리스도의 중보와 대제사장 되심을 통해 하나님께 상달됩니다. 예수님은 십자가로 구원을 이루셨을 뿐 아니라, 지금도 하나님 우편에서 우리를 위해 간구하시는 분이십니다. 우리의 기도는 그리스도의 피와 의를 힘입어 담대히 하나님 앞에 나아갑니다.

"그러므로 자기를 힘입어 하나님께 나아가는 자들을 온전히 구원하실 수 있으니 이는 그가 항상 살아 계셔서 그들을 위하여 간구하심이라"(히 7:25)

4. 성령님과 천사의 사역

하나님 아버지께서는 합당한 때에 우리의 기도를 응답하시기 위해 천사들에게 명령하시며, 그들은 성령님과 함께 하나님의 뜻을 이 땅에 이루어갑니다. 우리가 보지 못할 뿐, 보좌에서 내려지는 하나님의 명령은 분명히 움직이고 있으며, 하늘의 군대와 천사들은 오늘도 하나님 백성을 돕기 위해 일하고 있습니다.

"모든 천사들은 섬기는 영으로서 구원 받을 상속자들을 위하여 섬기라고 보내심이 아니냐"(히 1:14)

5. 응답의 방식과 시기는 하나님의 주권에 속함

하나님의 응답은 우리의 기대 방식과는 다를 수 있습니다. 하나님은 우리의 유익과 영광을 위해 가장 선한 때, 선한 방법으로 응답하십니다. 그러므로 우리는 환경과 상황에 흔들리지 않고, 성령님의 인도하심에 반응하며 주의 뜻을 기다리고 하나님을 전적으로 신뢰해야 합니다.

"사람이 마음으로 자기의 길을 계획할지라도 그의 걸음을 인도하시는 이는 여호와시니라"(잠 16:9)

6. 전적인 하나님의 주권과 은혜

우리의 삶은 처음부터 끝까지 하나님의 주권과 은혜 안에 있습니다. 믿음의 여정 속에서 환경은 끊임없이 변하지만, 하나님과 그분의 약속은 변하지 않으시며 반드시 그분의 영광을 나타내십니다. 그러므로 모든 상황 속에서 감사하며, 끝까지 하나님께만 집중하는 삶을 살아야 합니다.

"범사에 감사하라 이는 그리스도 예수 안에서 너희를 향하신 하나님의 뜻이니라"(살전 5:18)

우리가 이 흐름을 기억할 때, 기도는 단순한 요청이 아니라 삼위일체 하나님과의 교제임을 깨닫게 됩니다. 그리고 나 자신뿐 아니라 교회와 이웃, 세상과도 연결된 공동체적 삶임을 알게 됩니다. 그러므로 결코 다른 사람과 비교하거나 세상의 가치로 자신을 평가하지 말아야 합니다. 비교는 하나님이 주신 정체성을 잃게 만들고, 결국 절망과 교만, 분노와 자랑으로 빠지게 합니다. 비교는 또한 하나님의 주권과 선하심을 불신하는 행위와 같습니다.

우리는 그리스도 안에서 이미 한 몸이며, 하나님의 사랑 안에서 충분히 존귀한 존재입니다. 하나님이 정하신 흐름을 믿고 따라갈 때, 우리의 기도는 반드시 하나님의 때에 열매 맺게 될 것입니다.

묵상 Point

1. 나는 지금 내가 계획한 결과와 시기에 집착하여 하나님의 질서 있는 흐름을 방해하거나 조급해하고 있지는 않습니까?
2. 나를 다른 사람과 비교하려는 마음이 들 때, 내가 그리스도 안에서 이미 받은 존귀한 정체성과 가치는 무엇인지 되새기고, 하나님의 주권에 복종하는 구체적인 행동을 결단해 봅시다.

2021. 07. 04.

12 나를 향한 하나님의 부르심을 인식하기

"내가 너를 모태에 짓기 전에 너를 알았고 네가 배에서 나오기 전에 너를 성별하였고 너를 여러 나라의 선지자로 세웠노라 하시기로"(렘 1:5)

하나님은 모든 사람을 향한 특별한 부르심과 계획을 세우고 계십니다. 그 부르심은 때로는 우리의 마음과 생각 속 깊은 곳에서 강하게 다가오기도 하고, 어떤 때는 아주 미묘하게 느껴지기도 합니다. 중요한 것은 그 부르심의 신호를 인식하고, 그것을 하나님의 손길로 받아들이는 것입니다.

♣ 부르심의 흔적을 발견하는 순간들

다른 사람보다 특별히 마음이 끌리는 일이 있습니까? 어떤 분야에서는 유난히 열정이 생기고, 시작하면 놀라운 집중력과 성과를 경험하는 일이 있습니까? 그것은 단순한 재능이나 성격의 차이가 아니라, 하나님이 그 일을 통해 우리를 부르고 계신 자리일 수 있습니다.

또한 영적으로 충만한 순간, 갑자기 떠오르는 깨달음이나 강한 확신이 밀려온 적이 있다면 그것을 소홀히 여기지 마십시오. 그것은 성령님께서 하나님의 뜻을 비추어 주시는 은혜의 순간일 수 있습니다.

"너희 안에서 행하시는 이는 하나님이시니 자기의 기쁘신 뜻을 위하여 너희에게 소원을 두고 행하게 하시나니"(빌 2:13)

♣ 하나님의 부르심에 반응하는 태도

하나님의 부르심은 때로 우리의 능력을 넘어서는 것처럼 보이기도 하고, 현실적으로 불가능해 보이기도 합니다. 그러나 하나님이 부르시는 자리에는 필요한 은혜와 능력이 따릅니다. 우리가 해야 할 일은 그 부르심을 인식하고 믿음으로 반응하는 것입니다.

모세는 "나는 말에 능하지 못하다"라고 고백했지만, 하나님은 그의 약함을 통해 강하게 역사하셨습니다. 이사야는 하나님의 부르심 앞에서 "화로다 나여 망하게 되었도다"라 했지만, 정결케 된 후에는 "내가 여기 있나이다 나를 보내소서"라고 응답했습니다.

우리 역시 불완전함 속에서도 하나님의 부르심에 귀 기울이고 순종할 때, 하나님은 우리의 작은 삶을 통해 큰일을 이루십니다.

♣ 부르심은 곧 소명이다

하나님은 우리를 단순히 이 땅에서 생존하도록 창조하신 것이 아닙니다. 각 사람에게는 독특한 은사와 성향, 관심과 열정을 따라 맡겨진 소명이 있습니다. 그 소명은 하나님의 나라를 확장하고, 하나님의 영광을 드러내는 자리입니다. 우리가 그 소명에 반응할 때, 삶은 단순한 노동이나 의무가 아니라 하나님과 동행하는 거룩한 여정이 됩니다.

"무슨 일을 하든지 마음을 다하여 주께 하듯 하고 사람에게 하듯 하지 말라"(골 3:23)

하나님의 부르심은 멀리 있지 않습니다. 이미 우리의 일상 속, 마음의 소원 속, 영적 충만의 순간 속에서 하나님은 끊임없이 말씀하시며 손짓하고 계십니다. 중요한 것은 그것을 인식하고, 순종의 발걸음을 내딛는 것입니다. 그때 우리의 삶은 하나님의 위대한 이야기 속에 쓰임을 받게 될 것입니다.

묵상 Point

1. 나는 요즘 어떤 일에 유난히 마음이 끌리고 열정을 쏟고 있습니까? 그 열정의 근원을 하나님의 부르심의 흔적으로 인식하고 있는지 점검해 봅시다.
2. 하나님의 부르심이 내 능력 밖에 있는 것처럼 느껴질 때, 모세와 이사야처럼 나의 약함과 부족함을 인정하고도 "내가 여기 있나이다"라고 응답하기 위해 필요한 믿음의 결단은 무엇입니까?

2021. 07. 12.

 이웃에게 흘러가는 은혜

"그러므로 이제 그리스도 예수 안에 있는 자에게는 결코 정죄함이 없나니 이는 그리스도 예수 안에 있는 생명의 성령의 법이 죄와 사망의 법에서 너를 해방하였음이라"(롬 8:1-2)

하나님은 구약 시대에 이스라엘 백성들의 악한 행위와 불순종을 참으셨지만, 결국 거룩하시고 공의로우신 성품으로 인해 죄와 악을 심판하셨습니다. 그런데도 율법의 명령과 형벌은 인간의 내면을 근본적으로 변화시키지 못했습니다. 율법은 죄를 드러내지만, 사람을 자유롭게 하지 못하기 때문입니다.

하나님은 예수 그리스도의 십자가에서 우리의 모든 죄와 허물을 대속하셨습니다. 십자가는 하나님의 공의와 사랑이 만나는 자리이며, 다시는 죄로 인한 분노와 저주를 우리에게 쏟지 않겠다는 하나님의 언약 증거입니다.

♣ 율법주의가 주는 파괴

율법주의는 하나님과의 관계를 막을 뿐 아니라, 이웃과의 관계 속에서도 파괴적인 결과를 낳습니다. 사람을 만날 때마다 비난과 정죄, 끝없는 기준을 들이대는 태도는 자신과 이웃 모두를 짓누르고, 성령을 근심하게 만듭니다. 예수님은 이런 외식과 율법주의, 탐욕을 철저히 경계하셨습니다.

"어떤 길은 사람이 보기에 바르나 필경은 사망의 길이니라"(잠 14:12)

율법주의는 겉으로는 의로워 보이지만, 실제로는 생명을 억압하는 사망의 길입니다. 내 안에 여전히 누군가를 향한 비난과 조급함이 자리 잡고 있다면, 그것은 성령의 음성을 가로막는 신호입니다.

♣ 은혜를 흘려보내는 삶

예수님께서 우리에게 베푸신 은혜는 "너는 부족해도 괜찮다, 넘어져도 괜찮다, 나는 너를 끝까지 포기하지 않고 붙든다"라는 메시지였습니다. 우리가 이 은혜를 경험했다면, 이제는 이웃을 향해 동일한 시선으로 다가가야 합니다.

상대방이 부족하다고 느껴질 때, 그 부족함을 채워주고 감싸주며 수용하고 기다리는 것이 예수님의 가르침입니다. 그래도 여전히 채워지지 않는 부분이 있다면, 하나님께서 친히 채우실 것입니다. 이 과정에서 우리는 하나님의 동역자로 부름을 받았습니다.

"우리는 하나님의 동역자들이요 너희는 하나님의 밭이요 하나님의 집이니라"(고전 3:9)

따라서 이웃이 나를 만날 때 두려움이나 긴장이 아니라, 평안과 자유를 경험하도록 만들어야 합니다. 그가 죄 가운데 있을지라도 정죄하지 말고, 오히려 품어주고 기도해야 합니다. 나의 말 한마디, 태도 하나가 그 사람에게 은혜의 창구가 될 수 있습니다.

♣ 은혜의 사람이 되는 비밀

마귀는 끊임없이 사람의 허물을 들추고 비난하게 만들며, 용서하지 않도록 합니다. 그러나 은혜의 사람은 반대로 연약함 속에서도 칭찬할 것을 찾고, 격려할 부분을 주목하고 용서하도록 은혜를 구합니다. 그래서 끊임없이 지지하고 축복하며, 그를 위해 기도합니다.

각 사람은 하나님의 걸작품입니다. 그들의 성숙과 변화는 나의 손에 달린 것이 아니라, 하나님이 친히 책임지고 인도하시는 일입니다. 우리가 해야 할 일은 이웃이 하나님의 은혜와 손길을 경험하도록 나 자신을 하나님의 통로로 내어드리는 것입니다.

"서로 친절하게 하며 불쌍히 여기며 서로 용서하기를 하나님이 그리스도 안에서 너희를 용서하심과 같이 하라"(엡 4:32)

내 이웃이 나를 만날 때, 부담이 아니라 은혜를 경험하도록 하는 삶. 이것이 십자가의 길이며, 주님의 제자로 사는 삶입니다.

묵상 Point

1. 나는 이웃이나 가족의 부족한 부분을 볼 때, 율법적인 정죄가 먼저 나옵니까, 아니면 예수님께서 나에게 베푸신 은혜가 먼저 떠오릅니까?
2. 오늘 나의 말 한마디, 태도 하나가 상대방에게 부담이 아닌 은혜의 창구가 되도록, 내가 품어주고 기다려줄 이웃은 누구이며 구체적인 실천 방법은 무엇인지 생각해 봅시다.

2021. 07. 17.

14 인생의 목표

사람들은 누구나 저마다의 목표를 세우며 살아갑니다. 성공, 부와 명예, 행복, 건강, 안정 등 다양한 꿈과 계획을 좇습니다. 그러나 하나님의 자녀는 세상의 가치와 다른 목표를 향해 나아가야 합니다.

하나님의 사람에게 참된 목표란 하나님이 우리 각자에게 계획하신 크고 놀라운 일들을 경험하고, 그것을 증언하는 삶입니다. 성령님께서 주시는 기쁨과 사랑으로 충만한 삶, 그 은혜를 이웃에게 흘려보내는 삶이야말로 하나님이 기뻐하시는 영광스러운 인생입니다.

♣ 육신의 목표를 내려놓고

예수 그리스도를 통해 새 생명을 얻은 우리는 이제 더 이상 육신의 욕망과 자기중심적인 생각을 목표로 삼을 수 없습니다. 우리의 삶의 방향은 성령님의 갈망과 간절한 소원을 따르는 데 있습니다. 하나님께서는 우리가 성령의 음성에 순종하며 살아가기를 원하십니다.

"내가 그리스도와 함께 십자가에 못 박혔나니 그런즉 이제는 내가 사는 것이 아니요 오직 내 안에 그리스도께서 사시는 것이라"(갈 2:20)

십자가에 못 박힌 사람은 자신의 목표가 사라지고, 오직 그리스도의 소원이 인생의 목표가 됩니다.

♣ 하나님이 원하시는 목표

하나님께서 우리에게 바라시는 것은 단순하고도 분명합니다. 마음과 뜻과 정성을 다하여 하나님을 사랑하고, 그 사랑으로 이웃을 사랑하는 것입니다. 하나님과 동행하는 일평생, 예수님의 삶을 본받아 살아가는 것이 우리의 목표입니다.

예수님은 이 땅의 성공이나 풍요에 소망을 두지 않으셨습니다. 오히려 늘 하나님 아버지께 소망을 두셨습니다. 또한 삶의 우선순위를 언제나 하나님의 나라와 하나님의 뜻에 두셨습니다.

♣ 우리의 삶에 주는 도전

오늘 우리는 어떤 목표를 향해 달려가고 있습니까? 혹시 여전히 세상의 성공과 안전에 매여 있지는 않습니까? 하나님은 우리가 눈에 보이는 것에 소망을 두기보다, 보이지 않는 하나님의 나라에 마음을 두기를 원하십니다.

"그런즉 너희가 먹든지 마시든지 무엇을 하든지 다 하나님의 영광을 위하여 하라"(고전 10:31)

우리가 세우는 목표와 계획이 하나님의 영광을 위한 것이 아니라면, 그것은 결국 헛된 수고로 끝날 수 있습니다. 그러나 하나님을 사랑하고, 이웃을 사랑하며, 하나님의 나라와 의를 먼저 구하는 삶은 결코 헛되지 않습니다.

묵상 Point

1. 내가 지금 가장 많은 시간과 에너지를 쏟고 있는 인생의 목표를 세 가지 적어보고, 그 목표들이 궁극적으로 하나님의 영광과 어떻게 연결되는지 점검해 봅시다.
2. 육신의 욕망을 내려놓고 그리스도의 소원을 나의 목표로 삼기 위해, 오늘 하루의 계획 중 가장 먼저 하나님의 나라와 의를 구하며 실천할 수 있는 것은 무엇입니까?

2021. 07. 30.

15 인정 욕구 뒤의 불안을 이해하고 사랑으로 공존하기

우리가 살아가는 공동체 속에는 다양한 성향의 사람들이 있습니다. 그 중에는 인정과 칭찬을 갈망하거나, 완벽주의적 기질로 자기주장이 강한 이들도 있습니다. 이들과의 관계가 자칫 힘들고 부담스럽게 느껴질 때, 그 관계 속에서 생명을 나누고 건강하게 공존하기 위해 우리는 어떤 태도를 가져야 할까요?

1. 인정 욕구와 그 본질

많은 사람은 타인으로부터 인정과 칭찬을 받고자 열심을 내고 성실히 살아갑니다. 이는 존재의 가치와 수고에 대한 보상, 더 나아가 정서적 만족과 물질적 보상, 영향력의 확대를 바라는 마음에서 비롯됩니다. 사실 이러한 욕구는 인간이라면 누구나 가지고 있는 보편적 마음일 수 있습니다.

그러나 문제는 그 인정과 칭찬에 집착할 때 발생합니다. 이런 성향의 사람들은 작은 지적이나 비난에도 쉽게 상처를 받고, 자기 잘못을 인정하지 못한 채 합리화하거나 반발하기 쉽습니다. 결국 관계가 소원해지고, 본인 또한 더 깊은 불안과 불만 속으로 빠져들게 됩니다.

2. 그들과의 관계를 세워가는 지혜

이런 사람들과 함께 살아가야 하거나 함께 일해야 할 때, 우리는 그들의 내면에 자리한 불안과 긴장을 먼저 이해할 필요가 있습니다. 그들이 늘 자신을 몰아세우지 않아도, 이미 귀한 존재이고 소중한 사람이라는 사실을 인식시켜 주는 것이 중요합니다.

♣ **존재 자체의 가치를 인정하기**

그들의 성과와 능력을 넘어, 그 사람 자체가 존중받고 환영받는다는 메시지를 전해야 합니다. "지금 이 모습만으로도 당신은 소중한 사람입니다"라는 태도는 긴장된 마음을 누그러뜨리고 신뢰를 쌓는 기초가 됩니다.

♣ **권면할 때의 태도**

그들의 부족함을 바로 잡아주고 싶을 때, 직접적인 책망이나 비난은 관계를 파괴합니다. 대신 "더 나은 성장을 위해 함께 고민하고 싶은 부분이 있다"라는 접근이 필요합니다. 상황에 맞는 좋은 비유를 사용하거나, 상대가 들을 준비가 되었을 때 간접적으로 말하는 것이 지혜로운 방법입니다.

♣ **도움의 방식**

도움을 줄 때도 반드시 그들이 요청했을 때, 요청한 부분에 한정해서 주는 것이 필요합니다. 스스로 원하지 않은 간섭은 그들에게 모욕이나 방해로 느껴질 수 있기 때문입니다. 인내심을 가지고 기다림의 태도를 유지하는 것이 관계를 지키는 길입니다.

3. 성경적 관점에서 본 관계의 지혜

사도 바울은 로마서 15장 1절에서 이렇게 권면합니다.

"믿음이 강한 우리는 마땅히 믿음이 약한 자의 약점을 담당하고 자기를 기쁘게 하지 아니할 것이라"

상대방의 연약함을 수용하고, 때로는 우리의 불편함을 감내하는 것이 그리스도 안에서의 사랑의 길입니다. 예수님께서도 제자들의 연약함을 끝까지 품으셨듯이, 우리 역시 상대방의 성향을 정죄하기보다 그 안에 담긴 갈망과 상처를 이해하고 품을 때, 그 관계는 오히려 하나님의 은혜의 장으로 변화될 수 있습니다.

"믿음이 강한 우리는 마땅히 믿음이 약한 자의 약점을 담당하고 자기를 기쁘게 하지 아니할 것이라"(롬 15:1)

"그러므로 무엇이든지 남에게 대접을 받고자 하는 대로 너희도 남을 대접하라 이것이 율법이요 선지자니라"(마 7:12)

묵상 Point

1. 나의 주변에 인정 욕구나 자기주장이 강한 사람이 있다면, 나는 그 사람을 정죄와 부담으로 대하고 있습니까, 아니면 그 내면의 불안과 갈망을 이해하고 있습니까?
2. 상대방의 성과와 능력을 넘어 존재 자체의 가치를 인정해 주는 그리스도인의 태도를 갖추기 위해, 오늘 내가 그 사람에게 전할 수 있는 온유하고 겸손한 말은 무엇인지 생각해 봅시다.

2021. 08. 04.

16 참 평안과 안식은 어떻게 누릴 수 있는가?

하나님께서는 지금 이 순간, 우리가 무엇을 의지하며 살아가고 있는지를 세밀히 보고 계십니다. 물질, 사람, 심지어 율법에 따른 자기 의로움에 마음을 두고 있다면, 그 모든 것은 하나님께서 인정하시는 참된 의가 될 수 없으며 결국 무너질 수밖에 없음을 기억해야 합니다.

사람은 홀로 설 수 없는 불완전한 존재입니다. 스스로 모든 것을 감당할 수 있다고 생각하는 순간, 삶 속에 수많은 어려움과 불안이 찾아옵니다. 우리는 영적, 정서적, 육체적 안정감을 얻고자 여러 대상을 의지하려 하지만, 그 어디에서도 참된 평안과 안정감을 찾을 수 없습니다.

그러나 창조주이신 하나님과 연결될 때, 그분의 섭리와 다스림 안에 들어갈 때 비로소 완전함과 풍성함을 경험할 수 있습니다. 오늘 나의 마음은 무엇을 의지하며 살아가고 있는지, 스스로 안전하다고 여기는 대상은 무엇인지 돌아보아야 합니다.

1. 하나님만이 평안과 안식의 근원

성경은 분명히 말씀합니다.

"내가 산 자들의 땅에서 여호와의 선하심을 보게 될 줄 확실히 믿었도다 너는 여호와를 기다릴지어다 강하고 담대하며 여호와를 기다릴지어다"(시 27:13-14)

하나님 앞에 나아갈 때 자기 공로나 선한 행실을 내세우면, 그 안에는 평안이 없습니다. 우리가 자랑하고 싶어 하는 모든 노력과 행위는 하나님 앞에서 완전할 수 없기 때문입니다. 그 어떤 인간적 성취로도 하나님 앞에서 의롭고 거룩하게 될 수 없습니다.

2. 예수님의 십자가, 참 평안과 안식의 근거

참된 평안과 안식은 오직 예수 그리스도 안에서만 누릴 수 있습니다. 예수님의 십자가 대속의 피는 우리의 모든 죄와 더러움을 씻고, 우리를 거룩하게 하여 하나님 앞에서 의인의 신분으로 세워주셨습니다.

"성경대로 그리스도께서 우리 죄를 위하여 죽으시고 장사 지낸 바 되셨다가 성경대로 사흘 만에 다시 살아나사"(고전 15:3-4)

이 은혜를 믿고 의지하며 나아가는 자만이 하나님 앞에서 참된 평안과 안식, 생명의 충만함을 경험할 수 있습니다.

3. 성령님의 임재와 보증

예수님의 십자가로 완성된 은혜는 성령님의 임재를 통해 우리 안에서 현실화됩니다. 성령님께서 우리와 함께하시므로, 우리는 하나님 안에서 평안과 안식을 실제로 누릴 수 있습니다.

"내가 너희를 고아와 같이 버려두지 아니하고 너희에게로 오리라"(요 14:18)

하나님께서는 우리가 어디에서 무엇을 하든, 예수님의 십자가와 성령님의 임재를 통해 참된 안정과 생명으로 인도하십니다. 오늘 우리는 이

신비와 은혜를 마음에 새기고, 오직 하나님께 의지하며 평안과 안식을 누리는 삶을 선택해야 합니다.

참된 안식은 문제의 해결이 아니라 주님의 임재 안에서 누리는 영적 상태입니다. 세상은 우리에게 조건을 갖추어야 평안할 수 있다고 속삭이지만, 하나님은 폭풍 가운데서도 주를 신뢰하는 자에게 잠잠히 안식할 수 있는 은총을 주십니다. 우리가 자신의 한계를 인정하고 모든 짐을 주님의 발 앞에 내려놓을 때, 비로소 내면의 시끄러운 소음이 멈추고 주님의 세밀한 음성이 들리기 시작합니다.

평안은 내가 쟁취하는 것이 아니라, 이미 우리 안에 거하시는 성령님의 통치에 순복할 때 자연스럽게 피어나는 하늘의 열매입니다. 이 거룩한 안식을 소유한 자는 더 이상 환경에 흔들리지 않고, 오직 반석 되신 그리스도 위에서 흔들리지 않는 평온을 유지하게 됩니다.

묵상 Point

1. 나는 현재 물질, 사람, 자기의 등 하나님이 아닌 무너질 수밖에 없는 대상에 마음을 두고 불안을 느끼고 있지는 않습니까? 내가 의지하던 대상을 내려놓고 하나님께 완전히 맡기기 위해 필요한 구체적인 기도 제목은 무엇입니까?
2. 예수 그리스도의 십자가가 나에게 주신 참된 평안과 의인의 신분을 매일 어떻게 기억하며 안식의 근거로 삼을 수 있을지 구체적인 방법을 생각해 봅시다.

2021. 08. 08.

17 일상 속에서 경험하는 성령님의 친밀한 임재와 역사

나는 칠 남매 형제들에게 하나님을 더 깊이 만나도록 돕는 말씀과 은혜로운 자료를 소개하곤 했습니다. 2021년 8월 7일, 전남 화순의 집에서 오후 3시부터 4시까지 둘째 누나에게 "하늘카페 78회 고재호 집사편" 영상을 시청하도록 안내했습니다. 시청 후 곧바로 여수로 출발할 예정이었고, 셋째 누나의 차를 타고 이동하며 이야기를 나누었습니다.

[영상 시청: 오륜교회 홈페이지→오륜TV→문화→하늘카페]

동영상을 듣는 동안 둘째 누나에게 큰 감동과 함께 성령님의 강력한 역사가 임했습니다. 누나는 온몸에 전율과 전기 같은 찌릿찌릿한 감각을 느꼈다고 전했습니다. 마음껏 울고 싶을 정도로 깊은 감동이 있었지만, 잠시 참을 수밖에 없었다고 합니다. 그러나 현재도 큰 기쁨과 평안이 남아 있으며, 몸과 마음이 가볍고 기쁘다는 소식을 우리에게 전했습니다.

이 이야기를 듣는 동안 나에게도 큰 은혜가 임했습니다. "하나님께서 둘째 누나의 심령 속에 아름다운 일을 행하셨구나"라는 확신이 마음속에 들어왔습니다. 특히, 최근 잠을 잘 이루지 못했던 둘째 누나가 여수까지 기차를 타고 가는 동안 평온하게 잠을 잤다는 고백은 성령님의 역사하심을 직접 경험한 증거였습니다. 우리는 이 모든 은혜와 기쁨을 주신 하나님께 찬양을 올려 드렸습니다.

이번 경험은 성령님께서 각자의 심령 속에 친히 찾아오셔서 평안과 기뻠, 감동을 주시는 놀라운 은혜를 보여줍니다. 성령님의 임재는 우리가 정해놓은 거룩한 장소나 특별한 시간에만 국한되지 않습니다. 오히려 우리의 일상 속, 말씀이 선포되거나 믿음의 간증이 전해지는 그 순간에도 하나님은 친히 역사하심을 깨닫게 하는 사건이 되었습니다. 성령님은 예수 그리스도를 믿는 모든 이들에게 주신 하나님의 가장 큰 선물이자 유업이며, 우리의 삶을 인도하시고 위로하시는 보혜사이십니다. 우리가 사모하는 마음으로 주님을 찾고 말씀에 귀 기울일 때, 성령님은 언제나 우리의 삶을 붙들어 주시고, 세상이 줄 수 없는 참된 안식과 회복을 경험하게 하십니다.

"오직 성령이 너희에게 임하시면 너희가 권능을 받고 예루살렘과 온 유대와 사마리아와 땅 끝까지 이르러 내 증인이 되리라 하시니라"(행 1:8)

"평안을 너희에게 끼치노니 곧 나의 평안을 너희에게 주노라 내가 너희에게 주는 것은 세상이 주는 것과 같지 아니하니라 너희는 마음에 근심하지도 말고 두려워하지도 말라"(요 14:27)

묵상 Point

1. 성령님께서 나에게 찾아오셨을 때 경험했던 가장 강력한 은혜의 순간은 언제였습니까? 그 당시 느꼈던 기쁨과 평안을 다시 상기하며 그 은혜를 오늘 나의 삶에 어떻게 적용할지 생각해 봅시다.
2. 나는 지금 성령님의 임재를 사모하며 그분의 세밀한 음성에 귀 기울이고 있습니까? 일상 속에서 성령님과의 친밀한 동행을 위해 내가 포기해야 할 세상적인 방해 요소는 무엇인지 결단해 봅시다.

2021. 08. 19.

18 하나님이 아끼시는 것과 인간이 소중히 여기는 것의 차이

하나님께서는 길을 잃고 어둠 속에서 방황하는 영혼들을 지극히 아끼시며, 오로지 그 영혼의 진정한 구원과 온전한 회복, 그리고 생명력 있는 성장에 모든 관심을 두십니다. 창조주 하나님의 시선은 영원토록 변하지 않는 본질적인 가치에 고정되어 있습니다. 즉, 한 사람의 영혼이 진리 안에서 자유를 얻고 하나님의 형상을 회복하는 그 역동적인 과정이야말로 하나님께서 가장 중요하게 여기시는 우주의 중심 사건입니다.

반면 구약의 선지자 요나는 잠시 잠깐 이 땅에 속한 것들, 즉 일시적이고 결국은 소멸하고 말 것들에 마음을 빼앗겼습니다. 그는 자신에게 안식을 주던 박넝쿨이 뜨거운 동풍에 말라 죽자, 그것이 사라졌다는 이유만으로 혼미해지고 스스로 죽기를 바랄 정도로 깊은 상심에 빠졌습니다. 요나의 관심은 하나님의 거대한 구원 계획보다는 당장 자신의 몸을 시원하게 해줄 박넝쿨 같은 일시적이고 자기중심적인 안위 속에 머물러 있었던 것입니다. 우리는 이 요나의 모습을 보며 우리 자신의 내면을 정직하게 비추어 보아야 합니다. 과연 나의 시선과 마음은 지금 어디를 향하고 있습니까? 내가 진정으로 가치 있다고 여기며 밤낮으로 고심하는 실체는 무엇입니까?

현대를 살아가는 우리에게도 요나의 박넝쿨은 다양한 형태로 존재합니다. 그것은 때로 나의 원대한 꿈과 비전, 세속적인 성공의 기대, 혹은 내가 반드시 달성해야 한다고 믿는 목표라는 이름으로 정교하게 포장되어 있습니다. 이러한 것들은 우리 생각과 마음, 그리고 일상의 생활 방식 속에 깊숙이 침투하여 우리의 영적 감각을 마비시킵니다. 때때로 우리는 눈에 보이는 현실적인 가치와 손에 잡히는 일시적인 성취에 마음을 온통 빼앗긴 채, 하나님의 엄중한 뜻과 영원한 진리의 빛으로부터 서서히 멀어지고 있지는 않은지 자문해 보아야 합니다. 내 삶의 우선순위가 하나님의 나라가 아닌, 나의 편안함과 만족을 지켜줄 박넝쿨을 지키는 데 쏠려 있지는 않은지 말입니다.

여기서 한 걸음 더 나아가, 우리는 자신의 안위가 위협받을 때 나타나는 반응을 통해 우리 영성의 현주소를 확인할 수 있습니다. 내 계획이 무너지고, 내가 의지하던 자원이 사라질 때 터져 나오는 분노와 절망은 역설적으로 내가 무엇을 우상으로 삼고 있었는지를 극명하게 보여줍니다. 요나가 박넝쿨 때문에 성을 냈던 것처럼, 우리도 혹시 하나님께서 아끼시는 잃어버린 영혼들의 아픔보다 나의 작은 손실과 불편함에 더 민감하게 반응하고 있지는 않습니까? 하나님께서는 우리가 나의 작은 울타리를 넘어, 죽어가는 영혼들을 향해 흐르는 그분의 눈물에 동참하기를 원하십니다. 나의 '박넝쿨'이 마르는 사건은 어쩌면 하나님의 '니느웨' 성과 그곳의 사람들을 바라보게 하시려는 영적인 초대일지 모릅니다.

오늘 우리는 요나의 일화를 거울삼아 흐트러진 마음의 중심을 바로잡아야 합니다. 하나님께서 진정으로 아끼시는 것, 즉 썩지 않을 영원한 가치와 천하보다 귀한 한 영혼의 구원에 우리의 마음을 포개어야 합니다. 일시적인 성취의 세상의 기쁨보다 한 사람이 주님께 돌아오는 하늘의 잔치에 더 큰 감격을 느끼는 삶으로 변화되어야 합니다. 우리가 자신의 유익을 구하던 좁은 시야에서 벗어나 하나님의 광활한 긍휼의 시선으로 세상을 바라볼 때, 비로소 우리 삶에는 유한한 세상을 이기는 하늘의 권능과 참된 평안이 깃들게 될 것입니다.

"여호와께서 이르시되 네가 수고도 아니하였고 재배도 아니하였고 하룻밤에 났다가 하룻밤에 말라 버린 이 박넝쿨을 아꼈거든 하물며 이 큰 성읍 니느웨에는 좌우를 분변하지 못하는 자가 십이만여 명이요 가축도 많이 있나니 내가 어찌 아끼지 아니하겠느냐 하시니라"(욘 4:10-11)

묵상 Point

1. 나의 꿈, 목표, 비전이라는 이름으로 포장되어 있지만, 사실은 요나의 박넝쿨처럼 일시적인 안위와 자기만족만을 추구하는 것은 무엇입니까?
2. 하나님께서 가장 아끼시는 잃어버린 영혼의 구원을 위해, 오늘 내가 할 수 있는 구체적인 행동은 무엇인지 생각해 봅시다. 나의 시간, 물질, 재능 중 영원한 가치를 위해 헌신할 부분은 무엇입니까?

2021. 08. 23.

19 성령님과 육신의 갈망 사이에서 겪는 내적 갈등

회사에서 학술대회와 관련해 호텔 계약 조건을 조율하는 업무를 맡았을 때, 내가 과거에 진행하다 직원에게 위임한 일을 다시 도와주고자 했습니다. 오랜 기간 해당 호텔과 업무를 진행해 왔던 경험 때문에, 담당 직원이 원활히 업무를 진행할 수 있도록 지원하고 싶었던 것입니다. 그러나 적절한 시점에 협의 내용을 알리지 못함으로 인해 담당 직원은 하루 종일 힘들고 고통스러운 시간을 보내야 했습니다.

아침 출근길, 하나님께서는 갈라디아서 5장과 6장을 통해 성령님께서 원하시는 것과 육신의 소욕 사이의 차이를 묵상하게 하셨습니다. 나는 하루 동안 기도하며 성령님께 어떻게 행동해야 할지 인도해 달라고 간구했습니다.

마음속 갈등과 답답함이 심할수록, 문제를 해결하기 위한 올바른 순서를 깨닫게 되었습니다. 먼저 내 안에서 발생한 내적 갈등과 상한 마음을 정리하지 않고 외부 상황과 사람을 다루려 한다면 평안과 선한 마음이 있을 수 없음을 알게 되었습니다. 결국 성령님의 인도를 따라, 마음이 상한 담당 직원과 대화를 여러 차례 시도하며 서로의 마음을 확인하고 조율하는 과정을 거쳐 갈등을 풀 수 있었습니다.

담당 직원이 필요로 했던 것은 단순하고 당연한 요청이었습니다. 외부 담당자와 조율한 사항이 변경될 경우, 사전에 알려달라는 것이었습니다. 나는 부족했던 점을 사과하고 앞으로 소통과 조율을 더 철저히 하겠다고 약속함으로써 상한 마음과 분노를 풀 수 있었습니다.

이번 일을 돌아보며 깨달은 바는, 내 안의 생각과 욕망이 성령님의 뜻과 충돌할 때 내적 갈등이 심화되고 관계에 혼란을 초래한다는 것입니다. 나는 자신과 상대방의 차이를 인정하고, 성령님의 인도하심을 따르며 차분히 문제를 해결할 때 평안과 안식을 누릴 수 있음을 배웠습니다.

합리적이라고 믿는 기준이나 경험이 때로는 나 중심적인 욕망의 포장일 수 있다는 사실도 깨달았습니다. 의로운 생각이라는 이름으로 포장된 욕심과 외식주의를 벗어버릴 때, 우리는 비로소 분별력과 평화를 갖추고, 충돌과 혼란에서 벗어나 생명의 관계 속에서 살아갈 수 있습니다.

"육체의 일은 분명하니 곧 음행과 … 원수 맺는 것과 분쟁과 시기와 분냄과 당 짓는 것과 분열함과 이단과 투기와 술 취함과 방탕함과 또 그와 같은 것들이라"(갈 5:19-21)

성령님과 육신의 갈망 사이에서 끊임없이 갈등할 때, 마음속을 살피시고 인도하시는 하나님께 귀를 기울이는 것이 가장 중요함을 이번 경험을 통해 다시금 배웁니다.

묵상 Point

1. 최근 내가 경험한 내적 갈등이나 외부와의 충돌에서, 성령님의 인도하심이 아닌 나의 경험과 욕심이 앞섰던 부분은 무엇이었습니까?
2. 갈등 상황에서 상대방의 단순하고 당연한 요청을 먼저 인정하지 못하고 나의 의도나 논리를 앞세웠던 순간이 있다면, 그 순간 육체의 소욕을 내려놓고 성령의 인도를 따르는 구체적인 방법은 무엇인지 생각해 봅시다.

2021. 08. 27.

 고난을 통해 배우는 하나님의 완전한 주권과 사랑

오늘 나는 2013년 5월, 특별한 은혜로 입사했던 공제조합에서의 짧고도 고통스러운 3개월을 돌아보며 하나님께서 나에게 전하고자 하신 깨달음을 경험했습니다. 당시의 사건은 오랜 시간 마음속에 남아 있었지만, 오늘 하나님의 말씀과 은혜를 묵상하며 그 의미를 새롭게 깨달았습니다.

성경 속 애굽의 왕과 감독관들이 이스라엘을 핍박하고 학대했던 상황을 하나님은 세밀히 보시고, 그들의 울부짖음을 들으셨습니다. 이스라엘이 고통 중에 부르짖자 하나님은 과거 조상들에게 맹세하신 언약을 기억하시고, 긍휼과 선하심으로 그들을 구원하셨습니다. 이 사건을 통해 나는, 어떤 상황 속에서도 하나님은 우리의 고통과 필요를 놓치지 않으시며, 때가 되면 반드시 구원의 손길을 펼치신다는 사실을 깨달았습니다.

무엇보다 중요한 깨달음은, 우리가 상대를 대할 때 하나님의 사랑 안에서 먼저 사랑을 가지고 대해야 한다는 것입니다.(고전 13장) 아무리 의로운 행실을 한다고 해도, 그 행위가 사랑을 담지 않았다면 하나님께 무익하고 헛될 수 있습니다.

또한, 극심한 고난과 이해하기 어려운 시련 속에서도 모든 것을 알거나 이해하려 애쓰지 않아야 함을 배웠습니다. 인간의 힘과 간절함으로 깨달음을 얻을 수 있는 것이 아니라, 전적으로 하나님께 맡기고 믿는 믿음 속에서만 평안과 지혜가 주어집니다. 하나님께서 행하신 일이라면 그것은 반드시 그분의 완전한 주권과 섭리 안에서 진행되는 것이며, 깨달음 또한 하나님께서 적정한 때에 주실 것입니다.

과거에 소중히 여겼던 것을 잃었다 하더라도, 하나님은 그것을 통해 새로운 삶과 대체물을 허락하시며 그 안에서 선하심과 은혜를 깨닫게 하십니다. 모든 사건과 손실은 합력하여 더 좋은 것, 더 유익한 것, 더 많은 사람에게 도움이 되는 결과를 이루기 위한 하나님의 특별한 손길임을 알게 하셨습니다.

오늘 묵상하며 깨닫는 것은 나의 이해와 계획을 넘어선 하나님의 사랑과 섭리, 일하심을 신뢰하고, 모든 관계와 사건 속에서 그분의 사랑을 먼저 흘려보내는 삶을 살아야 한다는 것입니다.

"우리가 알거니와 하나님을 사랑하는 자 곧 그의 뜻대로 부르심을 입은 자들에게는 모든 것이 합력하여 선을 이루느니라"(롬 8:28)

"내가 애굽에 있는 내 백성의 고통을 분명히 보고 그들이 그들의 감독자로 말미암아 부르짖음을 듣고 그 근심을 알고 내가 내려가서 그들을 애굽인의 손에서 건져내고"(출 3:7-8)

묵상 Point

1. 과거의 고통스러웠던 사건 중, 아직도 하나님의 섭리로 받아들이지 못하고 원망이 남아 있는 부분이 있다면 무엇입니까?
2. 현재 나의 이해를 넘어서는 고난과 시련이 있다면, 그것을 인간적인 노력으로 이해하려 애쓰지 않고 하나님께 완전히 맡기며 사랑의 행실을 먼저 실천하는 데 필요한 믿음의 자세는 무엇인지 생각해 봅시다.

2021. 09. 03.

 용서와 사랑: 묶인 것을 풀어주는 열쇠

예수님께서는 마태복음 18장에서 말씀하시기를, 자기를 낮추는 어린아이와 같은 사람이 천국에서 가장 큰 자라고 하셨습니다. 어린아이와 같은 사람을 영접하는 것은 곧 예수님을 영접하는 것이며, 이러한 작은 자를 멸시하거나 죄로 실족하게 하는 자는 심판을 받게 되고, 그로 인해 세상에 화가 임할 것이라고 경고하셨습니다.

반대로, 우리의 형제가 우리에게 죄를 범하거나 실족하게 할 상황에서도 우리가 죄로 넘어지면, 그 형제에게 화가 임하게 됩니다. 그러므로 우리는 실족하지 않도록 하나님께서 긍휼히 여기사 우리 모든 죄를 용서하신 은혜와 사랑을 기억해야 합니다.

형제를 용서함으로써, 나와 형제 모두가 하나님 나라에서 묶이지 않고 자유롭게 풀리게 됩니다. 그리고 화해한 사람을 포함해 두세 사람이 모여 주 예수님의 이름으로 기도하면, 하늘의 아버지께서 기쁘게 응답해 주십니다.(마 18:19-20)

삼위일체 하나님께서 사랑과 믿음 안에서 하나 되시는 것처럼, 우리도 서로 용서와 사랑으로 연합하여 하나가 되는 삶을 살아야 합니다.

만약 누군가가 우리에게 죄를 범하고, 나아가 예수님을 믿는 이들을 실족하게 하는 일이 있다면, 예수님은 그 잘못을 단호히 제거하라고 명령하십니다. 마음의 중심에서부터 흘러나오는 용서를 통해, 서로를 실족하게 하는 죄의 악순환 연결고리를 끊어야 합니다.

오늘의 묵상은, 용서와 사랑이 단순한 감정이 아니라, 하나님 나라 안에서 자유와 연합, 축복을 누리게 하는 열쇠임을 깨닫게 합니다. 우리의 삶 속에서 이러한 용서와 사랑을 실천할 때, 하나님께서 이루시는 기적과 평안이 흐르게 됩니다.

"진실로 너희에게 이르노니 무엇이든지 너희가 땅에서 매면 하늘에서도 매일 것이요 무엇이든지 땅에서 풀면 하늘에서도 풀리리라"(마 18:18)

"두세 사람이 내 이름으로 모인 곳에는 나도 그들 중에 있느니라"(마 18:20)

묵상 Point

1. 나는 지금 어떤 사람을 용서하지 않음으로써 스스로와 상대방을 묶어두고 있지는 않습니까? 내가 용서하지 못하는 죄의 악순환 연결고리를 끊기 위해 구체적으로 마음의 중심에서 결단할 것은 무엇입니까?
2. 용서와 화해를 통해 주님께 가까이 나아가기를 원하며, 두세 사람이 함께 기도할 때 하늘에서 풀어지는 축복을 누릴 수 있도록 내가 함께 기도할 동역자는 누구이며, 기도 제목은 무엇인지 정리해 봅시다.

2021. 09. 07.

22 끝까지 순종하신 예수님의 삶을 따르는 제자의 길

우리는 관계의 홍수 속에서 살아갑니다. 그 안에서 기쁨을 누리기도 하지만, 때로는 감당하기 벅찬 고통과 시련을 마주하기도 합니다. 특히 가장 가까운 사람이나 믿었던 상황이 나를 벼랑 끝으로 내몰 때, 우리의 마음은 무너져 내립니다. "도대체 내가 어디까지 참아야 하는가?", "이 부당함을 언제까지 묵묵히 견뎌야 하는가?"라는 질문이 꼬리에 꼬리를 물고 이어집니다. 억울함은 분노가 되고, 인내는 한계에 부딪히며, 마음속 깊은 곳에서는 상대를 향한 원망과 상황을 회피하고 싶은 욕구가 솟구쳐 오릅니다. 인간은 본능적으로 고통을 거부하고, 자신의 정당성을 주장하려는 경향이 강합니다. 이때 우리는 어디까지 인내하고 수용하며 희생해야 하는지, 그리고 어떻게 반응해야 할지 깊이 고민하게 됩니다.

이러한 혼란과 아픔의 한복판에서 우리가 바라보아야 할 유일한 이정표는 바로 예수 그리스도입니다. 그분은 우리의 영원한 리더이자 목자이시며, 우리를 죄와 사망에서 건지신 구원자이십니다. 삶의 방향을 잃고 무엇을 선택해야 할지 모를 때, 혹은 억울함에 가슴이 납납할 때, 우리는 예수님의 삶 전체를 깊이 묵상해야 합니다. 예수님은 이 땅에서 인간과 동일한 육체를 입고 사시면서, 우리가 겪는 모든 고난을 경험하셨습니다. 문제를 해결하고 싶은 마음이 들거나, 무엇을 해야 할지 모를 때, 예수님의 삶 전체를 묵상하며 지혜를 구하면 됩니다. 하나님께서는 그 길을 따르고자 하는 자에게 상황을 뚫고 나갈 참된 지혜와 통찰을 주시며, 악을 선으로 갚을 수 있는 넉넉한 능력과 은혜를 부어 주십니다.

예수님께서 창조주의 영광을 뒤로하고 피조물인 인간의 육체를 입고 이 땅에 오신 이유를 기억해야 합니다. 그것은 단순한 방문이 아니었습니다. 죄로 인해 단절된 하나님과 우리 사이를 화평케 하고, 우리에게 완전한 구원과 영원한 생명을 주시기 위한 처절한 사랑의 결단이었습니다. 그 사랑의 절정은 십자가였습니다. 십자가는 낭만이 아니라, 가장 끔찍한 고통과 수치, 그리고 죄에 대한 하나님의 엄중한 심판이 집행된 현장이었습니다. 예수님은 그 모든 무게를 홀로 짊어지셨습니다. 그분은 하나님께서 계획하시고 말씀하신 모든 일에 한 치의 어긋남 없이 순종하셨습니다.

특히 십자가를 앞둔 예수님의 모습을 묵상해 봅니다. 겟세마네 동산에서 땀방울이 핏방울이 되도록 기도하실 때, 주님의 육신 또한 다가올 고통을 피하고 싶으셨을 것입니다. 주님은 전능하신 하나님의 아들이셨기에, 그 자리에서 열두 군단 더 되는 천사들을 동원하여 고난을 피하실 수 있었습니다. 그러나 주님은 그렇게 하지 않으셨습니다. 그분은 자신의 원함보다 아버지의 원함을 앞세우셨습니다. "내 아버지여, 만일 할 만하시거든 이 잔을 내게서 지나가게 하옵소서. 그러나 나의 원대로 마시옵고 아버지의 원대로 하옵소서." 이 고백은 인간적인 고통을 인정하면서도, 궁극적으로는 아버지의 뜻에 완전히 복종하겠다는 제자의 자세가 무엇인지를 보여주는 최고의 본이 됩니다.

십자가 위에서 예수님은 인간의 모든 고통과 수치, 죄로 인한 심판까지 홀로 감당하시며 만민을 위한 대속의 제물이 되셨습니다. 사람들의 조롱과 멸시, 부당한 심판 앞에서도 주님은 변명하거나 맞서 싸우지 않으셨습니다. 마치 도수장으로 끌려가는 어린 양, 털 깎는 자 앞에서 잠잠한 양같이, 묵묵히 침묵하심으로 하나님의 뜻을 이루어 드렸습니다. 이는 무력함 때문이 아니라, 아버지의 계획을 온전히 신뢰하는 숭고한 순종이었습니다.

제자의 길은 이 예수님의 발자취를 그대로 따르는 것입니다. 억울해도 변명하지 않고, 손해를 보더라도 하나님의 뜻이라면 기꺼이 감수하는 삶입니다. 우리는 자신의 의를 내세우거나 상황을 통제하려 하기보다, 하나님의 주권 아래 순종하는 것이 가장 안전하고 복된 길임을 인정해야 합니다. 죽기까지 복종하신 그분의 삶을 묵상하며, 우리도 그 본을 따라 살아가야 합니다. 그러므로 우리는 날마다 십자가 앞에 나아가 나의 자아를 못 박아야 합니다. 나의 감정과 판단을 내려놓고, 주님이 보여주신 순종의 본을 따라갈 때, 비로소 우리는 세상이 알 수 없는 참된 평안과 승리를 경험하게 될 것입니다.

"그가 곤욕을 당하여 괴로울 때에도 그의 입을 열지 아니하였음이여 마치 도수장으로 끌려 가는 어린 양과 털 깎는 자 앞에서 잠잠한 양 같이 그의 입을 열지 아니하였도다"(사 53:7)

묵상 Point

1. 현재 내 뜻과 하나님의 뜻이 충돌하여 갈등하는 영역이 있다면, 예수님처럼 "나의 원대로 마시옵고"라고 고백하며 내려놓아야 할 것은 무엇입니까?
2. 억울함이나 분노가 치밀어 오를 때, 변명 대신 침묵하신 주님을 생각하며 성령님께 잠잠히 순종할 수 있는 인내와 지혜를 구하고 있습니까?

2021. 09. 09.

23 육체의 욕망을 이기는 삶

우리의 인생 여정에서 죄 된 본성에 속한 삶과 그 부정적인 열매들을 개인의 의지로 제거하고자 노력하면 우리는 결국 실패의 쓴잔을 마실 수밖에 없습니다. 육체의 욕망을 억누르고 통제하려고 애를 쓸수록 오히려 영적인 힘이 빠지고 깊은 좌절감에 빠지기 쉽습니다. 이는 마치 늪에서 빠져나오려 발버둥 칠수록 더 깊이 가라앉는 것과 같습니다. 대신 우리는 그 반대되는 속성, 곧 성령님의 거룩한 갈망과 그분이 맺으시는 풍성한 열매를 향해 마음의 중심을 이동시키고 성령님의 세밀한 인도하심을 받아야 합니다. 성령님과 친밀하게 동행하며 하루하루를 살아갈 때, 우리를 끈질기게 괴롭히던 육체에 속한 성향과 그 어두운 열매들은 점차 영적인 생명력을 잃고 우리 삶에서 자연스럽게 사라지게 됩니다.

세상에 속한 것들을 사랑하지 않으려면, 단순히 그것들을 멀리하는 소극적인 태도를 넘어 그보다 훨씬 더 고귀하고 아름다운 대상을 사랑해야 합니다. 우리의 마음을 다해 하나님을 뜨겁게 사랑할 때, 세상을 향했던 우리의 치열한 욕망은 비로소 힘을 잃고 시들게 됩니다. 세상의 화려한 유혹을 쫓아내기 위해 필사적으로 애쓰기보다, 그 빈자리를 하나님의 사랑과 은혜의 빛으로 가득 채우는 것이 진정한 승리의 비결입니다. 어둠을 몰아내기 위해 단지 빛을 밝히는 것만으로 어둠이 순식간에 물러가는 것과 같은 이치입니다. 우리가 주님의 거룩한 아름다우심에 깊이 매료될 때, 한때 우리를 사로잡았던 세상의 가치들은 어느덧 그 빛을 잃고 우리 곁을 떠나가게 될 것입니다.

하나님께서 우리에게 명령하시고 부탁하시는 수많은 말씀은 우리가 자신의 힘으로 완벽하게 해결할 수 있기에 주신 것이 아닙니다. 오히려 그것들은 철저히 내 힘과 자원으로는 아무것도 할 수 없음을 정직하게 인정하고 하나님께 모든 것을 맡기라는 초대입니다. 우리가 주권자이신 하나님께 모든 상황을 의탁할 때, 하나님께서는 친히 문제를 해결하시고 길을 여신다는 약속이 그 명령 속에 담겨 있습니다. 주님은 때로 나와 다른 사람들을 유기적으로 연결하여 일하시며, 그분의 원대한 계획과 풍성한 은혜로 모든 사역을 친히 주도하시고 끝내 성취하십니다.

아무리 상황이 어렵고 다급하게 느껴지더라도, 지금 나에게 요구되는 하나님의 선하신 뜻이 무엇인지 먼저 세밀하게 살펴보고 그 작은 일부터 기쁨으로 순종해야 합니다. 하나님께 모든 주권을 맡길 때 주시는 하늘의 평안과 안식을 실제 삶 속에서 시도하며 체험해 보시길 바랍니다. 하나님은 우리가 감당하지 못할 시험을 결코 허락하지 않으시며, 각자의 믿음의 분량을 따라 가장 신실하고 정확하게 일하시는 분임을 우리는 끝까지 신뢰해야 합니다.

"내가 이르노니 너희는 성령을 따라 행하라 그리하면 육체의 욕심을 이루지 아니하리라"(갈 5:16)

묵상 Point

1. 육체의 욕심을 내 의지로 억누르려다 지쳐 있지는 않은지, 아니면 성령님의 도우심을 구하며 그분의 인도하심에 내 삶을 맡기고 있습니까?
2. 오늘 내가 움켜쥐고 있는 문제 중 주님께 '오병이어'처럼 내어드려야 할 작은 순종의 영역은 무엇입니까?

2021. 09. 16.

24 마귀의 책략을 분별하고 성령의 시선으로 관계를 보호하라

불쑥 마음속으로 들어오는 불청객이 있습니다. 바로 관계를 이간질하고 분열시키는 생각과 그 배후에 역사하는 보이지 않는 세력입니다. 나와 상대방 사이에 불편과 미움, 분노를 유발하는 이러한 생각의 근원에는 우리의 원수, 마귀가 있습니다. 마귀는 거짓말하고 이간질하며, 비난하고 정죄하며, 파괴와 죽음을 가져오는 어둠의 영들입니다. 우리는 사람을 미워하고 비난하면서 그들과 싸우지 말고, 이 어두운 영들과 영적 싸움을 해야 합니다.

원수 마귀는 우리의 생각을 속여, 마귀를 의식하게 만들기보다 눈에 보이는 사람이나 상황만 바라보게 만듭니다. 그는 우리의 주의를 다른 곳으로 돌리기 위해 온갖 미혹과 속임수, 책략을 사용합니다. 하나님께서 문제를 해결할 말씀을 알려주셔도, 그 말씀을 마음속에 뿌리를 내리지 못하도록 온갖 방법으로 방해합니다. 우리의 경험, 생각, 논리, 이해득실 따위를 따지게 만들어, 말씀의 생명력을 제한합니다.

하나님께서 보내신 생명의 말씀을 열매 맺게 하려면, 말씀을 깨닫자마자 즉시 잊어버리지 않도록 기록해야 합니다. 주야로 그 말씀을 깊이 묵상하고 삶 속에서 실행해야 합니다. 기록하지 않고 깨닫지 못하면, 예수님께서 누가복음 8장에서 말씀하신 것처럼, 말씀의 씨앗을 마귀가 옆에 있다가 빼앗아 갑니다. 또한 "이생의 염려와 재물과 향락"이 우리 마음속 가시가 되어, 말씀의 성장을 방해합니다. 마귀는 끊임없이 염려하게 하고, 해로운 욕망과 탐심을 일으켜 말씀을 경험하지 못하도록 만듭니다.

사탄의 다양한 책략에 속지 않고 미혹당하지 않으려면, 항상 깨어 기도하고 분별하는 지혜가 필요합니다. 우리의 원수는 사람이 아니라, 우리의 생각을 오염시키고 잘못된 방향으로 이끄는 마귀입니다. 우리는 눈앞에 펼쳐진 상황과 사람의 행동을 자기 경험과 지식, 과거 기억으로 해석하려 합니다. 이때 자신의 속사람을 주체로 내세우는 순간, 생명이나 진리가 아닌 자기 논리와 분쟁만 만들어 낼 뿐입니다. 특히 갈등 속에서 흘러나오는 생각은 죽이는 독과 같아, 말과 행동을 통해 관계를 파괴합니다.

선한 목자 되신 성령님 없이, 목자 없는 양처럼 살아가는 사람들의 심령의 고통을 이해할 수 있을까요? 자기 능력과 지혜, 타인을 의지해 살아가는 영혼의 고통과 아픔을 볼 수 있을까요? 하나님 아버지의 시각과 마음으로 각 사람의 내면을 바라보게 해달라고 끊임없이 기도해야 합니다. 우리 자신과 모든 사람이 하나님의 긍휼과 은혜, 도우심이 필요한 영혼임을 볼 수 있도록 기도해야 합니다.

우리가 힘겨워하는 사람들을 만날 때, 성령님의 도우심 없이는 살아갈 수 없는 그들의 심령 상태를 바라보며, 하나님의 긍휼과 사랑을 대신 체휼할 수 있어야 합니다. 과거 '금쪽같은 내 새끼' 프로그램에서, 문제 행동을 보이는 자녀를 이해하고 관계를 회복하는 과정에서 배우는 새로운 시각과 같습니다. 자녀의 거친 말과 행동에는 부모와 가정이라는 환경적 요인이 크게 작용하며, 성급히 판단하고 대응하면 상황은 악화합니다.

하나님은 우리에게 자녀나 직장 동료와의 관계를 점검하도록 하십니다. 먼저 내 마음과 생각, 시선을 치유해야 하며, 상대방을 비난하고 판단하는 마음을 제거해야 합니다. 상대방의 현재 상태와 아픔을 분별하고 이해할 때 비로소 진정한 생명의 관계를 맺을 수 있습니다. 상대의 과거와 현재 아픔, 영적·정서적 상태를 보지 못하면, 우리의 생각과 평가 역시 하나님께 선하게 보이지 못합니다.

우리의 생각과 말이 성령님의 통제를 받지 않고 육신의 성향대로 흐르면, 곁에 있는 사람들은 시들고 사라집니다. 가정과 직장, 공동체가 고통으로 가득 차게 됩니다. 이런 사망과 같은 굴레에서 벗어나려면, 철저히 나의 노력이나 의지에 의존해서는 안 됩니다. 오직 예수님의 십자가 사랑과 용서가 성령님을 통해 우리 안에 부어져야 가능합니다.

하나님께서 예수님의 십자가 사역을 완성하시고, 성령님을 보내신 목적은 바로 우리 안에서 그 뜻과 계획이 이루어지도록 하심입니다. 예수님의 사랑과 성령님의 도우심만이 유일한 해결책이며, 진리를 경험하는 삶이 진정한 축복받은 삶입니다.

"우리의 씨름은 혈과 육을 상대하는 것이 아니요 통치자들과 권세들과 이 어둠의 세상 주관자들과 하늘에 있는 악의 영들을 상대함이라"(엡 6:12)

묵상 Point

1. 관계 속에서 발생하는 미움과 분노의 감정을 사람이나 상황이 아닌, 악의 영들의 책략으로 분별하고 있습니까? 오늘 대적해야 할 마귀의 거짓된 생각은 무엇이 있을까요?
2. 내가 누군가를 향해 비난하고 판단하는 마음을 제거하고 하나님의 긍휼한 시선을 품기 위해, 성령님께 상대방의 내면 깊은 아픔을 보게 해 달라고 구체적으로 기도하는 시간을 가져 봅시다.

2021. 09. 17.

25 내면의 쓰레기를 보석으로 바꾸는 은혜

내 안 깊숙한 곳에는 오랫동안 쌓여 있던 생각과 감정들이 있습니다. 하나님께서 보시기에 악하고 더럽고 어리석으며, 우리를 끊임없이 불순종하게 만든 수많은 것들이 있습니다. 상처와 고통 또한 존재합니다. 그 이면에는 일그러지고 억압당한 깨어진 자아가 있으며, 하나님의 형상과 속성을 잃어버린 모습이 내재해 있습니다.

평소 평안할 때는 이러한 내면의 어두움이 드러나지 않지만, 힘들고 고통스러운 환경이나 사람을 만날 때 그것들이 반응하며 밖으로 올라옵니다. 우리의 마음과 생각, 감정과 언어, 기질과 성향, 삶, 그리고 꿈을 통해 은밀히 숨어 있던 모든 것이 드러나는 것입니다. 한편으로, 이는 우리의 본래 모습이지만 동시에 우리를 거룩하고 정결하게 하고자 하시는 하나님의 역사이기도 합니다.

처음에는 원수라고 생각했던 사람에게 비난과 정죄, 미움과 분노를 쏟아내며, 자신은 의롭고 깨끗하다고 여기며 함부로 공격하게 됩니다. 이러한 순간 우리의 마음은 결코 은혜로 충만하거나 평온할 수 없습니다.

그러나 우리의 삶 속에 일어나는 모든 일은 우연이 아닙니다. 자신이나 다른 사람이 과거에 뿌린 씨를 거두는 과정이며, 우리가 그것을 기억하지 못할 뿐입니다. 또한 우리의 삶은 하나님의 통치 아래, 모든 것을 합력하여 선을 이루시는 역사 속에서 진행되기에 우연이 없습니다. 역사의 주관자이신 하나님께서 왜 이 일과 환경을 허락하셨는지, 이를 통해 먼저 나 자신과 이웃의 유익을 위해 무엇을 이루고자 하시는지 질문해야 합니다.

하나님은 우리가 그분과 친밀한 교제를 나누며 하나님의 뜻 안에서 살기를 원하십니다. 이를 위해 우리의 내면과 환경 속 장애물을 하나씩 드러내어 정결하게 하고, 치료하고자 하십니다. 하나님께서 우리에게 "사랑하라. 날마다 십자가를 지고 자기 생각과 욕망을 못 박아라"라고 명령하신 이유도, 결국 선하고 의로운 목적을 이루고자 하시는 뜻 때문입니다.

그 뜻을 깨닫기 전까지 우리는 상대방을 증오하며, 칼을 휘두르고 활을 쏘듯 마음과 행동을 공격적으로 사용합니다. 그러나 하나님의 거룩하고 영광스러운 뜻을 발견하면, 우리의 마음과 시선은 하나님께 집중되기 시작합니다. 내 안에 쌓인 쓰레기와 같은 악하고 더러운 것이 무엇인지 인식하고, 그것들이 처리될 수 있도록 긍휼히 여겨 달라고 하나님께 기도해야 합니다.

이 은혜 안에 들어가면, 우리는 원수라고 생각했던 사람에게 오히려 감사하고 선물을 주며, 그들이 잘되도록 축복하는 것이 얼마나 유익한지 깨닫게 됩니다. 사람들은 흔히 자기에게 잘해주는 사람만 고마워하고 선을 베풀고자 합니다. 그러나 우리 안에 오랫동안 내재한 악하고 해로운 것들은 그런 사람들과 함께할 때는 드러나지 않습니다.

하나님 앞에서 힘들어하는 사람들과 함께해야 할 때, 그것은 당연히 견디기 힘들고 괴롭습니다. 하지만 그 시기를 지나는 동안 하나님의 섭리와 선하고 올바른 목적을 깨닫게 된다면, 그것은 은혜입니다. 도망치거나 포기하지 않고 하나님께서 허락하시는 때까지 인내하며 기다리는 과정에서, 우리 속에 평범한 그릇이 존귀하고 거룩한 그릇이 되어가는 보화가 쌓입니다.

그 보화는 보배 되신 성령님의 속성과 능력, 참 지혜가 드러나는 기회이며, 비슷한 고난 속에 있는 다른 사람들을 올바른 길로 인도하는 역할을 감당할 수 있는 선물입니다. 이러한 과정을 통해 내 안의 쓰레기처럼 보이는 것들이 하나님의 은혜로 보석처럼 변화됩니다.

"너는 범사에 그를 인정하라 그리하면 네 길을 지도하시리라"(잠 3:6)

"끝으로 형제들아 무엇에든지 참되며 무엇에든지 경건하며 무엇에든지 옳으며 무엇에든지 정결하며 무엇에든지 사랑 받을 만하며 무엇에든지 칭찬 받을 만하며 무슨 덕이 있든지 무슨 기림이 있든지 이것들을 생각하라"(빌 4:8)

묵상 Point

1. 나의 내면 깊숙한 곳에 오랫동안 숨어 있던 '쓰레기(악한 감정, 깨어진 자아)'가 드러났던 최근의 경험은 무엇이었습니까? 그 상황을 하나님의 '정결하게 하시는 역사'로 받아들이고 있습니까, 아니면 단순히 고통스러운 사건으로만 보고 있습니까?
2. 하나님께서 나의 삶에 허락하신 고통스러운 관계나 환경을 통해 궁극적으로 이루고자 하시는 선한 목적이 무엇인지 생각해 보고, 그 사람(혹은 환경)을 원망 대신 감사와 축복의 대상으로 바라보려는 결단을 해보십시오.

PART 2.
불가능은 없다

렘 32:17 주 여호와여 주께서 큰 능력과 펴신 팔로 천지를 지으셨사오니 주에게는 할 수 없는 일이 없으시니이다

NIV Sovereign LORD, you have made the heavens and the earth by your great power and outstretched arm. Nothing is too hard for you.

2021. 09. 18.

 용서와 긍휼의 마음으로 나를 돌아보기

고통을 주고받는 사람들과 함께할 수밖에 없는 상황에서, 우리는 종종 이런 질문을 떠올립니다.

- 왜 나는 저 사람을 수용하지 못하고 이해하지 못하는가?
- 왜 나는 똑같이 분노하고 미워하며, 내 생각만 강하게 주장하고 있는가?
- 왜 나는 상대방이 나와의 관계 개선을 위해 긴장하고, 나보다 더 애쓰고 노력하는 모습을 보지 못하는가?
- 언제까지 상대방이 보여준 말과 행동 때문에 용서하지 않고, 마음속 깊이 원망을 새겨두고 살 것인가?

다른 사람의 허물과 부족한 점만 들추어 그를 깎아내리면서, 나는 완벽하고 모든 잘못은 상대방에게 있다고 변명하지는 않는가? 문제의 본질을 제대로 보지 못한 채, 내 마음의 잔혹함을 무심히 지나치지는 않는가?

예수님은 어떠한 잘못이나 죄도 지으시지 않았음에도, 부당하고 억울한 상황 속에서 조금도 항변하지 않으시고 온갖 모욕과 수치와 고통을 감당하셨습니다. 모든 것을 공의롭게 심판하시는 하나님께 맡기셨습니다.

우리 역시 내 안을 돌아봐야 합니다. 성령님께 끊임없이 거역하며 불순종하고, 여전히 내 생각과 의견만 고집하며, 내가 하고 싶은 대로 살지는 않았는지 돌아보아야 합니다. 성령님이 알려주신 뜻과 마음을 무시하며, 고집스럽게 살아온 철저히 완악한 죄인임을 깨닫고 있는지 자신에게 질문해야 합니다.

왜 나는 다른 사람을 공감하거나 용서하거나 긍휼히 여기는 마음으로 보지 못할까요? 그 이유는 내 마음속에, "나는 아무 문제가 없고 모든 불화의 원인은 상대방에게 있다"라는 잘못된 확신이 자리 잡고 있기 때문입니다.

그러나 상대방을 바라보며 힘들어하는 그 사람의 성격, 습관, 말속에 내 안에도 비슷한 모습이 있음을 깨달을 때, 비로소 사망과 같은 고통에서 벗어날 수 있습니다. 이런 나의 모습을 하나님과 나와 함께했던 수많은 사람이 참아주고 용납하며, 말없이 고통 속에서 희생했다는 사실을 깨닫는 것도 중요합니다.

일만 달란트를 빚진 내가 이미 용서받았음을 기억하면서, 오늘 나는 적은 채무를 진 사람을 미워하고, 긍휼 없는 심판을 행하고 있다는 사실을 깨달아야 합니다. 이런 나의 모습을 바라보시는 하나님의 마음은 어떠실까요?

마귀는 어쩌면 나의 이중적이고 잔혹한 모습을 보며, 하나님 앞에서 나를 끊임없이 참소하고 비난할지 모릅니다. 그때 하나님의 마음은 얼마나 고통스럽고 참담할까요?

우리는 이러한 깨달음을 통해, 상대방을 향한 부정적인 감정과 자기중심적 판단에서 벗어나, 하나님의 마음과 긍휼의 눈으로 상대방을 바라볼 수 있습니다. 용서와 공감, 긍휼의 마음은 단순한 인간적 도덕이 아니라, 하나님 안에서만 가능하며, 성령님의 도우심으로 비로소 내면의 평안과 관계 회복을 경험할 수 있습니다.

"서로 친절하게 하며 불쌍히 여기며 서로 용서하기를 하나님이 그리스도 안에서 너희를 용서하심과 같이 하라"(엡 4:32)

"너희 원수를 사랑하며 너희를 박해하는 자를 위하여 기도하라"(마 5:44)

묵상 Point

1. 나의 언행이나 태도 속에 '상대방의 허물만 들추고 나는 완벽하다'라는 잘못된 확신이 숨어 있지는 않습니까? 내가 가장 힘들어하는 상대방의 모습 속에서 나에게도 비슷한 부분이 있음을 인정하고 있습니까?
2. 일만 달란트 빚진 자의 비유를 기억하며, 나를 향한 하나님의 용서를 먼저 묵상하십시오. 내가 용서하지 못하고 있는 사람을 위해 긍휼을 구하며 기도할 때, 내 마음의 잔혹함이 사라지도록 간구해 보십시오.

2021. 09. 19.

 모든 능력과 지혜, 형통의 근원은 하나님

처음 접하는 환경이나 지식, 사람 등 모든 것은 익숙하지 않기에 낯설게 느껴집니다. 이미 경험을 통해 성과를 보이는 것과 비교하면 차이가 극명합니다. 그렇다면 처음 접하는 지식이나 환경을 내게 친숙하게 만들고 좋은 결실을 얻으려면 무엇이 필요할까요? 원리는 단순합니다.

사람마다 차이는 있지만, 기본적으로 익숙해지고 성과를 이루기까지는 충분한 시간 투자, 포기하지 않고 도전하는 성실함, 열정, 그리고 강한 의지가 필요합니다. 흔히 '일만 시간의 법칙'을 이야기하며 불굴의 정신과 남다른 노력, 자기 자신에 초점을 맞추는 접근도 있습니다. 세계사 속 뛰어난 업적을 남긴 사람들을 보면, 이러한 시각이 일견 타당하게 보일 수도 있습니다.

그러나 하나님께서는 신명기 8장과 9장, 그리고 성경 전체를 통해 강조하셨습니다. 우리의 능력과 지혜, 모든 형통의 근원은 하나님이시며, 이를 잊고 오직 자기를 신뢰하는 사람은 교만에 빠지고 하나님 앞에서 파멸의 길로 갈 수밖에 없습니다.

하나님을 매일 찾고 기도하며 도우심을 구하는 사람에게 하나님은 어떠한 방식으로 필요한 지혜와 명철을 공급하실까요? 요한복음에 나오는 포도나무와 가지의 비유를 통해 우리는 분리된 가지가 좋은 열매를 맺을 수 없듯, 하나님과 불가분의 관계 속에서만 참된 열매를 맺을 수 있음을 깨달아야 합니다.

일시적으로 하나님을 알지 못하는 사람이나 기업, 국가가 뛰어난 성과를 내는 것처럼 보일 때가 있습니다. 하지만 역사를 정확히 이해하고 분별하려면 수십 년, 수백 년이라는 긴 기간을 놓고 살펴야 합니다. 바로 이스라엘과 주변 국가에 일어난 일들과 하나님께서 행하신 일들을 통해 우리는 그것을 확인할 수 있습니다. 하나님의 뜻과 도우심 없이는 지속적이고 참된 형통을 이룰 수 없음을 성경은 분명히 보여줍니다.

하나님과 함께할 때 지혜와 능력은 완전해지며, 성령님의 인도하심 안에서만 참된 성과와 평안을 누릴 수 있습니다. 이를 깨닫는 자는 자기 능력에 의지하지 않고, 하나님께서 주시는 지혜와 힘을 의지하며 삶 속에서 풍성한 열매를 맺게 됩니다.

"그런즉 너희가 먹든지 마시든지 무엇을 하든지 다 하나님의 영광을 위하여 하라"(고전 10:31)

"내가 네게 명령한 것이 아니냐 강하고 담대하라 두려워하지 말며 놀라지 말라 네가 어디로 가든지 네 하나님 여호와가 너와 함께 하느니라"(수 1:9)

"나는 포도나무요 너희는 가지라 그가 내 안에, 내가 그 안에 거하면 사람이 열매를 많이 맺나니 나를 떠나서는 너희가 아무 것도 할 수 없음이라"(요 15:5)

묵상 Point

1. 최근 내가 이루어낸 성과나 지혜의 근원을 나의 노력과 능력에 두고 있지는 않습니까? 이 모든 것이 하나님의 은혜이었음을 인정하는 구체적인 감사의 기도를 드려보십시오.
2. 내 삶에서 하나님과 분리된 '가지'와 같은 영역은 무엇입니까? 참된 열매를 맺기 위해 그 영역을 다시 하나님과의 관계 안에 붙이기 위해 무엇을 해야 할까요?

2021. 09. 21.

 생각의 출처를 분별하고 성령의 인도에 따르라

자녀를 포함한 다른 사람을 바라볼 때, 우리는 종종 스스로 만든 기준과 내 안의 성공과 실패, 선과 악에 관한 생각을 적용합니다. 그러나 이러한 자기중심적인 생각과 가치관은 다툼과 갈등의 근본 원인이 될 수 있습니다.

내 경험과 지식에서 비롯된 생각은 누구에게도 유익하지 않을 수 있습니다. 오히려 상대방의 반발과 고통을 불러일으켜 건강한 관계를 깨트립니다. 이런 생각은 마치 독이 가득한 것과 같기에, 악한 것임을 깨닫고 통제할 필요가 있습니다.

우리는 각 사람을 향한 하나님만의 구체적이고 확실한 계획과 생각이 있다는 것을 이해해야 합니다. 또한 그 계획이 이루어지기 위한 하나님의 맞춤형 때와 시즌이 있음을 깨닫는 지혜가 필요합니다. 만약 하나님께 맡기지 못하고, 현재 내 생각에 불만족스러운 상대방의 말이나 삶에 끊임없이 개입한다면, 그것은 하나님을 신뢰하지 못하고 조급함에서 나오는 행동이 되어 성령님을 근심하게 합니다.

예를 들어, 자녀가 매일 내 기대와 다르게 공부 대신 핸드폰을 사용하고, 늦잠을 자며 하루를 허비하는 것처럼 보일 때, 우리는 하나님께 맡기고 기다려야 할지, 어디까지 개입해야 할지 갈등하게 됩니다. 이때 우리는 기도해야 합니다.

"하나님, 둘 사이에서 어떻게 행동하고 무엇을 말해야 할지 현명하고 올바른 지혜와 분별력을 주소서."

이 갈등과 번민의 순간, 어디까지 개입하고 어떤 말을 해야 할지 고민하는 순간에 강박관념에 사로잡힌다면, 그때는 어떤 말이나 행동도 하지 않는 것이 좋습니다. 우리의 개입은 종종 부작용을 낳지만, 성령님의 인도하심에 따른 행동은 생명을 낳습니다.

만약 권력이나 세상의 기준, 경험의 논리로 밀어붙이려 한다면 필연적으로 실패합니다. 내 육신의 욕망이나 동기에서 비롯된 행동은 철저히 내려놓고, 먼저 성령님께서 원하시고 갈망하시는 것이 무엇인지 물어야 합니다. 성령님이 확실히 보여주고 깨닫게 하실 때만 움직이고 그 이전에는 멈추고 잠잠히 기다리는 것이 중요합니다.

자녀나 누군가가 홀로 감당하기 어려운 시련과 환경 속에 있을 때, 본인이 도움을 요청하거나 요청할 수 없는 특별한 상황이라면 적극적으로 나서서 도와야 합니다. 그들이 홀로 싸우고 있는 어두운 구덩이에서 빠져나올 수 있도록 도와주는 것이 필요합니다.

그러나 상대방이 길을 잘못 가고, 일순간의 쾌락에 빠져 경청하지 않고 자기 생각대로 살고자 한다면, 이스라엘 백성들에게 행하신 하나님의 처방을 기억해야 합니다. 뼈아픈 고통과 실패, 좌절을 경험한 후에야 자신의 잘못을 깨닫고 회개하여 하나님께 도움을 요청할 때까지 기다리시는 것입니다.

도와달라고 구하지 않고 부르짖지 않는다면, 그것은 아직 그 사람이 스스로 신뢰할 만한 어떤 것에 의지하고 있다는 증거입니다. 따라서 전심으로 하나님께 나올 때가 되지 않았다는 신호이므로, 조급해하지 않고 하나님께서 허락하시는 때까지 인내하며 기다리는 것이 중요합니다.

"사람이 마음으로 자기 길을 계획할지라도 그의 걸음을 인도하는 자는 여호와시니라"(잠 16:9)

"여호와를 의뢰하고 선을 행하라 … 또 여호와를 기뻐하라 그가 네 마음의 소원을 네게 이루어 주시리로다 네 길을 여호와께 맡기라 그를 의지하면 그가 이루시고 … 여호와 앞에 잠잠하고 참고 기다리라 자기 길이 형통하며 악한 꾀를 이루는 자 때문에 불평하지 말지어다"(시 37:3-7)

묵상 Point

1. 내가 다른 사람에게 개입하거나 조언할 때, 그 생각이 나의 경험과 기준에서 비롯된 것인지, 아니면 성령님의 인도하심과 사랑에서 비롯된 것인지 분별하는 과정을 가져보십시오.
2. 현재 내 주변에 하나님께 온전히 맡기지 못하고 조급하게 개입하고 싶은 대상이 있습니까? 그를 위해 내가 해야 할 가장 지혜로운 행동이 '인내하며 잠잠히 기다리는 것'일 수 있음을 깨닫고 실천해 보십시오.

2021. 10. 01.

 관계의 평안을 위해 성령의 마음 다스림을 구하라

직장에서 관계 때문에 다시 한번 큰 고통을 겪었습니다. '평안과 생명, 기쁨이 넘치는 관계를 유지하려면 어떤 지혜와 분별력이 필요할까'라는 묵직한 질문이 생겼습니다. 만약 내 안에 상대에게 무언가를 끊임없이 요구하고 지시하고자 하는 욕구, 일종의 '청구서'가 있다면 상대방은 불편함과 고통을 느낄 수밖에 없습니다.

반대로, 진심으로 상대를 돕고 섬기고자 할 때는 내 생각이나 경험을 앞세우지 않고, 먼저 그 사람의 의견을 경청한 후 필요한 만큼만 도움을 베풀어야 관계에 평안이 깃든다는 것을 깨달았습니다.

회사에서 이런 상황이 발생했습니다. 특정 직원의 제안이나 행동이 내 눈에는 부정적으로 보일 때가 잦았습니다. 부드럽게 전달하도록 안내해도, 그 직원은 종종 거칠게 반응했습니다. 자기 기대대로 일이 진행되지 않으면 화를 내고 정색하며, 공개적으로 불만을 표현하곤 했습니다. 심지어 "이런 식으로는 회사와 맞지 않다"라고 말하며 사직 의사를 내비치기도 했습니다.

그 직원과 지난 2년간 최소 4차례 유사한 상황이 반복되었습니다. 결국 2021년 9월 말, 그 직원은 사직서를 제출했습니다. 나 역시 너무 지쳐 앞으로 계속 근무해야 한다면 1년 이상 버티기 힘들다고 느껴, 퇴사까지 고민했습니다.

이 문제의 근본 원인과 해결책을 기도를 통해 구했습니다. 최대한 감정과 생각을 자제하며 신앙인의 모습을 유지하려 했지만, 출근 전 기도할 때 받은 평안은 오래 지속되지 못했습니다. 얼굴을 보는 것조차 불편할 정도였고, 언제 또 상황이 터질지 모르는 긴장 속에서 지내야 했습니다.

그 직원이 사직서를 제출하고 새로운 직원 채용이라는 부담이 남았지만, 더는 긴장 관계에 지치고 싶지 않았습니다. 그러나 곧 깨달았습니다. 상황이 바뀌고 새로운 직원이 들어온다고 모든 것이 해결되는 것은 아닙니다. 나 자신이 왜 특정 직원을 껄끄럽게 느끼고 부담스러워했는지, 다른 직원들과 자연스럽게 편안한 관계를 형성하지 못했는지 깊이 돌아보아야 했습니다.

중요한 질문은 다음과 같습니다.

- 나는 임직원들을 어떤 시각과 마음으로 바라보고 있었는가?
- 그들을 이해하려는 내 마음과 생각은 무엇이었는가?

모든 사람을 하나님이 내게 허락하신 소중한 존재로 바라보고, 그 의미를 발견하기 위해 하나님의 도우심을 구하는 것 외에 해답은 없음을 깨달았습니다.

사직서 수령 후, 나는 온 마음으로 그 직원을 섬기고자 접근했습니다. 한 달 뒤, 그 직원이 담당 이사님과 면담 후 다시 근무하고 싶다는 의견을 듣게 되었고, 이사님은 내 의견을 물어보았습니다. 인간적인 마음으로는 즉시 사직서를 수리하고 다른 직원을 채용하고 싶었지만, 직접 사직 결정을 내리고 싶지 않았습니다. 당시에는 향후 1년 6개월 이상 지속될 고통을 예측하지 못했습니다.

그 직원은 이후에도 자기 기질과 성향에 따라 계속 근무했습니다. 사람은 쉽게 변하지 않습니다. 이는 나에게 큰 숙제였고, 그와 함께한 3년 6개월 동안 많은 것을 경험하며 깨닫게 되었습니다. 나의 자아가 무너지고 다시 세워지는 과정이었으며, 이 경험이 바로 이 책을 발간하게 된 계기이자 수많은 깨달음과 글이 나오는 배경이 되었습니다.

"사람이 마음으로 자기 길을 계획할지라도 그의 걸음을 인도하는 자는 여호와시니라"(잠 16:9)

"그 형제를 미워하는 자마다 살인하는 자니 살인하는 자마다 영생이 그 속에 거하지 아니하는 것을 너희가 아는 바라"(요일 3:15)

관계 속에서 평안과 생명을 누리기 위해서는, 나 자신의 감정과 욕구를 내려놓고, 성령님의 인도와 지혜를 구하며, 상대방을 이해하고 존중하는 마음이 필요합니다. 사람의 변화에 의지하지 않고 하나님께서 주시는 분별력과 평안 속에서 행동할 때, 관계는 진정으로 회복되고 건강해질 수 있습니다.

묵상 Point

1. 나는 관계 속에서 상대방에게 '무언가를 끊임없이 요구하고 지시하고자 하는 청구서'를 내밀고 있지는 않습니까? 내가 만나는 사람들을 하나님께서 내게 허락하신 소중한 존재로 바라보는지 점검하고 기도해 보십시오.
2. 가장 불편하고 힘들었던 관계를 통해 하나님께서 나의 어떤 자아를 무너뜨리고 빚어 가셨는지 구체적으로 떠올려 보고, 그 과정을 통해 얻은 영적 깨달음을 기록해 보십시오.

2021. 10. 04.

30 권력자가 아닌 섬기는 자의 자리

일상생활 속에서 만나는 사람 누구도 내 기준과 욕망을 완벽히 만족시킬 수 없습니다. 우리가 옳고 그르다고 판단하는 관점도 선하지 못하며, 그것이 서로를 사랑하고 섬기며, 생명을 살리는 데 도움이 되지 않는다는 것을 깨닫는 것이 지혜입니다.

우리는 종종 자신의 기준과 지침을 벗어난 사람을 판단하고 정죄하며 미워합니다. 그러면서도 죄책감을 느끼지 않고, 자신의 말과 행동을 합리화하려고 합니다. 그러나 상대방은 우리의 평가가 옳지 않다고 느끼고 자연스럽게 반발하며 저항합니다. 특히 힘이 없는 자녀나 사회적으로 연약한 위치의 사람들은 잘못된 권위자의 판단과 결정으로 인해 우울과 절망, 분노에 빠지고, 억압 속에서 좌절하며 정체성에 깊은 상처를 입을 수 있습니다. 때로는 그 무거운 멍에에서 벗어나지 못하고, 자신의 존재 자체에 회의감을 품고 인생을 방황하기도 합니다.

우리가 깨달아야 할 중요한 사실은, 상대방이 누구이든, 그 사람의 능력이나 성과가 어떠하든 우리는 그 사람을 평가하고 상벌을 주는 권력자나 재판관이 아니라는 점입니다. 우리는 그 사람의 삶을 하나님께서 원하시는 뜻대로 살도록 돕고 섬기라고 부르심을 받은 존재입니다. 하나님께서 각 사람의 인생을 그분의 섭리 안에서 아름답고 풍성하게 하실 것을 믿고, 우리는 섬기는 자의 위치에서 겸손히 역할을 감당해야 합니다. 부족함이 드러나면 비난하지 않고, 격려하고 수용하는 것이 우리의 본분입니다.

각 사람의 인생과 열매는 하나님께서 설계하시고 일하시며 최적화된 방법으로 이루십니다. 하나님만이 각 사람에게 완전한 멘토이시며, 우리가 해야 할 일은 그분의 뜻과 계획을 신뢰하고 그분의 뜻이 이루어지도록 자신을 드리고 섬기는 것입니다.

참된 섬김은 타인을 내 의지대로 개조하려는 욕망을 십자가에 못 박는 것에서 시작됩니다. 우리가 타인의 변화를 강요할 때 그것은 사랑이 아닌 영적 폭력이 되기 쉽지만, 하나님의 주권을 신뢰하며 기다려줄 때 비로소 거룩한 생명의 역사가 일어납니다.

상대방을 향한 정죄의 시선을 거두고 그를 창조하신 하나님의 관점으로 바라볼 때, 우리는 그가 가진 연약함조차 하나님의 은혜가 머물 통로임을 발견하게 됩니다. 나의 부족함을 덮어주신 그리스도의 긍휼을 기억하며 이웃의 발을 씻기는 자의 자세를 견지할 때, 우리를 통해 하나님의 평강이 흐르고 깨어진 관계들이 회복되는 은총의 신비를 경험하게 될 것입니다.

"남에게 대접을 받고자 하는 대로 너희도 남을 대접하라"(마 7:12)

"무슨 일을 하든지 마음을 다하여 주께 하듯 하고 사람에게 하듯 하지 말라 이는 기업의 상을 주께 받을 줄 아나니 너희는 주 그리스도를 섬기느니라"(골 3:23-24)

묵상 Point

1. 나는 타인을 돕는다는 명분 아래 나의 기준을 강요하며 재판관의 자리에 앉아 있지는 않습니까?
2. 그리스도께서 나를 용납하신 것처럼, 곁에 있는 사람의 부족함을 비난 대신 격려와 수용으로 감싸고 있습니까?

2021. 10. 18.

 고통스러운 관계 속에서 바라봐야 할 시선

회사나 공동체에서 어떤 사람이 들어오고 나가는 과정, 그리고 그 이유를 세상의 관점에서 보면 여러 개인적인 사유로 해석할 수 있습니다. 누군가는 개인적인 비전을 위해, 더 나은 발전을 위해 이직할 수 있고, 때로는 내부 갈등이나 서로 맞지 않는 상황 때문에 나갈 수도 있습니다.

그러나 원하지 않는 분리나 갈등 상황을 단순히 눈에 보이는 현상만으로 판단하면 잘못된 결론에 이를 수 있습니다. 나와 맞지 않는 상대방의 부족함이나 약점을 찾아내 분노와 원망으로 몰아갈 위험이 있습니다. 이러한 생각은 마음속에 쓴 뿌리를 남기고, 관계를 깨어지게 하는 치명적인 독이 됩니다.

하나님은 최고의 인사 전문가이십니다. 각 사람을 적재적소에 배치하시고, 때가 되면 이동과 배치를 진행하십니다. 한 명의 영혼을 우리에게 보내실 때, 하나님은 그 사람으로 인해 발생할 일들과 그 안에서 이루실 선한 목적과 계획을 모두 아십니다. 우리는 크고 오묘하신 목적을 알지 못할 뿐, 하나님께서는 그 사람을 최적의 적임자로 보내셨습니다. 사람의 눈에는 그 사람이 장애물이나 고통을 주는 존재로 보일 수 있지만, 하나님께는 그 모든 상황이 선하고 의로운 섭리 속에 있음을 믿어야 합니다.

나와 어떤 사람 간에 서로 성향과 가치관의 차이로 인해 힘들고 고통스러워하는 것은 사실입니다. 그러나 두 사람 모두 최선을 다해 관계를 이어가고자 노력하고 있다는 것을 인정해야 합니다. 다만, 서로가 사용하는 방법이나 도구, 때가 다를 뿐입니다. 자칫 다른 사람이나 환경 탓만 하거나 원망과 분노에 사로잡히면, 마음속에 쓴 뿌리가 생기고 관계는 쉽게 깨질 수 있습니다. 이때 필요한 것은 하나님의 섭리와 일하심을 바라보는 믿음입니다.

사탄은 우리가 하나님의 일하심과 섭리를 보지 못하도록 우리의 눈을 가립니다. 육안으로 보이는 상황과 힘들고 고통스러운 자신의 감정, 마음에만 집중하게 만들고, 하나님이 이루시는 큰 목적과 진리를 깨닫지 못하도록 온갖 거짓 계략을 사용합니다. 우리는 이러한 속임수와 미혹을 분별하고, 하나님께서 행하시는 선하고 완전한 계획을 바라보며 평안을 지켜야 합니다.

고통스러운 관계 속에서도 하나님의 주권과 섭리를 믿고, 마음을 하나님께 맡기며 그분의 뜻 안에서 최선의 행동과 선택을 찾는 것이 지혜입니다. 인간의 눈에 보이는 충돌과 갈등이 곧 악이 아니라, 하나님이 이루실 선한 목적과 훈련의 과정임을 이해할 때, 우리는 관계 속에서 평안을 누릴 수 있습니다.

"여호와께서 사람의 걸음을 정하시고 그의 길을 기뻐하시나니"(시 37:23)

"그런즉 너희는 먼저 그의 나라와 그의 의를 구하라 그리하면 이 모든 것을 너희에게 더하시리라"(마 6:33)

묵상 Point

1. 지금 나에게 고통을 주는 존재라고 여겨지는 사람이 있습니까? 그 사람을 통해 하나님께서 나를 향해 이루고자 하시는 '선한 목적'이 무엇인지 구체적으로 질문해 보십시오.
2. 사탄이 나의 눈을 가려 고통스러운 내 감정에만 집중하게 하는 영역은 무엇입니까? 내 감정을 내려놓고, 하나님의 주권과 섭리를 인정하며 평안을 지키기로 결단해 보십시오.

2021. 10. 21.

32 감추어진 신비, 예수 그리스도 안에서 누리는 은혜

하나님이 오랫동안 감추어두신 비밀과 신비는 바로 그리스도 예수이십니다. 예수 그리스도께서 부활하신 이후, 성령님은 우리 안에 찾아오셔서 내주하시며 우리의 삶을 인도하고 계십니다.

구약 시대에는 구원과 하나님의 백성 됨, 그리고 하나님 자신을 이스라엘 백성에게만 제한적으로 계시하셨습니다. 그러나 신약 시대에 이르러 하나님께서는 모든 이방인에게까지 구원과 은혜를 베푸셨습니다. 우리는 하나님의 자녀로서 권세와 영생, 그리고 성령님의 약속을 허락받았습니다. 나아가 하나님 나라의 모든 것을 누릴 상속자의 지위까지 허락받았으며, 하나님과 한 몸을 이루는 지체로 부르심을 받았습니다. 이 모든 길을 열어주신 통로가 바로 예수 그리스도이십니다.

오늘, 이방인이었던 우리에게까지 대속의 은혜를 통해 모든 율법의 저주와 심판으로부터 자유를 주셨습니다. 더 나아가 모든 속박과 염려, 두려움과 탐욕에서 벗어나 하나님의 보호와 동치하심 아래 하나님의 나라로 우리의 신분과 소속을 옮겨 주셨습니다. 또한 이 은혜가 우리를 통해 주변 사람들에게까지 구원의 기쁜 소식으로 흘러가도록 하나님은 원하십니다.

하나님께서는 구원받은 자녀들에게 아들의 영이신 성령님을 보내셨습니다. 성령님께서는 우리의 삶을 통해 하나님 나라와 관련된 모든 것을 드러내게 하십니다. 우리는 이를 보고 듣고 경험하며 누리는 것을 증거하고 선포하는 증인이자 목격자로 부르심을 받았습니다.

그러므로 이제 어떤 사람이나 힘든 상황, 문제에 집착하며 골몰할 필요가 없습니다. 하나님께서 우리를 모든 죄와 허물, 저주에서 속량하신 후, 하나님의 자녀이자 증인으로 부르셨다는 확실한 부르심을 기억해야 합니다. 하나님의 선하시고 영광스러운 목적과 뜻을 잊지 말고, 이방인처럼 세상에 휘둘리지 않도록 항상 깨어 기도하며 삶을 살아야 합니다.

하나님 안에서 우리는 이미 자유와 권세, 상속과 축복을 가진 존재임을 믿고, 성령님의 인도하심 속에서 하나님 나라의 증인으로 살아가는 삶을 사모해야 합니다.

"그리스도께서 우리를 위하여 저주를 받은 바 되사 율법의 저주에서 우리를 속량하셨으니 기록된 바 나무에 달린 자마다 저주 아래에 있는 자라 하였음이라"(갈 3:13)

"너희는 세상의 소금이니 … 세상의 빛이라"(마 5:13-14)

묵상 Point

1. 하나님께서 내게 허락하신 '그리스도 안의 신분'은 오늘 나의 삶 속에서 어떻게 드러나고 있는가?
2. 내가 받은 구원의 은혜가 주변 사람들에게 흘러가도록 하기 위해 오늘 내가 실천할 수 있는 한 가지는 무엇일까?

2021. 10. 28.

 원통한 감정과 관계 치유, 회복

과거에 겪었던 고통스러운 사건과 최근에 발생한 동일한 유형의 사건 사이에는 불편함과 부당함, 원통함, 용서하지 못하는 마음이라는 공통된 주제가 존재할 수 있습니다. 우리는 원통함과 용서하지 못하는 문제를 어떻게 다룰 수 있을까요?

♣ 원통함과 용서하지 못함

디모데후서 3장 1~3절에서는 이렇게 말씀합니다.

"너는 이것을 알라 말세에 고통하는 때가 이르러 사람들이 자기를 사랑하며 돈을 사랑하며 자랑하며 교만하며 비방하며 부모를 거역하며 감사하지 아니하며 거룩하지 아니하며 무정하며 원통함을 풀지 아니하며 모함하며 절제하지 못하며 사나우며 선한 것을 좋아하지 아니하며"

누군가가 내 의견을 묻지 않고, 내가 옳다고 생각하는 방향과 다르게 일을 밀어붙이거나 지시할 때, 우리 마음속에는 어떤 감정이 자리 잡을까요? 특히 지금까지 쏟아온 노력과 공로, 그리고 나에게 중요한 가치를 무력화하는 일이 발생하면 깊은 분노와 원통함이 뿌리내릴 수 있습니다.

2017년, 회사의 큰 행사를 준비하며 쏟아부은 노력과 수고가 예상치 못한 사건으로 물거품이 된 경험이 있었습니다. 그때 느낀 부당함과 원통함은 마음속 깊이 남아, 상대방에 대한 미움과 험담, 부정적 평가로 이어졌습니다.

♣ 현재의 관계에서 반복되는 원통함

이러한 고통의 뿌리가 남아 있을 때, 수년 뒤 자녀나 다른 사람들과의 관계 속에서도 유사한 감정을 경험할 수 있습니다.

"내가 지금까지 얼마나 잘해주었는데, 내 희생과 수고를 무시하고 이렇게 반항할 수 있는가?"

이런 마음이 자리 잡으면 상대방을 용서하지 못하는 원통함과 비통함이 점점 쌓이게 됩니다.

♣ 무례함과 예의범절

상대방의 말과 행동이 무례하게 느껴질 때, 우리는 쉽게 판단하고 단정할 수 있습니다. 그러나 그 원인이 오직 상대방에게만 있는 것일까요? 설령 그렇다 하더라도, 내가 단정하고 결론을 내리는 순간, 상대방을 정죄하고 심판하게 되며, 용서와 사랑을 베풀 수 없는 상태가 됩니다.

예를 들어, 어떤 직원이 격렬하게 반응한 이유는 그가 스스로 해온 노력과 공로가 무산되는 듯 느껴졌기 때문입니다. 누구든 자신이 맡은 일을 인정받고 싶어 하며, 상사와 조직, 동료들에게 '필요한 사람, 핵심 역할을 수행하는 사람'으로 인정받고 칭찬받고자 합니다. 그러나 우리가 사전에 의견을 묻지 않고 개입했을 때, 상대방에게는 그 권리를 빼앗는 행위로 받아들여질 수 있습니다.

결과적으로, 아무리 선한 의도로 도운 일이라도 상대방에게는 무례와 부당함으로 인식될 수 있음을 깨달았습니다. 이는 관계 속에서 비통함과 반항을 초래하는 근본 원인이 됩니다.

♣ 반복되는 패턴과 자기 인식

오래전 임원과의 관계와 현재 담당 직원과의 문제는 역할만 바뀌었을 뿐, 본질적으로 유사한 패턴이었습니다. 부당함과 원통함의 뿌리는, 나의 능력과 숨은 공로, 지금까지 쏟은 노력과 수고를 무력화시키는 '일방적인 개입'에서 비롯됩니다.

상대방의 동의 없는 개입은 어떤 선한 이유나 의도와 상관없이 큰 고통을 줄 수 있으며, 친밀한 관계를 깨뜨릴 수 있다는 사실을 명심해야 합니다. 하나님도 자녀들이 필요를 절실히 깨달을 때까지 기다리십니다. 누군가의 도움이 필요하면, 요청할 때 적절히 제공하는 것이 진정으로 유익합니다.

♣ 상대방의 내면을 존중하는 태도

내가 상대방에게 선한 의도를 강조하며 행동할 때, 상대방은 죄책감이나 부담을 느낄 수 있습니다. 반복되면 상대방은 자기표현을 억제하고 '나는 불필요한 존재'라고 생각할 수 있습니다.

따라서 행동하기 전에 먼저 상대방의 의사와 마음을 경청해야 합니다. 준비되지 않은 상태에서의 조언이나 행동은 무례와 무시로 받아들여질 수 있습니다.

♣ 기다림과 시기의 지혜

상대방이 도움을 요청하기 전에는 인내하며 기다리는 것이 원칙입니다. 내 불편함을 해소하기 위해 성급히 움직이는 것은 자기중심적일 수 있습니다. 건강한 관계와 협력을 위해, 좋은 때를 분별하며 기다리는 법을 배워야 합니다.

♣ 치유와 회복

꼬인 관계를 치유하고 회복하는 가장 확실한 방법은 최초의 원인 제공자가 온유와 겸손으로 진심 어린 사과와 용서를 구하는 것입니다. 상대방의 마음이 열리고 상처가 치유될 때까지 겸손하게 기다려야 합니다.

반복적이고 큰 상처일수록 치유 과정에서 부정적 감정이 나타날 수 있습니다. 이때 부정적인 생각이나 감정을 다스리지 못하면 관계가 파국으로 치달을 수 있습니다. 진심 어린 용서와 기다림은 오직 겸손한 마음에서 가능합니다.

♣ 경험을 통한 깨달음

실제 사례로, 한 달 전 사직서를 제출했던 직원이 담당 이사님과 미팅 후 나와의 관계가 회복되어 계속 근무하고 싶다는 의사를 전달했습니다. 하나님께서 이전에 제가 준비한 작은 선물(순살치킨 세트)을 통해 마음을 열게 하셨습니다. 하나님은 정확한 시간에 성령님을 통해 관계 회복의 은혜를 베푸셨습니다.

또한 한 TV 프로그램에서 연예인 엄마와 딸의 관계 치유 사례를 보며, 하나님께서 진심 어린 사과와 용서를 통해 오랜 상처가 치유될 수 있음을 깨닫게 하셨습니다.

♣ 마음속 진리와 교훈

누군가의 작은 단점 때문에 계속 괴로워하는가? 그 사람을 미워하고 정죄하는가? 먼저 내 마음을 살펴야 합니다. 내 안의 더 큰 들보, 즉 나의 불완전함과 문제를 인정하는 것이 중요합니다.

오랫동안 용서하지 못했던 사람과의 관계에서 고통이 솟구치는 이유는, 사실 내 안에 그 근본 원인이 있었음을 깨닫게 하신 하나님께 감사해야 합니다. 오래전 사건에서 내가 가해자가 되었음을 몰랐던 것처럼, 오늘의 사건을 통해 진정한 관계 회복과 치유가 가능함을 경험하게 되었습니다.

> 자신이 옳다고 믿고 힘들게 노력해 온 일을 상사가 다른 방향으로 지시하거나 개입할 때, 사람은 자신의 땀과 공로가 무산된 것처럼 느낄 수 있습니다.
>
> 누군가가 업무를 맡겼다면, 본인은 그 문제를 스스로 해결할 능력이 있음을 증명하고 모두에게 자신의 역량을 보여주고 싶어 합니다. 그런데 사전 협의나 조율 없이 누군가가 갑작스럽게 개입하여 결정을 내린다면, 지금까지 쏟은 노력과 수고가 무의미하게 여겨질 수밖에 없습니다. 누구라도 그런 상황에서는 격렬하게 반응할 수밖에 없습니다.
>
> 그 이유는 단순합니다. 사람은 자신이 맡은 일을 스스로 잘 처리하고 인정받고 싶어 하기 때문입니다. 상사와 조직, 나아가 동료들에게도 가치 있고 핵심적인 역할을 하는 '필요한 존재'로 인정받고 칭찬받고자 하는 강한 욕구와 동기부여가 있습니다. 그런데 제가 그 욕구를 무심코 빼앗아 버렸다는 것을 당시에는 깨닫지 못했습니다.

결국 제 행동은 담당 직원에게 잘못된 신호를 준 것이나 다름없습니다. 아무리 선한 의도로 중간에서 도움을 주었다 하더라도, 상대방의 의견을 묻지 않고 조율하지 않은 채 진행한 행동은 받아들이기 어려운 것으로 느껴질 수 있습니다. 제가 단독으로 결정하고 추진한 일은 담당자의 마음속에 비통함과 원통함을 심어주었고, 결과적으로 제가 수용하기 어려운 무례한 말과 행동을 촉발하는 원인이 되었습니다.

묵상 Point

1. 내가 아직도 풀지 못한 원통함이나 억울한 감정이 있다면, 하나님은 그것을 통해 무엇을 가르치시려는가?
2. 내가 먼저 사과하거나 기다림으로써 회복의 문을 열 수 있는 관계는 무엇인가?

2021. 10. 29.

34 나를 괴롭게 한 사람, 하나님이 보내신 선물

하나님께서는 나를 괴롭게 한 사람의 가치에 대해 빌레몬서에 등장하는 오네시모의 비유를 통해 말씀하십니다. 이전에는 내 관점에서 누군가가 나에게 유익하지 않다고 생각할 수 있었지만, 이제 하나님은 그 사람이 오히려 나에게 가장 유익한 존재가 될 것이라고 하십니다. 나아가 그를 사랑하는 형제이자 동역자, 특별한 존재로 환영하라고 호소하십니다.

어떤 직원과 동행한 지 2년이 지난 지금, 이때까지 있었던 일들을 다시 떠올리게 됩니다. 고난을 경험하는 동안에는 모든 것이 괴롭고 힘들게 느껴지지만, 그때 하나님을 생각하며 십자가의 길을 걸었던 사람에게는 나중에 아름다운 열매가 맺히게 됨을 깨닫게 하십니다.

아름다운 열매가 맺어지기까지 시간이 필요했습니다. 그 과정에서 어떤 씨앗이 내 안에 심겼고, 어떤 열매가 자라게 될지 알 수는 없었지만, 하나님께서는 그때 왜 십자가를 지고 내 생각과 감정, 욕망을 내려놓고 하나님의 선한 마음을 따라 행하라고 하셨는지 이제 이해할 수 있게 하셨습니다.

또한 하나님께서는 나의 동의 없이 어떤 일도 강제로 진행하지 않으신다는 사실을 깨닫게 하십니다. 하나님은 철저하게 우리를 동역자로, 인격체로 존중하시며, 우리가 준비될 때까지 기다리시고 인내하십니다. 어떠한 선한 행실과 섬김도 억지로 하는 것이 아니라, 자발적으로 마음을 다해 행하기를 원하신다는 사실도 깨닫게 하십니다.

결국 나를 괴롭게 했던 그 사람은 나를 다듬으시는 하나님의 정교한 손길이었습니다. 내 안의 자아를 깨뜨리고 오직 주님의 성품만이 드러나도록 돕는 가장 소중한 연단의 도구였음을 고백합니다. 이제는 원망이 아닌 감사의 눈으로 그를 바라보며, 하나님께서 두 사람 사이에 허락하신 새로운 관계의 지평을 기대합니다. 우리가 서로의 허물을 덮고 사랑으로 연합할 때, 세상은 알 수 없는 하나님의 나라가 우리의 일터와 삶의 자리에 임하게 될 것입니다.

"그가 전에는 네게 무익하였으나 이제는 나와 네게 유익하므로"(몬 1:11)

"다만 네 승낙이 없이는 내가 아무 것도 하기를 원하지 아니하노니 이는 너의 선한 일이 억지 같이 되지 아니하고 자의로 되게 하려 함이라"(몬 1:14)

묵상 Point

1. 나를 힘들게 한 사람을 통해 하나님이 내게 보여주신 교훈은 무엇인가?
2. 내가 누군가에게 오히려 '하나님의 도구'로 쓰임받기 위해 오늘 실천해야 할 한 가지는 무엇일까?

2021. 11. 04.

35 갈등을 통해 새롭게 빚으시는 하나님

관계가 깨어졌을 때, 그것을 회복하는 가장 좋은 방법은 용서입니다. 하지만 용서는 일방적으로 이루어지지 않습니다. 먼저 자신이 무엇을 잘못했는지 깨닫고, 잘못된 말과 행동을 인정하며, 진심으로 사과하고 용서를 구해야 합니다. 이것이 화해의 첫걸음입니다.

자신의 잘못을 제대로 발견하기 위해서는 상대방에게 직접 물어보는 것도 좋은 방법입니다. 다만 이때 중요한 태도는 온유와 겸손입니다. 철저히 상대방의 관점에서 경청하며, 무엇 때문에 상처받고 화가 났는지를 들어야 합니다. 상대방이 중요하게 여기는 가치를 존중하며 그 관점에서 자신의 언행을 되돌아보는 것이 진정한 이해와 사과로 이어집니다.

그러나 상대방에게 직접 묻는 일이 쉽지 않을 때도 있습니다. 그럴 때는 역지사지의 마음으로 돌아가야 합니다. 내가 한 말과 행동, 그 시점과 상황이 과연 적절했는지 살펴보아야 합니다. 상대방이 옳다고 믿고 있는 것이 무엇인지 살펴보고, 그 관점에서 나의 태도와 언행을 성찰하는 것입니다.

이 과정에서 우리는 성령님의 도우심을 구해야 합니다. 성령님은 평강의 왕이시며, 탁월한 상담가이십니다. 우리가 간절히 구하면, 성령님은 적절한 답을 주시고, 필요한 깨달음을 얻게 하십니다.

하지만 한 가지 명심해야 할 것은, 나의 마음은 변화되었더라도 상대방의 마음은 여전히 그대로일 수 있다는 사실입니다. 그것은 아직 그 마음 안에 성령님의 은혜가 임하지 않았기 때문입니다. 그러므로 내가 먼저 성령님의 은혜를 입은 자로서 변화된 태도를 보이는 것이 필요합니다. 이것이 믿음의 길이고, 은혜를 입은 자의 책임입니다.

또한 상대방이 여전히 고집스럽고 완고해 보일 때, 그 겉모습만 보고 실족하지 않도록 조심해야 합니다. 하나님께서는 종종 상대방을 사용하셔서 내 안에 남아 있는 교만과 찌꺼기, 악한 성향을 드러내고 제거하시기도 합니다. 우리에게 일어나는 일들을 하나님께 도움을 구하고 맡길 때, 나를 다듬고 정결하게 하시려는 하나님의 손길이 될 수 있습니다.

하나님은 모든 일을 통해 선한 목적을 이루어 가십니다. 한 사람 한 사람을 온전하게 세우시는 하나님의 섭리와 계획을 깨닫는다면, 우리는 이전보다 더 큰 자유와 평안을 누릴 수 있습니다. 얽매임에서 벗어나 안정감을 경험하며, 이것이 바로 하나님께서 주시는 참된 은혜입니다.

"서로 친절하게 하며 불쌍히 여기며 서로 용서하기를 하나님이 그리스도 안에서 너희를 용서하심과 같이 하라"(엡 4:32)

"사람의 성내는 것이 하나님의 의를 이루지 못함이라"(약 1:20)

묵상 Point

1. 최근의 갈등 속에서 하나님께서 내게 빚으신 성품은 무엇이었는가?
2. 내가 먼저 용서하고 화해의 손을 내밀어야 할 사람은 누구인가?

2021. 11. 04.

 믿음을 단련하시는 하나님의 과정

하나님께서 우리에게 원하시고 주고자 하시는 믿음은 단순히 '무언가를 믿는 행위'에 머무르지 않습니다. 그것은 곧 하나님 자신을 온전히 신뢰하는 믿음입니다. 삶의 모든 순간 속에서 우리 영혼을 구원과 하나님의 뜻을 성취하는 목적으로 이끄는 궁극적인 믿음입니다. 이 믿음은 한순간에 완성되지 않습니다. 오히려 하나님께서 허락하시는 다양한 시련과 관계 속의 갈등, 환난과 시험을 통해 조금씩 단단해지고 성숙해집니다.

하나님은 우리를 단순히 종교적인 사람이나 율법에 갇혀 있는 성도로 만드는 것이 아닙니다. 거룩하고 깨끗한 영과 마음, 생각과 믿음을 지닌 하나님의 자녀로 자라가기를 원하십니다. 그래서 우리 삶 속에 여러 가지 시험을 허락하시며, 그 과정을 통해 우리 안의 불순물과 장애물을 제거하십니다. 믿음의 연단은 마치 불순물을 제거하는 순금의 과정과 같습니다. 이 과정을 통과하면서 우리는 하나님께서 원하시는 순전한 믿음과 의로운 삶에 필요한 자질과 인격을 조금씩 갖추어 가게 됩니다.

우리가 어떠한 연단과 시련 가운데 있더라도 하나님은 결코 홀로 두지 않으십니다. 오히려 "내가 너와 함께하리라" 약속하시며, 하나님만을 간절히 찾고 의지하는 자에게 반드시 응답과 보상을 주십니다. 이러한 약속을 온전히 신뢰하는 것이 믿음의 핵심입니다. 그리고 그 믿음은 예수 그리스도 안에 있으며, 하나님께서는 그 믿음을 우리 안에 심으셔서 그리스도의 충만한 분량에까지 자라가게 하십니다.

그러므로 우리 앞에 다가오는 모든 어려움과 시련을 대할 때, 우리는 그것을 단순한 고통으로만 바라보지 말아야 합니다. 오히려 하나님의 깊고 선한 목적이 숨어 있음을 깨닫고, 미리 기쁨으로 받아들이는 태도가 필요합니다. 그것이 바로 축복을 바라보는 믿음의 시각입니다.

성경은 이 진리를 여러 차례 증언합니다. 히브리서 11장은 믿음의 선진들이 어떤 상황 속에서도 믿음으로 살아냈음을 보여줍니다. 야고보서는 여러 가지 시험을 기쁨으로 여기라고 권면하며, 인내하는 자를 이미 복된 자라 선언합니다. 베드로전서 1장은 우리의 믿음이 불같은 시험을 통해 진실함이 드러나고, 그 결과 칭찬과 영광과 존귀를 얻게 된다고 가르칩니다.

따라서 믿음은 반드시 시험과 시련 속에서 검증되고, 그 과정을 통과할 때 더욱 단단해집니다. 이 모든 과정은 우연히 일어나는 것이 아니라, 하나님께서 처음부터 끝까지 완전하게 계획하시고 주도하시는 일입니다. 그러므로 성도는 염려하지 말고, 모든 일을 감사하므로 하나님께 아뢰며 기도해야 합니다. 때에 맞추어 공급해 주시는 하나님의 은혜와 성령님의 능력 안에서 살아가는 것, 그것이 바로 믿음을 완성해 가는 삶입니다.

1. 믿음의 씨앗: 하나님께서 믿음을 심어주신 시작

"믿음이 없이는 하나님을 기쁘시게 하지 못하나니 하나님께 나아가는 자는 반드시 그가 계신 것과 또한 그가 자기를 찾는 자들에게 상 주시는 이심을 믿어야 할지니라"(히 11:6)

2. 믿음의 연단: 시험과 시련을 통한 성장

"내 형제들아 너희가 여러 가지 시험을 당하거든 온전히 기쁘게 여기라 이는 너희 믿음의 시련이 인내를 만들어 내는 줄 너희가 앎이라 인내

를 온전히 이루라 이는 너희로 온전하고 구비하여 조금도 부족함이 없게 하려 함이라"(약 1:2-4)

3. 믿음의 성장: 불같은 시험 속에서 입증되는 진실함

"너희 믿음의 확실함은 불로 연단하여도 없어질 금보다 더 귀하여 예수 그리스도께서 나타나실 때에 칭찬과 영광과 존귀를 얻게 할 것이니라"(벧전 1:7)

4. 믿음의 결실: 인내로 맺어지는 영광

"우리가 환난 중에도 즐거워하나니 이는 환난은 인내를, 인내는 연단을, 연단은 소망을 이루는 줄 앎이로다"(롬 5:3-4)

5. 믿음의 완성: 예수 그리스도의 충만에 이르는 삶

"믿음의 주요 또 온전하게 하시는 이인 예수를 바라보자"(히 12:2)

믿음은 씨앗처럼 시작되어, 시련과 연단을 통해 불순물이 제거되고, 인내로 난난히 세워지며, 결국 예수 그리스도의 충만에 이르는 여정입니다. 이 모든 과정을 통해 하나님은 우리를 정결하고 성숙한 자녀로 세워 가십니다. 그러므로 어떤 시련 속에서도 두려워하지 않고, 하나님의 선하신 목적을 신뢰하며 기쁨으로 받아들이는 믿음의 삶을 살아가야 합니다.

묵상 Point

1. 나는 현재 어떤 시련 속에서 믿음을 단련 받고 있는가? 그 과정을 하나님과 함께 걷고 있는가?
2. 고난을 통해 드러나는 내 믿음의 불순물은 무엇이며, 그것을 하나님께 어떻게 맡길 수 있을까?

2021. 11. 05.

 하나님의 특별한 설계와 사람을 존중하는 삶

'사람 복제품'이란 자기만의 특별함을 잃어버리고, 다른 사람을 억지로 자신과 같은 모습으로 만들고자 하는 태도와 그 결과물이라 정의할 수 있습니다.

하나님은 이 세상 그 누구도 동일한 모습으로 창조하지 않으셨습니다. 각 사람은 독창적인 아름다움과 자질, 은사와 성향을 지니고 태어났으며, 이를 통해 하나님의 지혜와 영광을 드러내도록 설계되었습니다.

그러나 우리는 현실에서 나와 다른 성격이나 기질, 생각을 지닌 사람들을 만날 때 불편함을 느끼고 때로는 피하고 싶어 합니다. 죄와 악이 인간의 본래 정체성을 덮어버린 탓입니다. 그 결과 우리는 하나님의 존귀한 형상을 잊어버리고, 세상의 요구와 기대에 맞추어 왜곡된 정체성으로 살아가게 됩니다. 더 나아가 자신도 모르는 사이에 다른 사람을 억지로 조정하거나 회유하며, 때로는 힘으로 제압해서라도 나와 비슷하게 만들려는 욕망을 드러냅니다. 그러나 이것은 하나님의 자리를 빼앗으려는 교만한 시도이며, 성령님을 거스르는 어리석음입니다.

이와 같은 삶을 사는 사람의 내면에는 결코 평안이 머물 수 없습니다. 늘 불안과 긴장 속에서, 언제 무너질지 모르는 불편한 관계를 억지로 붙들고 살아가게 됩니다. 상대를 통제하려는 시도는 결국 나와 그 사람 모두에게 상처와 고통을 줍니다. 그러나 하나님께서 원하시는 길은 다릅니다. 하나님은 각 사람을 특별하게 창조하시고, 고유한 설계와 계획을 따라 살아가도록 부르셨습니다.

그러므로 우리는 멈추어야 합니다. 누군가를 나와 같은 성향과 욕구로 복제하려는 시도를 그만두어야 합니다. 대신 하나님께서 각 사람을 향해 세우신 특별한 비전과 설계도를 발견할 수 있도록 눈을 열어 달라고 기도해야 합니다. 하나님은 각 사람을 그분의 걸작품으로 빚으셨고, 우리는 그 특별함을 존중하며 함께 협력하는 동역자로 부름을 받았습니다.

다름은 틀림이 아닙니다. 각자가 다른 삶의 여정을 걸어왔기에 생각과 가치관이 다를 수밖에 없습니다. 중요한 것은 그 차이를 존중하는 태도입니다. 상대의 의견이나 행동에 당장 동의하지 못할 수도 있습니다. 그러나 존중은 단순히 동의하는 데서만 비롯되지 않습니다. 경청하고, 공감하고, 그 마음 깊은 곳의 소리를 진심으로 들어주는 것이 존중입니다. 시간이 필요하다면 함께 고민하며 하나님께 지혜를 구하십시오. 그 과정만으로도 상대의 굳은 마음은 풀어지고 부드러워질 수 있습니다.

또한 기도할 때도 주의해야 합니다. 오직 나의 유익만을 구하는 기도는 하나님이 기뻐하지 않으십니다. 그것은 사욕을 채우려는 기도이기에 응답되지 않습니다. 대신 모두를 살리고 세우는 기도, 하나님이 기뻐하시는 생명의 기도를 드려야 합니다. 하나님은 지혜와 명철을 간구하는 자에게 반드시 응답하시고, 적극적으로 일하십니다.

설령 누군가가 지금 말씀을 거스르는 삶을 살고 있을지라도, 그 사람 안에 성령님이 역사하시면 반드시 새롭게 될 것입니다. 우리는 그 사실을 믿으며 서로를 존중하고 중보해야 합니다. 이것이 하나님께서 기뻐하시는 관계의 길이며, 우리 모두가 걸어가야 할 은혜의 길입니다.

"우리는 그가 만드신 바라 그리스도 예수 안에서 선한 일을 위하여 지으심을 받은 자니 이 일은 하나님이 전에 예비하사 우리로 그 가운데서 행하게 하려 하심이라"(엡 2:10)

"형제를 비방하는 자나 형제를 판단하는 자는 곧 율법을 비방하고 율법을 판단하는 것이라 … 너는 누구이기에 이웃을 판단하느냐"(약 4:11-12)

묵상 Point

1. 나는 사람을 대할 때 그 속에 있는 하나님의 형상을 얼마나 존중하고 있는가?
2. 내 주변의 사람들을 하나님의 시선으로 보기 위해 지금 무엇을 실천할 수 있을까?

2021. 11. 05.

 모든 문제의 뿌리는 하나님을 떠났기 때문

개인과 세상의 모든 문제의 뿌리는 생명의 근원이신 하나님을 떠난 데 있습니다. 각종 불안과 두려움, 성격적 장애, 질병, 다양한 우상을 만들고 숭배하는 행위, 비난과 분노, 분열과 다툼 등 모든 문제는 하나님 없이 홀로 서려다 실패한 인간에게서 비롯됩니다.

완전한 보호자이자 구원자이신 하나님의 도움을 받지 못하면, 우리는 자신의 부족함과 한계를 절실히 느끼지만, 하나님께 가까이 가기보다는 오히려 스스로 모든 일을 해결하려 애씁니다. 그러나 아무리 노력하고 애써도 내 안의 불안과 두려움은 해결되지 않습니다.

하나님의 돌봄과 사랑을 경험할 때, 우리는 부족함 속에서도 넉넉함과 평안을 누릴 수 있었습니다. 보호자와 함께할 때는 염려와 두려움 없이, 삶을 기쁘게 살아갈 수 있었습니다. 그러나 완전한 보호자를 떠난 순간, 세상의 어떤 것에도 나를 온전히 지키고 보호할 능력이나 방패가 없음을 깨닫게 됩니다. 평안과 안식을 경험할 수 없고, 오직 끊임없는 수고와 노력, 땀만 흘러갈 뿐입니다.

문제의 출발점은 바로 하나님을 떠나 스스로 힘과 의지로 살 수 있다고 생각한 데 있습니다. 이제 우리는 다시 하나님께로 돌아가야 합니다. 이것이 바로 회개입니다. 하나님께 돌아가 그분의 따뜻한 품과 사랑을 경험하며, 그 안에서 참된 안식을 누리십시오. 우리가 진정으로 갈망하고 사모하던 모든 것은 오직 하나님 안에 있음을 발견하게 될 것입니다.

우리가 하나님께로 돌이킬 때, 비로소 상실했던 생명력이 회복되고 삶의 질서가 바로잡히기 시작합니다. 마른 땅에 단비가 내리듯, 주님의 은혜가 메마른 심령에 흘러들어 올 때 세상이 줄 수 없는 참된 만족을 얻게 됩니다. 하나님과의 관계 회복은 단순히 문제의 해결을 넘어, 우리 존재의 목적을 되찾는 길입니다. 이제 나의 무너진 자아를 붙들고 씨름하기보다, 나를 지으시고 사랑하시는 창조주 하나님의 품 안에서 진정한 자유를 누리며 그분과 동행하는 삶의 기쁨을 회복하기를 소망합니다.

"너희는 마음에 근심하지 말라 하나님을 믿으니 또 나를 믿으라"(요 14:1)

"여호와는 너를 지키시는 이시라 여호와께서 네 오른쪽에서 네 그늘이 되시나니"(시 121:5)

묵상 Point

1. 나는 내 삶의 문제를 하나님 없이 스스로 해결하려 했던 영역이 무엇인가?
2. 지금 내 마음의 불안과 결핍을 해결하기 위해 하나님께 다시 돌아갈 수 있는 실천은 무엇인가?

2021. 11. 05.

 기도하고 기대하며 기다리라

하나님께서 사람에게 기도하도록 허락하신 목적은, 하나님과 함께 하나님의 일을 시작하고 성취하도록 하시기 위함입니다. 또한 사람을 창조적인 일을 일으키는 존재로 세우시고, 하나님께서 자녀들에게 예비해 두신 수많은 은혜와 축복을 누리게 하시기 위함입니다.

기도의 과정을 통해 우리는 자신이 누구인지, 하나님과 어떤 관계 속에서 창조되었는지를 깨닫게 됩니다. 삶과 경험 속에서 하나님이 어떠한 분이신지를 알게 하시고, 믿음과 확신이 자라도록 하시는 것입니다.

기도할 때는 간절하고 절박한 마음으로, 전적으로 하나님을 신뢰하며 나아가야 합니다. 나와 다른 사람을 향한 하나님의 꿈과 계획, 하나님의 마음과 길을 알려 달라고 간구하십시오.

사람은 고통의 시간을 낭비처럼 느낄 수 있지만, 하나님은 그 시간을 통해 영적, 정서적, 사회적으로 한 단계 도약하도록 가속도를 붙여주십니다. 고난은 선한 것을 느러낼 능력이자, 어둠을 뚫고 나아갈 수 있는 에너지원으로 사용될 수 있습니다.

기도는 하나님께서 우리에게 주신 최고의 선물이자 특권입니다. 이 기도를 자신의 욕심이나 야망을 이루는 데 사용하지 않고, 하나님의 뜻과 목적을 이루는 데 사용한다면 무한한 기쁨과 은혜를 경험하게 됩니다. 기도를 지속할수록 하나님께서 행하실 일을 기대하게 되고, 소망 속에서 기다리며 신뢰할 수 있게 됩니다.

우리의 기도가 즉각적으로 응답되지 않는 것처럼 보이는 침묵의 시간조차도 하나님은 변함없이 신실하게 일하고 계십니다. 기다림은 단순히 시간을 보내는 것이 아니라, 우리의 믿음이 순금같이 단련되는 거룩한 성숙의 과정입니다. 하나님은 가장 정확한 때에 가장 선한 방법으로 응답하십니다. 우리가 구한 것보다 훨씬 더 풍성한 것으로 채워주시는 분임을 잊지 말아야 합니다. 기도의 자리를 끝까지 지키며 하나님의 일하심을 소망 중에 인내할 때, 우리는 마침내 하나님의 영광을 목도하게 될 것이며 그 안에서 진정한 삶의 승리를 맛보게 될 것입니다.

"구하라 그리하면 너희에게 주실 것이요 찾으라 그리하면 찾아낼 것이요 문을 두드리라 그리하면 너희에게 열릴 것이니"(마 7:7)

"일을 행하시는 여호와, 그것을 만들며 성취하시는 여호와, 그의 이름을 여호와라 하는 이가 이와 같이 이르시도다 너는 내게 부르짖으라 내가 네게 응답하겠고 네가 알지 못하는 크고 은밀한 일을 네게 보이리라"(렘 33:2-3)

묵상 Point

1. 나는 기도를 통해 하나님께 나아갈 때 얼마나 전적으로 신뢰하며 간절함으로 나아가고 있는가?
2. 고난과 어려움 속에서 하나님께서 나를 성장시키시는 목적을 어떻게 깨닫고 경험할 수 있는가?

2021. 11. 06.

40 긴장이 가득한 관계를 완화하려면

완벽주의나 강박적 성향을 보이는 사람의 특징 중 하나는 목표 달성에만 몰입한다는 점입니다. 자신의 이성적 목표나 욕구를 성취하는 데만 관심을 두다 보면, 따뜻한 마음과 감정을 잃어버리기 쉽습니다.

관계 속에서 상대방의 모습을 내 기준과 생각의 잣대로 비판하거나 정죄하며 분노한다면, 어떻게 될까요? 상대방의 옳지 않아 보이는 행동이나 말에만 주목하게 되고, 그 결과 상대방의 언행이나 삶에 자주 개입하게 됩니다. 이렇게 되면 관계는 쉽게 깨지고, 다툼과 분쟁이 반복되기 마련입니다.

그렇다면 깨지기 쉬운 관계에서 벗어나려면 어떻게 해야 할까요? 먼저 내 마음과 생각 속에 무엇이 있는지를 탐색하고 돌아보는 시간이 필요합니다. 상대방의 작은 허물보다 내 안에 더 큰 '들보'가 숨겨져 있을 수 있음을 인정하고, 자신을 성찰해야 합니다.

사람들은 관계 속에서 신뢰감과 안정감, 지지와 수용성을 경험하기를 원합니다. 상대방의 의견을 경청하고 믿어주며 인정하고 따뜻한 마음과 말을 전할 때, 그 사람은 마음의 문을 열게 됩니다. 진솔한 관계가 시작될 수 있으며, 상대방 안에 있던 불안과 두려움, 긴장감도 서서히 사라집니다.

반대로, 나의 의견이나 행동에 대해 비난하고 부정적으로 평가하며 공격하는 사람과는 평안하고 안정된 관계를 지속하기 어렵습니다. 상대를 있는 모습 그대로 바라보고, 들어주고, 공감할 수 있는 태도를 가질 수 있을까요?

우리는 이런 사람과의 관계를 원합니다. 진정으로 갈망합니다. 그러나 내 안에 독소가 가득하다면, 누구와 만나더라도 평안하고 유익한 관계를 형성하기 어렵습니다. 이 독소와 가시는 오랫동안 형성된 완고한 생각이나 내가 만든 기준에서 비롯됩니다.

따라서 그것을 제거하고, 그 자리에 건강하고 생명을 주는 진리로 채우는 작업이 필요합니다. 고통스러운 경험을 겪기 전에는 내 안의 가시를 인식하기 어렵지만, 모든 사람 안에는 가시가 존재합니다. 이 가시를 어떻게 제거하고, 나와 상대방에게 양약이 될 수 있는 성령과 진리로 채울지는 우리 모두에게 주어진 숙제입니다.

"사람의 마음에는 여러 가지 계획이 있어도 여호와의 뜻만이 완전히 서리라"(잠 19:21)

"그러므로 무엇이든지 남에게 대접을 받고자 하는 대로 너희도 남을 대접하라 이것이 율법이요 선지자니라"(마 7:12)

묵상 Point

1. 나는 관계 속에서 상대방을 있는 그대로 바라보고 공감하며 경청하고 있는가?
2. 내 안에 쌓인 완고한 생각과 독소를 제거하고, 건강한 진리로 채우기 위해 어떤 실천을 할 수 있는가?

2021. 11. 11.

41 진정한 복은 무엇이고 누구를 위해 주셨는가?

복 중의 참된 축복은 예수 그리스도와 하나님 나라를 알고 경험하는 삶에 있습니다. 하나님께서 나의 아버지가 되셨고, 내가 하나님의 자녀가 되었다는 사실을 알고 누리는 삶이 바로 복된 삶입니다.

하나님이 주시는 복은 넘치도록 부어 주시는 복이며, 나 혼자만 누리라고 주신 것이 아닙니다. 그 복은 나를 통해 다른 사람에게 흘러가도록 하신 것입니다. 다른 사람의 마음과 심령을 적셔, 하나님의 은혜가 그들의 삶 속에 채워지도록 하는 것이 하나님이 원하시는 복된 삶입니다.

지쳐 있고 메마른 심령을 가진 사람들의 마음을 만져주어, 그 심령이 회복되고 치유되며 생명과 평안을 공급받게 하는 삶이 참되고 복된 삶입니다.

간증은 내가 고통 속에서 얼마나 신실하게 신앙생활을 했는지를 드러내기 위한 것이 아닙니다. 그것은 악한 목적으로 변질될 수 있기 때문입니다. 사람들 앞에서 나의 의로움을 드러내려는 어떠한 시노나 생각도 멈추어야 합니다.

오히려 나의 삶을 통해 역사하신 하나님의 일하심과 은혜, 생명의 메시지를 다른 사람들에게 전하십시오. 그들이 하나님의 말씀과 깨달음을 접하며 하나님께 더 가까이 나아가도록 인도하는 삶이 진정으로 복된 삶입니다.

진정한 복의 완성은 우리가 세상의 빛과 소금이 되어 하나님의 임재와 뜻을 일상 속에서 흘려보낼 때 이루어집니다. 내가 받은 은혜를 창고에 가두어 두지 않고 필요로 하는 이들에게 나누어 줄 때, 그 복은 줄어드는 것이 아니라 오히려 더 풍성하게 자라납니다. 하나님은 우리를 복의 종착역이 아닌 복의 통로로 부르셨음을 기억해야 합니다. 나를 통해 누군가가 하나님의 살아계심을 더 확신하고 그분을 신뢰하게 된다면, 그것이야말로 이 땅에서 누릴 수 있는 가장 영광스럽고 가치 있는 축복의 신비일 것입니다.

"내가 네게 명령한 것이 아니냐 강하고 담대하라 두려워하지 말며 놀라지 말라 네가 어디로 가든지 네 하나님 여호와가 너와 함께 하느니라 하시니라"(수 1:9)

"그러므로 피차 권면하고 서로 덕을 세우기를 너희가 하는 것 같이 하라"(살전 5:11)

묵상 Point

1. 내가 누리는 복이 나만을 위한 것인지, 다른 사람에게 흘러가도록 사용되고 있는가?
2. 내 삶을 통해 하나님이 역사하시는 메시지를 다른 사람에게 전달하는 방법은 무엇인가?

2021. 11. 15.

42 소통을 여는 대화의 지혜

우리가 살아가는 삶의 대부분은 대화를 통해 이루어집니다. 그러나 대화는 단순히 말을 주고받는 것이 아니라, 상대방의 마음에 다가가고 진심을 나누며 서로를 세워가는 소중한 과정입니다. 그리스도인의 삶에서 대화는 더욱 중요한 의미를 갖습니다. 왜냐하면 대화 속에서 우리는 하나님의 마음과 사랑을 전하고, 서로를 격려하며, 영적인 유익을 나누기 때문입니다.

CGN TV에서 들은 '대화의 기술'은 단순한 의사소통의 방법을 넘어, 하나님의 마음을 닮아가는 길을 보여주었습니다.

1. 닫힌 질문이 아닌 열린 질문을 하라

상대방에게 단순히 "예/아니오"로 답하는 닫힌 질문을 던지는 것은 나 중심의 대화입니다. 그러나 "왜, 어떤, 무엇, 어떻게"라는 열린 질문은 상대방이 자신의 생각과 감정, 그리고 마음의 깊은 부분까지 나눌 수 있도록 이끌어 줍니다. 열린 질문은 대화를 통해 상대방을 이해하려는 사랑의 표현입니다.

2. 대화의 주도권을 내려놓아라

우리는 흔히 상대방의 문제를 해결해 주려는 조급함 속에서 대화를 주입식으로 끌고 가곤 합니다. 그러나 진정한 대화는 해결책을 제시하는 것이 아니라, 상대방이 스스로 마음을 풀어낼 수 있도록 도와주는 것입니다. 불안해하지 않고, 주도권을 상대방에게 내어줄 때 비로소 진솔한 대화가 열립니다.

3. 성급함을 내려놓아라

마음이 조급할수록 질문은 날카로워지고 상대방은 방어적으로 변합니다. 그러나 온유와 인내 속에서 이루어지는 대화는 상대방에게 안전한 공간을 제공합니다. 대화의 목적은 문제를 빨리 해결하는 것이 아니라, 함께 걸어가는 동행 속에서 신뢰를 세워가는 데 있습니다.

4. 판단자가 아니라 학습자의 자세로 임하라

대화는 상대를 평가하거나 판단하는 자리가 아닙니다. 오히려 상대방을 더 알고 싶고 배우고 싶다는 호기심과 존중의 마음으로 다가가야 합니다. 그렇게 할 때 우리는 하나님께서 보시는 시각으로 상대를 바라볼 수 있게 됩니다.

5. 경청의 법칙을 지켜라

대화에서 3분의 2는 반드시 듣는 데 사용해야 합니다. 경청은 단순히 귀로만 듣는 것이 아니라, 마음으로 함께 느끼고 공감하며 상대방의 이야기에 온전히 집중하는 것입니다. 하나님께서 우리의 기도를 들어주실 때처럼, 우리도 누군가의 이야기에 귀 기울여야 합니다.

"사연을 듣기 전에 대답하는 자는 미련하여 욕을 당하느니라"(잠 18:13)

"내 사랑하는 형제들아 너희가 알지니 사람마다 듣기는 속히 하고 말하기는 더디 하며 성내기도 더디 하라"(약 1:19)

묵상 Point

1. 나는 대화 속에서 상대방을 진정으로 이해하려는 열린 마음을 가지고 있는가?
2. 나의 경청과 태도가 상대방에게 신뢰와 안전감을 주고 있는가?

2021. 11. 23.

43 하나님의 거대하고 세밀한 경륜 안에서 살아가기

우리의 인생은 크고 작은 사건과 수많은 만남으로 이루어져 있습니다. 기쁨을 주는 환경과 사람들뿐 아니라, 원치 않았던 고난과 원망스러웠던 이들까지도 모두 하나님의 섭리와 경륜 안에 있습니다. 이것을 하나님의 큰 구원의 시각으로 바라볼 때, 우리는 원망이나 절망이 아니라 소망과 감사 속에 머물 수 있습니다.

성경 속 요셉의 이야기를 떠올려 보십시오.

형들의 시기와 미움, 보디발 아내의 거짓말, 감옥에 갇히는 억울한 일들, 그리고 긴 세월의 고난은 인간의 눈으로 보면 불행의 연속이었습니다. 그러나 하나님의 계획 속에서는 모두 합력하여 선을 이루는 과정이었습니다. 요셉은 후에 이렇게 고백했습니다.

"당신들은 나를 해하려 하였으나 하나님은 그것을 선으로 바꾸사 오늘과 같이 많은 백성의 생명을 구원하게 하시려 하셨나니"(창 50:20)

이처럼 하나님께서는 선한 사건뿐 아니라 악한 의도와 고난조차도 사용하셔서 당신의 뜻을 이루십니다. 우리가 겪는 고통스러운 상황도 장차 누군가의 생명을 구원하고 세우기 위한 하나님의 큰 그림 속에 자리하고 있을 수 있습니다. 그렇기에 우리는 그 어떤 상황 속에서도 원망하기보다 하나님의 완전한 계획과 다스림을 신뢰하며, 고통을 통해 하나님이 다루시는 손길을 겸손히 받아들여야 합니다.

때로 우리는 우리를 힘들게 한 사람들에 대해 분노하거나 정죄하기 쉽습니다. 그러나 하나님의 관점에서 보면, 그들 또한 나의 모난 성품과 잘못된 가치관을 다듬기 위해 하나님께서 보내신 연단의 도구일 수 있습니다. 그렇다면 그들을 미워하기보다 오히려 감사하고 용서해야 합니다. 사도 바울이 고백한 것처럼, 모든 것은 하나님의 경륜 속에서 서로 맞물려 있습니다.

"하나님을 사랑하는 자 곧 그의 뜻대로 부르심을 입은 자들에게는 모든 것이 합력하여 선을 이루느니라"(롬 8:28)

하나님은 최고의 인사 전문가이십니다.

우리를 다양한 환경으로 옮기시고, 여러 유형의 사람을 만나게 하시며, 때로는 불편하고 고통스러운 관계 속에서 우리의 성품과 믿음을 다듬어 가십니다. 그 과정은 힘들고 어렵지만, 연단 후에는 더 정결하고 거룩하고 온전한 모습으로 변화되어 하나님 앞에 서게 될 것입니다. 마치 금이 풀무불 속에서 정련되어 순금처럼 빛나게 되듯, 우리의 인생도 하나님의 손길 안에서 다듬어집니다.

따라서 우리는 모든 염려와 두려움을 내려놓고, 우리의 계획이 아니라 하나님의 계획이 반드시 이루어질 것을 믿고 맡기며 기도해야 합니다.

"아무것도 염려하지 말고 다만 모든 일에 기도와 간구로, 너희 구할 것을 감사함으로 하나님께 아뢰라"(빌 4:6)

우리가 원하는 계획이나 길로 일이 풀리지 않을 때, 그것은 좌절이나 실패가 아니라 오히려 더 나은 길로 인도하시는 하나님의 섭리일 수 있습니다. 그러므로 원망과 분노를 내려놓고, 하나님의 주권과 다스림을 인정하며 삶을 맡기십시오. 결국 하나님의 계획과 행하시는 모든 일은 언제나 선하며, 그 누구도 그분의 강력한 의지와 신실하심을 막을 수 없습니다.

오늘도 우리 앞에 놓인 모든 상황 속에서 하나님의 거대하고 세밀한 경륜을 신뢰하며, 감사와 기도로 살아가는 은혜가 있기를 소망합니다.

묵상 Point

1. 나는 지금 겪고 있는 어려움 속에서 하나님의 경륜과 계획을 신뢰하며 감사할 수 있는가?
2. 나를 힘들게 한 사람이나 상황을 하나님의 도구로 받아들이고 용서와 감사로 대할 수 있는가?

2021. 11. 29.

44 사람의 열심이 고통이 될 수 있는 이유

십자가의 의미 중 하나는 바로 인간의 열심과 노력, 자아로부터 나오는 모든 것을 십자가에 못 박는 것입니다. 우리의 인생과 사역의 출발점은 늘 "하나님이 계시는가?", "하나님과 함께 시작하는가?"에 달려 있습니다.

"여호와께서 집을 세우지 아니하시면 세우는 자의 수고가 헛되며 여호와께서 성을 지키지 아니하시면 파수꾼의 깨어 있음이 헛되도다"(시 127:1)

사람의 열심만 있고 하나님의 일하심이 빠져 있으면, 결국 모든 것은 헛되이 끝나버립니다. 시편 기자의 고백처럼 아무리 애써 세우고 지켜도 하나님의 손길이 없으면 그것은 무너지고 맙니다. 결국 핵심은 '하나님의 일하심'입니다.

사도 바울도 고린도전서에서 이렇게 증언했습니다.

"나는 심었고 아볼로는 물을 주었으되 오직 하나님께서 자라나게 하셨나니 그런즉 심는 이나 물 주는 이는 아무것도 아니로되 오직 자라게 하시는 이는 하나님뿐이니라"(고전 3:6-7)

우리가 할 수 있는 영역은 제한적이며, 결정적인 부분은 전적으로 하나님께 속해 있습니다. 하나님을 신뢰하고 맡길 줄 아는 사람은 불안에 매이지 않고, 인내하며 기다릴 줄 압니다. 그러나 하나님이 일하실 자리에 내가 대신 서게 되면 일에 대한 강박과 집착, 그리고 일중독에 빠지게 됩니다. 평안히 안식하며 쉴 수가 없습니다. 그 끝에는 자만심과 절망이라는 함정이 기다리고 있습니다.

하나님을 신뢰하는 가운데서 나오는 성실함은 건강합니다.

하지만 하나님을 신뢰하지 못하고 스스로 무엇이든 이뤄내려는 열심은 위험합니다. 우리의 역할은 하나님께서 맡기신 부분까지만 충실히 감당하는 것입니다. 하나님께서 원하시지 않는 영역까지 넘어서려는 순간, 우리는 불안과 교만, 탐욕과 온갖 다툼에 사로잡히게 됩니다.

출애굽기에서 성막을 짓도록 명령하실 때, 하나님은 구체적인 설계도와 지침을 주셨습니다. 이는 하나님이 일하시는 방식의 본보기입니다. 우리의 삶 속에서도 하나님은 맡기신 일에 대한 분명한 매뉴얼과 청사진을 가지고 계십니다. 우리가 해야 할 것은 그분의 말씀과 인도하심을 따라 순종하는 것입니다.

결국 진정한 평안과 만족은 하나님의 일하심과 크신 계획을 신뢰할 때 주어집니다. 하나님이 주권자이심을 인정하고, 내가 감당해야 할 범위와 역할, 그리고 하나님께 맡겨야 할 범위를 분별하며 살아갈 때, 우리는 불안이 아닌 안식과 감사 속에 머무를 수 있습니다.

"너희는 먼저 그의 나라와 그의 의를 구하라 그리하면 이 모든 것을 너희에게 더하시리라"(마 6:33)

묵상 Point

1. 나는 지금 하나님 없이 내 힘과 열심으로 해결하려는 일이 있는가?
2. 맡겨진 영역과 하나님께 맡겨야 할 영역을 구분하며 살아가고 있는가?

2021. 12. 02.

45 믿음은 해석을 결정한다

인생에서 어떤 사건을 경험했는가보다 더 중요한 것이 있습니다. 그것은 그 사건 속에 담긴 하나님의 뜻을 발견하고 그것을 어떻게 해석하느냐 하는 것입니다. 같은 일을 겪어도 어떤 이는 상처와 피해의식 속에 머무르고, 어떤 이는 하나님의 섭리와 은혜를 바라보며 더 깊은 성숙으로 나아갑니다. 믿음과 지혜는 바로 이 해석을 결정하는 열쇠입니다.

사건 자체보다 더 고통스러운 것은 그 사건으로 인해 내 안에 남겨진 상처와 왜곡된 인식입니다. 상처는 시간이 흘러도 의식과 무의식 속에 남아 강력한 틀을 만들고 삶 전체를 규정하기도 합니다. 그 상처가 치유되지 않으면 피해의식으로 이어지고, 피해의식은 분별력을 흐리게 하며 왜곡된 선택으로 나아가게 만듭니다. 결국 인생을 부정적인 굴레 속에 가두어 버립니다.

그러나 성경 속 요셉은 전혀 다른 길을 걸었습니다. 그는 형제들에게 쓰라린 배신과 고통을 당했음에도 불구하고 상처와 원망에 머물지 않았습니다. 그는 형들의 행동에 집중하지 않고, 오히려 하나님께서 자신을 통해 이루실 구원의 계획에만 집중했습니다. 요셉은 이렇게 고백했습니다.

"당신들이 나를 이 곳에 팔았으므로 근심하지 마소서 한탄하지 마소서 하나님이 생명을 구원하시려고 나를 당신들보다 먼저 보내셨나이다"(창 45:5)

"그런즉 나를 이리로 보낸 이는 당신들이 아니요 하나님이시라"(창 45:8)

요셉은 사건이나 고통 중심의 관점이 아니라 하나님 중심의 관점을 가졌습니다. 그는 형들의 악한 계획보다 더 크고 선하신 하나님의 뜻을 바라보았습니다. 그래서 그에게는 피해의식이나 복수심이 자라날 자리가 없었습니다.

사도 바울 역시 같은 고백을 합니다.

"우리가 사방으로 욱여쌈을 당하여도 싸이지 아니하며 답답한 일을 당하여도 낙심하지 아니하며 박해를 받아도 버린 바 되지 아니하며 거꾸러뜨림을 당하여도 망하지 아니하고"(고후 4:8-9)

바울의 인생에도 고난과 박해가 끊임없이 있었지만, 그는 원망이나 피해의식에 사로잡히지 않았습니다. 오히려 하나님의 관점으로 해석했기에 쓰러지지 않고 더 강한 믿음으로 서 있을 수 있었습니다.

믿음의 사람은 인생의 사건 속에서 이렇게 질문합니다.

"왜 이런 일이 나에게 일어났는가?"라는 원망이 아니라,

"하나님, 이 일을 통해 무엇을 이루고자 하십니까?"라는 신뢰의 질문을 던집니다.

하나님은 당신의 크신 섭리 안에서 고통의 사건을 축복의 통로로 바꾸시며, 상처의 기억을 치유하시고, 우리를 존귀한 그릇으로 빚어 가십니다. 믿음이 없는 사람은 좋은 기회조차 불행으로 치부하고 회피하지

만, 믿음이 있는 사람은 고난조차 형통의 길로 바꾸어 해석합니다. 이것이 바로 믿음의 해석학입니다. 삶의 해석을 하나님께 맞출 때, 고통의 무게는 줄어들고 새로운 소망이 피어납니다. 해석이 바뀌면 인생이 바뀝니다.

"내 형제들아 너희가 여러 가지 시험을 당하거든 온전히 기쁘게 여기라 이는 너희 믿음의 시련이 인내를 만들어 내는 줄 너희가 앎이라"(약 1:2-3)

오늘도 믿음을 가지고 사건을 해석하십시오. 상처와 피해의식 대신 하나님의 주권과 선하심을 바라보십시오. 그러면 고난조차도 우리를 성장시키는 축복의 자리로 바뀔 것입니다.

묵상 Point

1. 나는 지금 일어난 사건을 하나님의 선하심과 섭리 관점에서 해석하고 있는가?
2. 상처와 피해의식이 내 선택과 삶을 지배하도록 허용하고 있지는 않은가?

2021. 12. 03.

46 광야로 내몰릴 때

When driven into the Wilderness by GOD or other things

광야는 생명이 살기 힘든 곳입니다. 위험하고 불편하며, 외롭고 막막합니다. 그래서 우리는 자원해서 광야를 선택하지 않습니다. 그러나 하나님은 때때로 그분의 자녀를 광야로 이끄십니다. 코로나와 같은 시대적 상황 속에서, 혹은 개인적인 사건과 환경 속에서 우리도 원치 않는 광야로 내몰릴 때가 있습니다.

1. 광야는 하나님의 특별한 훈련의 자리이다.

광야는 우리가 원해서 가는 곳이 아닙니다. 그러나 하나님은 특별한 목적을 가지고 이스라엘을 40년 동안 광야로 인도하셨습니다. 그 이유는 분명합니다.

"네 하나님 여호와께서 이 사십 년 동안에 네게 광야 길을 걷게 하신 것을 기억하라 이는 너를 낮추시며 너를 시험하사 네 마음이 어떠한지 … 알려 하심이라"(신 8:2)

광야는 단순히 고통을 주기 위한 자리가 아니라, 교만을 낮추고 마음을 시험하며, 하나님께만 의지하도록 다듬는 자리입니다. 하나님은 우리가 말씀을 듣고 사는 존재임을 가르치기 위해 광야로 이끄십니다.

2. 광야는 불필요한 것을 버리고 하나님께 주목하는 자리이다.

광야는 불편하고 막막합니다. 그러나 그 속에서 얻게 되는 은혜가 있습니다. 광야에서는 삶이 단순해지고, 복잡한 욕망과 집착이 무너집니다. 그리고 우리는 오직 하나님께 주목할 수 있게 됩니다.

"사람이 떡으로만 사는 것이 아니요 여호와의 입에서 나오는 모든 말씀으로 사는 줄을 네가 알게 하려 하심이니라"(신 8:3)

광야는 우리의 영적 시선을 하나님께 고정시키는 훈련장입니다. 그곳에서 우리는 이전에는 스쳐 지나갔던 하나님의 손길과 말씀을 새롭게 경험합니다.

3. 광야는 자만을 깨뜨리고 하나님만 남게 하는 자리이다.

광야는 인간의 연약함을 드러내는 자리입니다. 마귀는 여전히 "네가 스스로 해결하라. 네가 주인이 되어라"라고 속삭입니다. 그러나 광야를 오래 지나면, 우리 안의 교만과 허영, 자만심은 무너지고, 결국 고백하게 됩니다.

"내가 그리스도와 함께 십자가에 못 박혔나니 그런즉 이제는 내가 사는 것이 아니요 오직 내 안에 그리스도께서 사시는 것이라"(갈 2:20)

광야는 우리가 의지하던 모든 지지대를 제거함으로써 하나님 한 분만을 붙들게 만드는 은혜의 자리입니다. 우리는 종종 가족이나 친구, 혹은 우리가 속한 공동체의 리더나 자신의 지혜를 하나님보다 더 신뢰하곤 합니다. 하지만 광야는 그 모든 인간적인 소망이 얼마나 허망하게 무너질 수 있는지를 보여줍니다.

세상의 모든 문이 닫히고 오직 하늘로 난 문만 열려 있음을 깨닫는 순간, 절망은 소망으로 바뀝니다. 하나님께서는 우리가 더 이상 사람에게 마음을 두지 않고, 오직 주님만이 나의 반석이시며 요새이심을 고백할 때까지 우리를 그 광야의 시간 속에 머물게 하십니다.

그러므로 오늘 내가 서 있는 현실이 막막한 광야처럼 느껴진다면, 그것은 당신을 망가뜨리려는 저주가 아니라 당신을 빚어 가시는 하나님의 손길임을 기억하십시오. 억지로 그 자리를 벗어나려 발버둥 치기보다, 그곳에서 나를 낮추시고 빚어가시는 하나님의 뜻에 주목해야 합니다.

광야의 끝에는 반드시 약속의 땅이 기다리고 있으며, 하나님은 그 여정 내내 구름 기둥과 불기둥으로 당신을 인도하고 있고 보호하고 계십니다. 하나님께서는 광야에서 우리를 낮추시고 시험하사 우리 마음이 어떠한지, 정말로 주님의 명령을 지키는지 확인하시며, 마침내 우리를 참된 생명의 길로 인도하실 것입니다.

묵상 Point

1. 내가 현재 경험하는 어려움과 고난 속에서 하나님께 주목하고 있는가?
2. 광야의 상황을 통해 내 마음과 교만을 낮추고, 하나님만 의지하도록 배우고 있는가?

2021. 12. 06.

 하나님께서 자신을 계시하시는 목적

1. 진리를 가르치고자 하실 때

하나님께서 때로는 말씀으로, 때로는 삶의 사건을 통해, 때로는 자녀와 가정 예배 가운데 직접 자신을 계시하시는 은혜를 경험할 때가 있습니다. 그것은 단순히 신비한 체험이나 기적을 경험하게 하려는 목적이 아닙니다.

"네 하나님 여호와께서 이 사십 년 동안에 네게 광야 길을 걷게 하신 것을 기억하라 이는 너를 낮추시며 너를 시험하사 네 마음이 어떠한지 … 알려 하심이라"(신 8:2)

하나님은 우리를 그분의 소유로 삼으셨음을 확인시켜 주십니다. 아버지가 자녀를 지키고 돌보듯이, 하나님은 당신의 소유를 보호하시고 공급하시며, 공격당할 때는 친히 싸우시겠다고 약속하십니다. 그분이 우리에게 자신을 계시하실 때 목적은 분명합니다. 바로 자녀 된 우리에게 가르치고자 하는 메시지가 있기 때문입니다.

2. 기적보다 더 중요한 하나님의 마음

우리는 종종 기적 자체—질병 치유, 재정 문제 해결, 관계 회복—에 마음을 빼앗기기 쉽습니다. 그러나 하나님이 원하시는 것은 기적 자체가 아니라 그 과정을 통해 드러나는 하나님의 뜻과 선하신 목적입니다.

"너를 낮추시며 너를 주리게 하시며 또 너도 알지 못하며 네 조상들도 알지 못하던 만나를 네게 먹이신 것은 사람이 떡으로만 사는 것이 아니요 여호와의 입에서 나오는 모든 말씀으로 사는 줄을 네가 알게 하려 하심이니라"(신 8:3)

하나님은 고난의 과정을 허락하시면서 우리로 하여금 그분의 뜻을 질문하도록 이끄십니다. 환난 속에서 우리를 "거룩한 제사장"으로 빚어 가시고, 깨끗한 그릇으로 사용하기 위해 담금질하십니다. 따라서 중요한 것은 상황이 빨리 끝나는 것이 아니라, 그 속에서 하나님의 거룩하신 목적이 온전히 이루어지는 것입니다.

"그러나 너희는 택하신 족속이요 왕 같은 제사장들이요 거룩한 나라요 그의 소유가 된 백성이니"(벧전 2:9)

3. 영적인 눈이 열릴 때

열왕기하 6장에서 엘리사와 그의 사환은 아람 군대에 둘러싸였을 때, 하나님께서 하늘의 군대를 보여 주셨습니다.

"여호와여 원하건대 그의 눈을 열어서 보게 하옵소서 하니 … 불말과 불병거가 산에 가득하여 엘리사를 둘렀더라"(왕하 6:17)

하나님이 우리의 눈을 열어주실 때, 우리는 단순히 기적을 경험하는 것이 아니라, 하나님이 실제로 우리와 함께하시고 우리를 지키신다는 확증을 얻습니다. 그 은혜의 목적은 개인적 욕망을 이루기 위함이 아니라,

하나님의 살아계심과 통치하심을 세상 가운데 드러내는 것입니다.

하나님께서 우리 삶 가운데 친히 찾아오셔서 자신을 계시하시는 이유는 단순한 체험을 주시려는 것이 아닙니다. 그분의 목적은 언제나 우리를 낮추고, 말씀에 순종하는 거룩한 백성으로 빚으시려는 데 있습니다.

"그러나 내가 가는 길을 그가 아시나니 그가 나를 단련하신 후에는 내가 순금 같이 되어 나오리라"(욥 23:10)

지금 우리의 현실이 고난과 연단의 시간이라 할지라도, 그 모든 과정을 통해 하나님은 우리를 준비시키고 계십니다. 우리가 기적 그 자체가 아니라 하나님의 뜻에 집중할 때, 그분의 계시는 우리의 삶을 새롭게 하고, 세상 속에서 하나님의 영광을 드러내는 증거가 될 것입니다.

묵상 Point

1. 나는 하나님께서 내 삶 가운데 계시하실 때, 그 목적이 무엇인지를 의식하며 받아들이고 있는가?
2. 기적 자체보다 하나님의 뜻과 계획에 집중하며, 내 삶 속에서 그 계시를 적용하고 있는가?

2021. 12. 07.

48 꿈은 상처 속에서 자라난다

인생은 우리가 계획한 대로 흘러가지 않을 때가 많습니다. 그럴 때 우리는 현재 마주한 상황을 인정하고 수용하는 마음이 필요합니다. 마음이 고통 속에 갇혀 있을 때도, 우리 앞에 놓인 크고 궁극적인 그림, 즉 하나님의 목적과 우리가 추구해야 할 가치에 눈을 돌리는 것이 중요합니다. 전체 그림을 바라보는 사람은 어떤 어려운 상황 앞에서도 좌절하지 않고, 현재 상황을 이해하며 궁극적인 목적을 향해 나아갈 힘을 얻습니다.

특정 순간의 사건이나 세상의 잣대로 성공과 실패를 판단하며 삶을 선불리 결론 내리는 것은 위험합니다. 삶의 작은 사건 하나하나가 하나님의 섭리 속에서 큰 그림을 만들어가는 퍼즐 조각임을 깨닫는 것이 중요합니다. 하나님은 모든 사건을 아름답게 사용하실 능력과 권세를 가지고 계십니다.

많은 사람은 성공을 목표로 살아갑니다. 자기가 생각하는 성공을 통해 평안과 안정, 풍요를 누릴 수 있다고 믿습니다. 그러나 진정한 성공은 소명을 발견하고, 그 소명 안에서 하나님의 뜻을 이루기 위해 그분과 동행하며 살아가는 삶에 있습니다. 하나님을 만나면 우리는 비교가 아닌 소명을 발견하게 됩니다. 고난 속에서도 하나님은 반드시 목적과 이유를 담아 두셨습니다. 포기하고 싶을 때도 하나님의 뜻이 이루어지기를 바라며 기다리고 인내하는 것이 중요합니다.

인내란, 내가 원하는 상황이 아닐지라도 회피하지 않고 하나님의 선하신 뜻과 섭리를 믿고 받아들이며 소망 가운데서 기다리는 것을 의미합니다.

기다린다는 것은 단순히 시간을 보내는 것이 아닙니다. 하나님의 지혜로 내가 해야 할 일을 분별하며, 하나님의 뜻이 이루어지고 도우심이 임할 때까지 준비하고 인내하는 것입니다.

인내의 과정에서 하나님은 우리의 심령을 단단하게, 강하게 단련하시며, 풍성한 경험을 허락하십니다. 이 과정에서 쌓이는 경험은 절대 헛되지 않습니다. 삶 속에서 얻는 모든 경험이 모여 긍정적이고 풍성한 융합의 효과를 만들어냅니다. 하나님을 직접 만나고 체험한 경험은 남의 경험과 달리 내 삶과 깊이 연결되어, 우리를 흔들리지 않고 믿음으로 전진하게 하는 힘이 됩니다. 지금 쌓아가는 경험들은 반드시 쓰임 받을 날이 오며, 이를 통해 신앙이 성장하고, 삶의 지혜가 더해집니다.

하나님이 우리의 삶의 주체가 되신다는 의미는 우리가 객체로서 하나님께 순종하며 삶을 맡긴다는 뜻입니다. 우리의 때와 방법으로 성취되는 것이 아니라, 하나님이 계획하시고 정하신 때에 모든 일이 이루어집니다. 요셉의 삶이 좋은 예입니다. 그는 노예로 팔려 가고, 억울한 누명으로 감옥에 갇혔지만, 하나님의 때가 차매 하나님은 요셉을 애굽의 총리로 세우셨습니다. 요셉은 자신의 힘과 계략이 아니라 하나님의 인도하심을 신뢰하며 기다렸습니다.

믿음은 우리가 원치 않는 상황 속에서도 인내하며, 하나님이 일하실 것을 신뢰하게 합니다. 세상의 어려움과 환경이 우리를 흔들수록, 하나님은 그것을 통해 우리가 그분 안에 깊이 뿌리를 내리고 성장하게 하십니다. 상처 속에서도, 고난 속에서도 하나님은 꿈을 자라게 하시며, 우리의 삶을 풍성하게 만들어 가십니다.

【이규현 목사님, '꿈은 상처 속에서 자란다.'】 말씀을 듣고 깨달은 말씀

제목: 하나님의 때에 드러나는 준비

삶을 살면서 나는 종종 사람들에게 나를 어떻게 알릴지, 어떤 수단을 통해 내 경험을 전달할지를 고민하곤 했습니다. 유튜브나 SNS 같은 플랫폼을 활용할 수 있을까, 노후에 필요한 경제적 문제는 어떻게 준비해야 할까 하는 생각도 떠올랐습니다.
하지만 이러한 염려와 생각은 하나님께서 결코 기뻐하지 않으시는 마음임을 깨달았습니다. 그것은 지금까지 내 삶을 인도하시고 계획하신 하나님의 섭리와 일하심을 믿지 않는 태도이며, 사실상 하나님을 전면 부인하는 행동과 다름없음을 알게 되었습니다.

내 삶의 모든 순간을 하나님이 철저히 계획하시고 디자인하셨음을 믿는다면, 그동안 쌓아온 경험들은 이미 하나님 보시기에 충분히 축적되어 있음을 깨닫게 됩니다. 마음과 관점, 말과 행동이 하나님께서 기뻐하시는 상태에 이르렀다면, 내가 세상에 어떻게 나를 홍보할지 고민할 필요가 없습니다.
하나님의 때가 차면, 하나님은 가장 적절하고 최적의 방법으로 나를 세상에 드러내고 사용하실 것입니다. 그러므로 빌립보서 4장 6절 "아무 것도 염려하지 말고 다만 모든 일에 기도와 간구로, 너희 구할 것을 감사함으로 하나님께 아뢰라" 하신 말씀처럼, 나의 삶과 계획을 하나님께 맡기고 기다리는 것이 중요합니다.

하나님께서 나를 쓰시기에 합당한 준비는 고난과 연단의 과정을 통해 이루어집니다. 내 안에 자리한 세상적인 생각, 가치관, 습관, 불순물과 찌꺼기를 제거하고 분리하는 시간이 필요합니다. 이 과정은 하나님께서 세밀하게 디자인하시고 주도하시는 치밀한 과정입니다.
그 연단의 시간을 거친 후, 우리는 순금처럼 정결하고 거룩한 그릇으로 다듬어집니다. 하나님은 그때 우리를 사용하실 준비가 완전히 되었다고 선언하시며, 가장 아름답고 완전한 방법으로 우리의 삶을 통해 일하십니다. 그러므로 지금의 기다림과 인내, 연단의 시간 속에서도 하나님이 모든 것을 완벽히 주관하고 계심을 신뢰하며 나아가는 것이 중요합니다.

"우리가 알거니와 하나님을 사랑하는 자 곧 그의 뜻대로 부르심을 입은 자들에게는 모든 것이 합력하여 선을 이루느니라"(롬 8:28)

"인내를 온전히 이루라 이는 너희로 온전하고 구비하여 조금도 부족함이 없게 하려 함이라"(약 1:4)

묵상 Point

1. 나는 현재의 어려움과 고난 속에서도 하나님께서 내 삶을 준비시키고 계심을 신뢰하며 기다리고 있는가?
2. 나의 꿈과 사명은 하나님께서 주관하시며 완벽한 때에 이루어진다는 사실을 믿고, 불필요한 염려와 조급함을 내려놓고 있는가?

2022. 01. 18.

 과거에 묶이지 않고 새롭게 태어나라

하나님은 우리의 마음과 삶 속에서 늘 새 일을 행하시기를 원하십니다. 그분은 새로운 약속을 주시며, 그 약속을 믿고 붙드는 자를 통해 아름답고 영광스러운 일을 이루고자 하십니다.

하지만 우리가 과거의 경험과 지식, 그리고 육신의 생각과 욕망에 묶여 있다면, 하나님이 계획하신 새 일을 경험할 수 없습니다. 옛사람에게 속한 생각과 욕망은 반드시 제거되어야 하며, 성령 안에서 다시 태어나야 소망이 있습니다. 과거의 기억이나 실패, 세상적 판단이 우리의 현재를 지배하도록 허락해서는 안 됩니다.

우리의 마음이 진리로 채워지고 굳건히 설 때, 비로소 하나님께서 행하고자 하시는 새로운 꿈을 함께 꾸고, 그 꿈을 경험할 수 있습니다. 진리는 우리 삶의 중심이 되어 성령님의 인도하심을 받아 과거의 무거움에서 벗어나도록 합니다.

기도 속에서 마음을 하나님께 열고, 성령님이 삶을 다스리시도록 맡길 때, 날마다 우리의 속사람은 강건해지고 새롭게 됩니다. 또한 성령님의 능력으로 우리의 삶 속에서 성령의 열매가 풍성히 맺혀, 하나님의 사랑과 긍휼, 용서와 은혜가 마음속에 흘러넘치게 됩니다.

"우리의 마음속에 하나님의 열정과 긍휼하심과 용서와 은혜가 흘러넘치게 하소서. 성령님이 내 삶을 다스리시고 주도하소서. 성령님의 능력으로 날마다 우리의 속사람을 강건하게 하시고 새롭게 하소서. 성령님의 행하심으로 성령님의 열매가 풍성히 맺어지게 하소서."

과거의 기억과 습관, 육신의 욕망이 우리 마음을 지배하지 못하도록 주님께 의탁하고, 성령님 안에서 새로워지는 삶을 살아가야 합니다. 하나님은 늘 우리 안에서 새 일을 시작하시며, 그 새로움 속에서 진정한 소망과 생명을 경험하게 하십니다.

"보라 내가 새 일을 행하리니 이제 나타낼 것이라 너희가 그것을 알지 못하겠느냐 반드시 내가 광야에 길을 사막에 강을 내리니"(사 43:19)

"그런즉 누구든지 그리스도 안에 있으면 새로운 피조물이라 이전 것은 지나갔으니 보라 새것이 되었도다"(고후 5:17)

묵상 Point

1. 나는 과거의 기억과 실패, 세상적 판단에 묶여 현재를 온전히 살아가지 못하고 있지는 않은가?
2. 날마다 성령님께 내 마음과 속사람을 맡기고, 새로워지는 삶을 경험하고 있는가?
3. 하나님께서 시작하신 새 일을 믿음으로 기다리며, 그 속에서 성장과 변화를 받아들이고 있는가?

2022. 01. 19.

 고난과 더불어 친구 되기

가혹한 시련과 환난은 우리를 성숙하게 하고, 마음과 삶을 정련하며, 강하게 만드는 하나님의 도구입니다. 우리가 폭풍우를 피하지 않고 통과하는 동안 믿음의 뿌리는 잠시 흔들릴 수 있지만, 그 환난을 통해 더 깊이 뿌리를 내리고 더 큰 안정과 풍성한 열매를 맺게 하시는 하나님의 신비로운 손길을 경험하게 됩니다.

이것이 바로 역설이며, 고난 속의 반전입니다. 고난이 우리의 한계를 넘어 지속될 때, 우리는 때로 모든 것을 잃을 것 같은 두려움과 죽음에 대한 공포를 느낍니다. 그러나 그 고난을 통해 육신에 속한 옛사람과 잘못된 행실이 죽고, 성령 안에서 다시 태어난 속사람은 점점 강건해집니다. 하나님께서는 날마다 우리를 새롭게 만들어 가십니다.

삶에서 장애물처럼 보이는 환난을 피하지 않고, 하나님을 의시하며 직면할 때, 하나님은 우리의 영적 지경을 넓히시고, 영성을 깊게 하십니다. 돌밭에 뿌려진 씨앗처럼 믿음의 뿌리가 약하면, 환난과 박해가 있을 때 쉽게 흔들리지만, 믿음의 뿌리가 깊게 내리면 나무가 크게 성장하듯 우리의 삶도 풍성한 열매를 맺게 됩니다.

믿음의 뿌리는 성령님을 통해 깨닫게 하시는 말씀과 기도를 통해 주어지는 하나님의 은혜로 깊이 뿌리 내립니다. 환난 중에도 하나님을 떠나지 않고 끝까지 하나님 앞에 거하는 것이 성장하여 지속적인 열매를 맺는 비결입니다.

시련이라는 환경을 피하거나 저항하지 말고, 그것을 삶의 중요한 일부로 받아들이며 겸손하게 공존하는 태도가 필요합니다. 고난은 우리에게 주는 유익이 크고 소중하여, 친구와 같이 더불어 살아가야 할 존재입니다. 친구처럼 고난과 더불어 살아갈 때, 하나님께서 우리를 통해 행하시는 놀라운 은혜와 성숙을 경험하게 됩니다.

"내 형제들아 너희가 여러 가지 시험을 당하거든 온전히 기쁘게 여기라 이는 너희 믿음의 시련이 인내를 만들어 내는 줄 너희가 앎이라"(약 1:2-3)

"또 새 영을 너희 속에 두고 새 마음을 너희에게 주되 너희 육신에서 굳은 마음을 제거하고 부드러운 마음을 줄 것이며 또 내 영을 너희 속에 두어 너희로 내 율례를 행하게 하리니 너희가 내 규례를 지켜 행할지라"(겔 36:26-27)

묵상 Point

1. 나는 지금 어떤 고난 앞에서 도망치려 하고 있지는 않은가? 그 속에서 하나님께서 나에게 가르치시려는 것은 무엇일까?
2. 고난을 '하나님이 주신 친구'로 받아들이기 위해 내 마음의 태도는 어떻게 달라져야 할까?

PART 3.
평강

빌 4:6-7 아무 것도 염려하지 말고 다만 모든 일에 기도와 간구로, 너희 구할 것을 감사함으로 하나님께 아뢰라 그리하면 모든 지각에 뛰어난 하나님의 평강이 그리스도 예수 안에서 너희 마음과 생각을 지키시리라

NIV Do not be anxious about anything, but in every situation, by prayer and petition, with thanksgiving, present your requests to God. And the peace of God, which transcends all understanding, will guard your hearts and your minds in Christ Jesus.

2022. 01. 21.

51 요셉에게 허락하신 감옥의 시간, 연단과 준비의 은혜

"그가 아들이시면서도 받으신 고난으로 순종함을 배워서 온전하게 되셨은즉 자기에게 순종하는 모든 자에게 영원한 구원의 근원이 되시고"(히 5:8-9)

요셉의 생애는 인간적인 눈으로 볼 때 도무지 이해할 수 없는 시간이 있었습니다. 형들의 시기로 노예로 팔려 갔고, 애굽 보디발의 집에서 총무로 충성되게 일했지만, 억울한 누명을 쓰고 감옥에 갇혔습니다. 죄가 없음에도 요셉은 긴 세월을 옥중에서 보내야 했습니다. 억울한 사건 뒤에는 하나님의 섭리와 계획이 숨겨져 있었지만, 요셉은 당시에 이것을 알 수 없었습니다.

감옥은 요셉의 인생이 멈춰버린 자리처럼 보였으나, 하나님은 그 자리를 훈련과 준비의 장소로 사용하셨습니다. 왕의 측근 두 관리가 꿈을 꾸었을 때 하나님은 요셉이 해석하도록 하셨고, 그 일을 계기로 훗날 요셉은 바로왕 앞에 서게 되었습니다. 인간적으로는 불합리하고 고통스러운 시간이었지만, 그 과정을 통해 하나님은 요셉을 애굽의 총리로 세우실 발판을 마련하셨습니다. 결국 하나님은 아브라함에게 예언하신 말씀, 곧 이스라엘 백성이 이방 땅에서 나그네로 살게 될 것이라는 계획을 요셉을 통해 성취하셨습니다.

그러나 요셉의 입장에서는 감옥 생활의 2년은 지극히 길고 고통스러운 시간이었을 것입니다. 성경은 그 기간 요셉이 어떤 마음으로 지냈는지를 기록하지 않았습니다. 하지만 성경 전체를 통해 하나님의 성품을 살펴볼 때, 하나님은 요셉을 홀로 두지 않으셨음을 알 수 있습니다. 임마누엘의 하나님은 늘 함께하시며 요셉이 절망과 분노에 빠지지 않도록 지켜주셨습니다. 만약 하나님께서 은혜로 붙들어 주지 않았다면, 요셉은 광야에서 원망하던 이스라엘 백성처럼 절망 속에 무너졌을 것입니다.

하나님은 요셉을 억울한 옥살이에서 빠른 시간에 건져내는 것이 목적이 아니었습니다. 하나님은 요셉을 단련하여 존귀한 그릇으로 빚고 계셨습니다. 노예의 자리, 보디발 집의 총무, 그리고 감옥의 총무라는 모든 상황 속에서 요셉은 하나님의 사람과 지도자로서의 자질을 다듬어 갔습니다. 동시에 하나님은 요셉의 마음을 낮추시고 인간적인 생각을 비워내게 하시며, 오직 하나님만 바라보는 훈련을 하게 하셨습니다.

요셉의 연단의 시간은 곧 우리에게도 중요한 교훈을 줍니다. 하나님은 우리를 사랑하시기에 때로는 이해할 수 없는 억울한 상황, 고통스러운 시간을 허락하십니다. 그러나 그 목적은 단지 우리의 억울함을 풀어주는 데 있지 않습니다. 하나님은 우리를 온전한 하나님의 사람으로 준비시키고자 하십니다.

"다만 이뿐 아니라 우리가 환난 중에도 즐거워하나니 이는 환난은 인내를, 인내는 연단을, 연단은 소망을 이루는 줄 앎이로다"(롬 5:3-4)

이 말씀처럼, 환난은 인내를 낳고, 인내는 연단을, 연단은 소망을 만들어냅니다. 요셉에게 2년의 옥중 생활은 하나님의 성품(Character)을 만들고, 소망을 새기는 과정이었습니다. 하나님만이 그의 구원이심을 마음 깊이 각인시키는 시간이었고, 훗날 총리의 자리에 오르더라도 오직 하나님만 신뢰하는 사람으로 준비시키신 시간이었습니다.

우리도 종종 고난 속에서 "왜 하나님께서 내 억울함을 풀어주고 고통에서 꺼내주지 않으실까?"라는 질문을 던집니다. 그러나 하나님은 당신의 일정표에 따라 한 사람 한 사람을 연단하시고, 때에 맞추어 견고한 자로 세우십니다. 씨앗이 자라 열매 맺기까지 시간이 필요하듯, 우리 안에 심으신 거룩한 씨앗과 하나님의 비전도 충분히 자라나기까지 반드시 연단과 기다림의 시간이 필요합니다.

지금의 고난이 이해되지 않을 수 있습니다. 그러나 요셉의 이야기를 통해 확신할 수 있는 것은, 하나님은 결코 우리를 버려두지 않으신다는 사실입니다. 오히려 그 시간조차도 하나님의 큰 구원 역사를 이루기 위한 과정입니다. 우리의 모든 생각과 관심을 하나님께 맞추고 그분의 부르심과 소명을 바라볼 때, 하나님은 우리의 삶을 통해 하나님의 일을 마음껏 이루실 것입니다. 우리는 그 영광의 역사 속에 동참하는 기쁨을 누리게 될 것입니다.

"그의 주인이 여호와께서 그와 함께 하심을 보며 또 여호와께서 그의 범사에 형통하게 하심을 보았더라"(창 39:3)

묵상 Point

1. 하나님께서 내 인생의 '감옥 같은 시간'을 통해 어떤 성품과 믿음을 빚어가고 계신가?
2. 억울함과 고난의 자리에서도 하나님이 여전히 함께하심을 믿기 위해, 내가 내려놓아야 할 것은 무엇인가?

2022. 01. 21.

52 공존과 공생의 지혜

우리는 다양한 사람들과 함께 살아갑니다.

그렇다면 어떻게 해야 서로가 공존하고 공생하는 공동체를 이룰 수 있을까요? 하나님께서 구원하신 자의 정체성에 합당하게 살기 위해서는, 서로를 수용하고 협력하며 존중하는 태도가 필요합니다.

가정이나 직장에서 내가 어떤 모습으로 살아가야 할지를 생각해 봅니다. 누군가 내 삶을 바라보며 "어쩌면 저렇게 온 마음으로 감동을 줄 수 있을까?"라고 고백하게 만들 수 있다면, 그것이야말로 하나님께서 원하시는 삶의 증거일 것입니다. 그렇다면 어떤 마음가짐과 태도로 살아야 할까요?

만약 내가 단순히 경제적 목적이나 자기 성취만을 위해 일한다면, 그런 삶은 공존, 공생과는 거리가 멀 것입니다. 예수님께서 나와 함께 직장에 출근하신다면, 그분은 나를 통해 어떤 모습을 드러내길 원하실까요? 이 질문은 내 삶을 다시 돌아보게 합니다.

한번은 TV에서 어떤 가수의 간절한 노래를 들은 적이 있습니다. 그 순간 다른 동료 가수가 이렇게 고백했습니다.

"노래는 바로 저렇게 불러야 하고, 저렇게 간절하게 피나는 노력으로 만들어지는 것이다."(싱어게인2 中)

이 고백을 들으며 문득 사계절을 주신 하나님의 섭리를 떠올렸습니다. 봄, 여름, 가을, 겨울은 모두 생존과 번성에 필요한 시간입니다. 춥다고, 덥다고, 혹은 기근이나 전염병 때문에 불편하다고 해서 사계절을 피해갈 수는 없습니다. 우리는 그 계절들을 함께 지나며 강하고 견고하게 자라납니다. 마찬가지로 우리는 다양한 기질과 성향을 지닌 사람들과 공존하는 법을 배워야 합니다.

하나님께서 허락하신 각자의 모습은 다 다릅니다. 서로의 다름을 존중하고, 하나님의 주권과 섭리를 인정하며 함께 살아가는 지혜를 배워야 합니다. 사람은 모두 죄 아래 태어나 깨어지고 왜곡된 마음을 가지고 있음을 인정해야 합니다. 그렇기에 쉽게 분노하고 다투며 정죄하는 것이 의도하지 않은 우리의 본성입니다. 나 자신 또한 예외가 아님을 자각하는 것이 중요합니다.

이처럼 연약하고 사랑과 용서가 필요한 사람들이 모여 공동체를 이루고 있습니다. 그들의 마음 깊은 곳에는 고통과 신음이 있는 동시에, 사랑과 인정, 존중과 연합을 향한 갈망이 있습니다. 그런데 우리가 서로를 내 기준으로 판단하고 정죄한다면, 그것은 관계를 파괴하는 독과 같습니다. 오직 하나님만이 각 사람의 존재 가치와 내면을 정확히 평가하실 수 있는 분이십니다. 우리는 누군가를 판단하고 보복하는 권한을 부여받은 적이 없음을 잊지 말아야 합니다.

따라서 우리는 서로의 다름을 인정하고, 존재 자체로서 무한한 가치를 지닌 하나님의 자녀들임을 마음에 새겨야 합니다. 자칫 성경 말씀을 자기중심적으로 해석하면 내 욕망은 채울 수 있겠지만, 다른 이의 영혼을 아프게 할 수 있다는 사실 또한 명심해야 합니다.

하나님께서 바라시는 것은 우리가 그분의 관점과 마음, 뜻을 구하며 순종하는 것입니다. 그럴 때 하나님께서는 우리의 삶을 기쁘게 사용하시어, 공동체 안에서 아름다운 일을 행하실 것입니다.

"너희 안에 이 마음을 품으라 곧 그리스도 예수의 마음이니"(빌 2:5)

"화평하게 하는 자는 복이 있나니 그들이 하나님의 아들이라 일컬음을 받을 것임이요"(마 5:9)

묵상 Point

1. 나는 내 주변의 사람들과 '공존'하기보다 '경쟁'하거나 '비교'하며 살아가고 있지는 않은가?
2. 그리스도의 마음으로 주변 사람을 이해하고 품기 위해, 오늘 내가 먼저 실천할 수 있는 한 가지는 무엇인가?

2022. 01. 23.

53 사면초가 속에서 드러나는 하나님의 구원 계획

하나님은 우리의 상상을 뛰어넘는 방법으로 일하시며, 우리가 전혀 예측할 수 없는 길을 여시는 분이십니다. 혹시 그런 하나님의 일하심을 경험해 본 적이 있으신가요?

하나님은 우리가 마주하는 수많은 상황을 단순한 사건으로 두지 않으십니다. 그것을 양육과 교육, 그리고 훈련의 도구로 사용하시어, 우리가 주님께 직접 배우고 영적으로 성장하고 성숙하도록 이끄십니다.

이스라엘 백성이 애굽을 떠났을 때, 그들은 이제 원수와의 모든 관계는 끝났다고 생각했을 것입니다. 그러나 바로와 그의 군대는 다시 추격해 와서 그들을 바다와 군대 사이의 사면초가 상태에 몰아넣었습니다. 우리 역시 인생에서 이와 같은 막다른 골목에 내몰린 경험을 할 때가 있습니다. 이때 우리는 어떻게 반응해야 할까요?

우리가 피할 수 없는 절망의 순간은 우연이 아닙니다.

오히려 하나님께서 철저히 계획하시고 섭리하신 작품일 수 있습니다. 우리의 눈과 지혜로는 즉시 깨닫기 어렵지만, 시간이 지나고 하나님의 인도하심을 돌아볼 때 비로소 그 의미를 이해하게 됩니다.

병이나 실패, 두려움, 가난, 관계의 파탄과 같은 상황 등 자기의 힘으로는 도저히 구원할 수 없는 순간에 우리가 해야 할 일은 단 하나입니다. 하나님 앞에 즉시 무릎 꿇고 그분의 주권과 통치를 인정하며 성령의 임재를 초청하고 잠잠히 머무는 것입니다. 불평과 두려움, 인간적인 계략을 내려놓고, 하나님의 생각과 계획을 묻고 경청하며, 그분의 인도하심을 따라갈 준비를 해야 합니다. 하나님께서 무슨 말씀을 하시든지 순종할 수 있는 은혜와 믿음을 구하고 기다려야 합니다.

하나님께서 이러한 상황들을 통해 우리에게 가르치고자 하시는 중심 메시지는 분명합니다. 오직 하나님만을 경외하고, 악을 떠나며, 마음을 다하여 하나님과 이웃을 사랑하라는 것입니다.

하나님의 초점은 언제나 자녀들에게 하나님과 우리 자신이 누구이신지를 알려주시는 데 있습니다. 그래서 어떤 상황에서도 환경 때문에 흔들리거나 두려워하지 않고, 하나님을 믿고 의지함으로 평안과 안식, 소망 속에 살아가도록 가르치십니다.

결국 인생의 가장 큰 축복이자 영광은 하나님을 알고 경험하며 그분 안에서 기뻐하는 것입니다. 이것이 우리의 본분이며, 하나님께서 우리에게 허락하신 삶의 참된 목적입니다.

"여호와께서 너희를 위하여 싸우시리니 너희는 가만히 있을지니라"(출 14:14)

묵상 Point

1. 나는 인생의 막다른 골목에서 하나님께 잠잠히 머물며 그분의 계획을 신뢰했던 적이 있었는가?
2. 현재의 어려움 속에서도 하나님이 이루실 구원의 길을 믿음으로 바라보고 있는가?

2022. 01. 24.

 자기다운 삶, 하나님께서 주신 가장 특별한 길

하나님께서는 모든 사람을 동일한 모습으로 만들지 않으셨습니다. 각 사람 안에 고유한 성향과 마음, 생각과 재능을 담아내셨습니다. 그러므로 우리의 삶은 비교나 경쟁의 대상이 아니라, 하나님께서 친히 디자인하신 작품으로 존중받아야 합니다.

그런데도 우리는 종종 다른 사람의 인생을 부러워하거나, 자신을 타인과 견주며 열등감 혹은 우월감 속에 갇힙니다. 그러나 하나님께서 주신 삶의 목적은 '누군가처럼' 사는 것이 아니라, '하나님이 주신 나답게' 사는 것입니다. 하나님께서 주신 독창성을 잃어버리는 순간, 우리는 하나님이 의도하신 가장 아름다운 통로를 놓치게 됩니다.

하나님은 우리 안에 '보배'를 감추어 두셨습니다. 그 보배는 스스로 드러나지 않으며, 오직 하나님이 계시해 주실 때 비로소 발견됩니다. 종종 그 과정은 고난과 연단을 통해 이루어집니다. 고통의 시간을 통과할 때, 우리의 내면을 덮고 있던 세상적 가치관과 자아의 껍질이 벗겨지고, 그 안에 감추어진 하나님의 신성과 속성이 드러납니다. 그때 우리는 자신 안에 이미 존재하던 하나님의 아름다움을 발견하게 됩니다.

성령님께서는 우리 안에 임하신 하나님의 신비, 곧 임마누엘의 보배이십니다. 또한 우리가 걸어온 인생 자체가 하나님의 손에 올려질 때, 회복과 새 창조의 작품으로 재탄생합니다. 그 작품은 상처로부터 흘러나온 사명이 되고, 다른 사람을 세우는 축복의 도구가 됩니다.

사도 바울은 고린도전서 12장에서 말합니다.

"이제 지체는 많으나 몸은 하나라 … 더 약하게 보이는 몸의 지체가 도리어 요긴하고 … 오직 하나님이 몸을 고르게 하여 부족한 지체에게 귀중함을 더하사 몸 가운데서 분쟁이 없고 오직 여러 지체가 서로 같이 돌보게 하셨느니라"(고전 12:20-25)

또한 시편 기자는 말합니다.

"내가 주께 감사하옴은 나를 지으심이 심히 기묘하심이라 주께서 하시는 일이 기이함을 내 영혼이 잘 아나이다"(시 139:14)

하나님께서는 각 사람에게 서로 다른 은사와 성품을 주셨습니다. 그것은 경쟁의 이유가 아니라, 하나님의 몸 된 공동체가 온전해지도록 하신 설계입니다. 그러므로 자신에게 주신 길을 발견하고 그 길을 감사히 걸을 때, 하나님은 그 삶을 통해 당신의 영광을 드러내십니다. 우리가 '자기다운 삶'을 살아간다는 것은, 곧 하나님께서 주신 독창성을 잃지 않고 그분의 뜻 안에서 완성되어 가는 것입니다. 그 길은 비교나 모방이 아니라, 하나님과의 깊은 관계 속에서만 발견됩니다.

묵상 Point

1. 나는 하나님께서 내게만 주신 독창성과 은사를 감사함으로 받아들이고 있는가?
2. 다른 사람과 비교하기보다 하나님 안에서 나다운 길을 걸어가고 있는가?

2022. 01. 25.

 비교하지 않고 하나님 안에서 강력한 무기를 발견하라

우리는 그 누구와도 자신을 비교하지 않아야 합니다. 비교하는 순간 교만이나 낙심, 불평과 분노가 솟구칠 수 있습니다. 무언가를 이루고자 할 때, 세상의 전문가와 자신을 비교하며 부족한 점을 찾아 보완하면 더 크게 쓰임을 받을 수 있다는 미혹에 빠지지 않도록 주의해야 합니다. 외적인 유불리나 조건 때문에 흔들리지 않도록 하십시오.

하나님께서는 우리가 외부적인 조건을 갖추었는지로 우리를 사용하실지 결정하지 않으십니다. 하나님이 사람을 준비하시고 훈련하시며 가르치고 사용하시는 기준과 방법은 세상과 완전히 다릅니다.

그렇기에 먼저 하나님께서 우리에게 공급하시고 허락하신 것이 무엇인지 찾으십시오. 그것이 가장 강력한 무기이자 능력임을 깨달아야 합니다.

첫째, 임마누엘 성령님께 의지하십시오.

성령님은 모든 문제를 해결하시는 전지전능하신 능력자이자 지혜자, 치유자이십니다. 우리의 연약함과 부족함, 무능함을 아시고 도우시며, 모든 일을 주관하시기 위해 우리와 함께하십니다. 성령님께서 행하시고자 하는 일과 그 계획을 함께 공유하는 법을 배우십시오. 하나님은 우리의 생각과 마음을 주 안에서 견고하게 지켜 주시겠다고 약속하셨습니다.

둘째, 각자의 삶 자체가 가장 강력한 무기가 될 수 있습니다.

우리가 겪었던 환난과 고통스러운 사건, 오래되고 반복적인 힘든 일일

수록 하나님의 손안에서 재발견되고 재탄생될 때, 그것만큼 강력한 도구는 없습니다. 하나님 안에서 재탄생되기 전까지 그 경험이 다른 사람에게 상처를 줄 수도 있지만, 치료의 하나님께 맡겨지고 마음과 생각 속 독소와 악한 것이 제거되면, 동일한 고통을 겪는 사람들을 어둠과 절망에서 이끌어낼 수 있는 축복의 통로가 됩니다.

하나님은 우리의 완벽함을 사용하시는 것이 아니라, 우리의 깨어진 틈 사이로 흐르는 그분의 은혜를 사용하십니다. 나의 상처가 치유되어 어떤 흉터가 남았을 때, 그 흉터는 더는 수치가 아니라 훈장이 됩니다. 하나님께서는 우리가 흘린 눈물을 보석으로 바꾸시어, 우리에게 세상의 상처 입은 자들을 치유하는 상처 입은 치유자로 살아가게 하십니다. 지금 내가 겪고 있는 그 이해할 수 없는 환난이 하나님의 손안에서 어떻게 재탄생할지 기대하십시오. 하나님은 나의 아픈 과거를 가장 가치 있는 사명의 도구로 바꾸어, 수많은 영혼을 어둠에서 빛으로 인도하는 위대한 일을 행하실 것입니다.

"이는 내가 약한 그 때에 강함이라"(고후 12:10)

"너는 마음을 다하여 여호와를 신뢰하고 네 명철을 의지하지 말라 너는 범사에 그를 인정하라 그리하면 네 길을 지도하시리라"(잠 3:5-6)

묵상 Point

1. 나는 삶의 경험과 은사를 통해 하나님께서 주신 강력한 무기를 발견하고 있는가?
2. 비교와 외적 조건에 흔들리지 않고, 하나님 안에서 내 강점과 약점을 바라볼 수 있는가?

2022. 01. 25.

 구원과 새 언약 속 하나님의 열망

하나님의 언약 체결은 단순한 약속의 이행을 넘어 하나님의 거룩한 성품과 속성을 온전히 드러내는 사건입니다. 그 안에는 인간의 연약함과 불순종에도 불구하고 반드시 우리를 회복시키겠다는 하나님의 강력한 의지와 전능한 주권이 담겨 있습니다. 이스라엘 백성이 애굽에서 구원받은 과정이나 예수 그리스도께서 십자가에서 완성하신 대속의 은혜는 인간의 노력으로 성취할 수 없는 전적인 신비입니다. 이는 설명할 길 없는 놀라운 은혜이며, 우리를 향한 하나님의 일방적이고도 주도적인 사랑의 결과입니다.

이 구원의 은혜를 바탕으로 하나님은 우리와 새 언약을 맺으셨습니다. 이 언약은 어떤 조건이나 변덕스러운 상황에도 결코 끊어질 수 없는 특별한 관계를 의미하며, 하나님이 우리를 당신의 자녀와 소유로 확증하신 선포입니다. 특히 새 언약의 위대함은 외적인 법 조항에 얽매이는 것이 아니라, 하나님의 법을 우리의 심령 속에 직접 새겨 주셨다는 점에 있습니다. 이를 통해 하나님은 우리와 분리된 존재가 아니라 성령으로 우리 안에 내주하시며, 삶의 모든 순간을 함께 거하기를 원하시는 강렬한 열망을 보여주십니다.

하나님은 언약이라는 통로를 통해 우리 삶 깊숙이 임재하시며 인격적인 교제를 원하시는 사랑의 주체이십니다. 우리의 구원은 단순히 심판을 면하는 것에 그치지 않고, 하나님을 거역하던 완악한 마음이 하나님을 사랑하고 그분의 뜻에 즐거이 순종하는 성품으로 변화되는 성화의 과정을 포함합니다. 하나님은 이 새 언약 안에서 우리를 당신과 닮은 존재로 매일 새롭게 빚어가시며, 주님의 살아계심을 우리의 일상을 통해 증명하기를 원하십니다.

참된 신앙은 이 새 언약 속에 담긴 하나님의 뜨거운 사랑과 우리를 향한 멈추지 않는 열망을 날마다 새롭게 발견하는 데서 시작됩니다. 그 사랑의 깊이를 깨닫는 사람은 더 이상 의무감에 이끌려 신앙생활을 하지 않습니다. 대신 나를 잠잠히 사랑하시며 기쁨을 이기지 못하시는 하나님의 마음에 기쁨으로 반응하며, 그분과 동행하는 삶 자체를 가장 큰 복으로 여기게 됩니다. 오늘 우리가 서 있는 자리는 하나님의 신실하신 언약 위이며, 그분은 지금도 변함없는 열정으로 우리를 인도하고 계십니다.

"너희는 귀를 기울이고 내게로 나아와 들으라 그리하면 너희의 영혼이 살리라 내가 너희를 위하여 영원한 언약을 맺으리니 곧 다윗에게 허락한 확실한 은혜이니라"(사 55:3)

"사랑은 여기 있으니 우리가 하나님을 사랑한 것이 아니요 하나님이 우리를 사랑하사 우리 죄를 속하기 위하여 화목 제물로 그 아들을 보내셨음이라"(요일 4:10)

묵상 Point

1. 하나님께서 새 언약을 통해 보여주신 강렬한 열망은 내 삶에서 어떻게 체험되고 있는가?
2. 인간의 힘으로는 결코 이룰 수 없는 구원을 경험하며, 나는 어떤 방식으로 하나님께 반응하고 있는가?

2022. 01. 27.

57 하나님을 드러내시는 사건

성경이 끊임없이 증언하고 강조하는 주제는 오직 하나님과 그분의 나라, 그리고 이 세상 만물을 향한 하나님의 크고 놀라운 뜻입니다. 성경의 모든 이야기는 인간의 영웅담이 아니라, 인간을 통해 일하시는 하나님의 구원 역사와 주권에 초점이 맞추어져 있습니다. 그 대표적인 예가 바로 어린 목동 다윗과 거인 골리앗의 대결입니다.

이 사건을 읽는 많은 사람은 종종 다윗의 용기와 믿음만을 주목하지만, 그 사건의 본질은 다윗의 용맹함이나 인간적인 능력을 드러내는 데 있지 않았습니다. 오히려 그 사건을 통해 하나님께서 당신을 경외하는 사람이라면 누구를 사용하시든지 자신의 구원과 광대하심을 나타내고자 하셨으며, 구원이 오직 하나님의 능력을 통해 이루어짐을 만방에 공포하신 것입니다.

이스라엘과 블레셋의 싸움에서, 골리앗은 단순히 거대한 적이 아니라, 하나님을 모욕하고 하나님의 백성을 조롱하는 사단의 상징과 같았습니다. 모두가 두려워 떨 때, 다윗은 골리앗을 향해 선포했습니다. "전쟁은 여호와께 속한 것인즉 그가 너희를 우리 손에 넘기시리라." 다윗은 자신의 무기가 물맷돌이나 칼이 아니라, 자신이 섬기는 살아계신 하나님의 이름임을 분명히 알고 있었습니다. 하나님께서는 바로 이 작은 다윗의 손을 통해 인간의 눈으로 볼 때 압도적인 불가능처럼 보이는 상황을 단번에 뒤집으셨습니다. 이는 인간의 능력이 아닌, 하나님의 전적인 개입과 구원만이 참된 승리를 가져옴을 온 세계에 증명하는 사건이었습니다.

우리 인생 가운데에도 스스로의 힘으로는 도저히 해결할 수 없는, 마치 눈앞의 골리앗처럼 거대한 문제와 시련이 나타날 때가 있습니다. 관계의 단절, 재정적 파산, 건강의 위기, 감당하기 어려운 고난들이 그것입니다. 우리는 이 문제들 앞에서 절망하거나 좌절하기 쉽지만, 이때야말로 우리가 관점을 바꿔야 할 중요한 순간입니다.

바로 이 순간이 하나님께서 자신의 위엄과 구원과 광대하심을 나타내고자 하시는 기회의 순간임을 깨달아야 합니다. 하나님께서는 우리가 인간적인 방편과 노력으로 모든 것을 해결하려 할 때가 아니라, 우리의 힘이 완전히 고갈되어 오직 하나님만을 바라볼 때 비로소 역사하시기 때문입니다.

그러므로 우리는 모든 염려와 문제, 불가능해 보이는 사건들을 전적으로 하나님께 믿고 맡겨야 합니다. 세상은 우리에게 더 열심히 노력하고, 더 많은 계획을 세우며, 더 강한 힘을 갖추라고 조언하지만, 신앙의 길은 모든 것을 내려놓고 오직 주님의 능력만을 의지하는 역설의 길입니다. 우리가 하나님께 진정으로 맡긴 사건은 반드시 하나님께서 아름답게 마무리해 주실 것입니다.

그 과정이 때로는 우리가 원하는 시간보다 더디고 길게 느껴질 수 있고, 우리가 예상하지 못한 방식으로 전개될 수도 있습니다. 하지만 중요한 것은 하나님의 뜻은 항상 선하고 완전하다는 것입니다. 결국에는 선하고 아름답게 모든 것을 완성하셔서, 우리는 그 결과를 통해 하나님의 영광을 경험하는 자리, 곧 승리의 간증 자리에 동참하게 하실 것입니다. 우리의 삶의 모든 사건이 오직 하나님만을 드러내는 도구가 될 때, 비로소 우리는 두려움을 넘어선 진정한 평안과 기쁨을 누리게 됩니다.

"또 여호와의 구원하심이 칼과 창에 있지 아니함을 이 무리에게 알게 하리라 전쟁은 여호와께 속한 것인즉 그가 너희를 우리 손에 넘기시리라"(삼상 17:47)

묵상 Point

1. 내 삶의 어려움 속에서 하나님께서 나타내시고자 하는 영광과 구원을 어떻게 깨닫고 있는가?
2. 스스로 해결할 수 없는 문제를 하나님께 맡기고 신뢰할 때 내 마음은 어떻게 변화되는가?

2022. 02. 04.

58 마음과 생각 속의 진리 분별하기

우리의 마음과 생각 속에 진리와 부합하지 않는 것이 있는지 알기 위해서는 평온한 때보다 삶의 용광로와 같은 환난 속에서 자신을 말씀 앞에 세우고 대면해야 합니다. 극한의 상황은 내면의 깊은 곳을 비추는 거울이 되어, 우리가 마주한 고통이나 불편함 속에서 터져 나오는 날 선 감정과 생각들을 선명하게 드러냅니다. 또한 육신이 원하는 풍족함 속에서 나타나는 안일한 생각들을 진리의 말씀에 비추어 정직하게 대조해 볼 때, 우리는 그 안에 숨겨진 육신의 정욕과 거짓된 자아의 실체를 비로소 분별할 수 있습니다.

이러한 특정한 생각과 감정은 결코 우연의 산물이 아니며, 오랜 시간 반복된 경험과 세상의 가치관으로 쌓아 올린 견고한 진이라는 깊은 뿌리를 가지고 있습니다. 이는 본질적으로 하나님과의 분리에서 기인한 교만과 인간의 근원적인 약함에 기반을 둡니다. 우리가 자신을 보호하기 위해 구축한 이러한 내면의 체계들은 때로 진리의 빛을 가로막는 걸림돌이 되기도 하지만, 그 뿌리의 실상을 정직하게 대면하는 것이야말로 진정한 자유를 향한 첫걸음이 됩니다.

하나님께서는 우리 삶에 찾아오는 다양한 상황들을 통해 우리 안에 감추어진 거짓되고 더러운 것들을 빛 가운데로 끌어내십니다. 고난은 우리를 파괴하려는 도구가 아니라, 우리 영혼의 불순물을 제거하여 정결하게 만드시는 하나님의 자비로운 손길입니다. 또한 하나님은 기록된 말씀과 공동체 안에서 진리를 먼저 경험한 이들의 조언, 그리고 우리 안에 거하시는 성령님의 세밀한 조명을 통해 우리가 스스로 인지하지 못했던 어둠의 영역을 깨닫게 하시며, 분별의 지혜를 더해주십니다.

거짓의 실체를 발견했다면 이제는 그 자리를 하나님의 말씀으로 채우는 거룩한 재건의 과정으로 나아가야 합니다. 거짓된 생각의 뿌리를 뽑아낸 빈자리를 방치하지 않고 그리스도의 마음과 진리로 채울 때, 우리는 비로소 우리를 묶고 있던 쇠사슬에서 벗어나는 해방의 기쁨을 누리게 됩니다. 진리가 우리를 자유롭게 한다는 약속은 이처럼 우리의 사고체계가 하나님 중심으로 옮겨질 때 실제가 되며, 이 기쁨은 세상이 줄 수 없는 영원하고도 놀라운 평안을 우리 삶에 가져다줍니다.

"하나님의 말씀은 살아 있고 활력이 있어 좌우에 날선 어떤 검보다도 예리하여 혼과 영과 및 관절과 골수를 찔러 쪼개기까지 하며 또 마음의 생각과 뜻을 판단하나니."(히 4:12)

묵상 Point

1. 내 마음과 생각 속에서 진리와 일치하지 않는 요소를 발견한 경험이 있는가?
2. 하나님과 성령님의 조명을 통해 내 내면을 분별하며 삶에 적용하고 있는가?

2022. 02. 10.

 두려움 속에서 드러나는 하나님의 약속과 보호

우리는 코로나와 같은 전염병, 재정적 위기, 그리고 다양한 두려움과 고통의 상황 속에 살아가고 있습니다. 이러한 어려움이 오랜 기간 지속될 때, 하나님께서 왜 그것을 허락하시는지 질문하게 됩니다. 그러나 성경을 살펴보면, 그 안에는 하나님의 분명한 목적과 의도가 담겨 있음을 발견하게 됩니다.

시편 91편을 비롯하여 성경 곳곳에서 하나님은 당신을 믿는 자들에게 보호와 동행, 치유와 회복, 공급을 약속하셨습니다. 앞서간 믿음의 사람들 삶 역시 이를 증거합니다. 하나님께서는 우리가 그 약속이 실제인지 믿음과 기도로 시험하며 도전하기를 원하십니다. 그리고 그 과정을 통해 참된 자유와 은혜를 경험하며, 하나님의 자녀로서의 정체성과 영광을 드러내도록 부르십니다.

따라서 우리는 두려움과 불안에 갇혀 살아가는 것이 아니라, 오히려 그 상황 한가운데 하나님의 임재에 대한 확신과 약속을 굳게 붙잡는 믿음을 가지고 들어가야 합니다. 하나님과 그분의 말씀을 신뢰할 때, 두려움의 자리가 오히려 하나님의 일하심을 경험하는 간증의 자리가 됩니다.

성경은 이렇게 말씀합니다.

"여호와를 의뢰하고 선을 행하라 … 또 여호와를 기뻐하라 … 네 길을 여호와께 맡기라 그를 의지하면 그가 이루시고 … 여호와 앞에 잠잠하고

참고 기다리라"(시 37:3-7)

"사람이 마음으로 자기의 길을 계획할지라도 그의 걸음을 인도하시는 이는 여호와시니라"(잠 16:9)

"일을 행하시는 여호와, 그것을 만들며 성취하시는 여호와, 그의 이름을 여호와라 하는 이가 이와 같이 이르시도다 너는 내게 부르짖으라 내가 네게 응답하겠고 네가 알지 못하는 크고 은밀한 일을 네게 보이리라"(렘 33:2-3)

우리가 하나님을 전적으로 신뢰하고 인정하며 부르짖을 때, 하나님은 친히 역사하시어 견고한 진처럼 보이는 문제와 두려움까지도 변화시키시고 새롭게 만드십니다.

그러므로 사랑하는 자녀들을 향한 하나님의 약속과 그분의 강력한 의지와 신실하심을 굳게 믿으시기 바랍니다. 하나님은 우리를 모든 두려움과 해로움, 재앙과 질병, 환난에서 지키시고 보호하시며, 마침내 영광을 더하여 주십니다. 그 은혜를 경험한 삶은 더 풍성한 간증을 낳게 되고, 우리는 더욱 자유로운 세계 속으로 나아가게 될 것입니다.

묵상 Point

1. 나는 두려움과 불안 속에서도 하나님의 약속을 붙잡고 있는가?
2. 일상 속 두려움 속에서 하나님의 보호와 인도를 체험한 경험이 있는가?

2022. 02. 13.

60 하나님의 계획을 발견하는 삶

우리는 종종 질문합니다.
“하나님은 나를 향해 어떤 계획을 세우고 계실까?”
“하나님은 나에게 어떤 삶을 원하실까?”

하나님의 자녀 된 우리에게 이는 가장 중요한 질문 중 하나입니다. 하나님은 가정과 직장, 일상의 모든 자리에서 각 사람을 향한 하나님의 꿈과 비전을 보여주기를 원하십니다. 그리고 그 비전을 발견하고 따라 살아가도록 도우시는 것이 하나님께서 우리에게 허락하신 은혜입니다. 그 과정에서 우리는 비전을 방해하는 두려움, 생활의 염려, 육신의 욕망과 각종 유혹, 거짓을 분별해 제거해야 합니다. 그래야만 하나님께서 갈망하시는 삶을 살아갈 수 있습니다.

이 길은 철저히 하나님의 말씀과 성령님의 인도하심 속에서만 가능합니다. 하나님의 뜻과 계획은 말씀을 통해 드러나며, 현실 속에서 성령님을 알고 동행할 때 그 뜻이 실제가 됩니다. 우리의 인생은 처음부터 끝까지 하나님께서 계획하시고 주도하시며 마침내 완성하십니다. 그렇기에 우리는 일상의 크고 작은 관계와 일들 속에서 깨어 기도해야 합니다. 믿음과 성향의 차이로 인해 관계와 공동체가 무너지지 않도록 성령님의 뜻과 큰 목적을 구하며, 내 생각과 삶을 그 뜻에 온전히 맞추어야 합니다.

그러나 이것은 결코 우리의 의지와 노력만으로 가능하지 않습니다. 오직 성령님께서 우리 안에서 이루시는 선한 일입니다. 우리는 성령님을 의지하고 도움을 구하며 기도해야 합니다.

성경은 이렇게 말씀합니다.

"항상 기뻐하라 쉬지 말고 기도하라 범사에 감사하라 이것이 그리스도 예수 안에서 너희를 향하신 하나님의 뜻이니라 성령을 소멸하지 말며"(살전 5:16-19)

성령님께서 함께하시면 우리는 어떤 상황 속에서도 기뻐하고, 쉬지 않고 기도하며, 모든 일에 감사할 수 있습니다. 그러므로 성령님께서 내 삶의 모든 영역 속에 주도권을 가지시도록 날마다 인정하고 자리를 내어드려야 합니다.

또한 우리의 삶의 목표는 반드시 예수 그리스도를 본받는 데 있어야 합니다. 사람을 기준으로 목표를 세우면, 그 사람이 가진 한계 안에 갇혀 쉽게 만족하거나 안주하게 됩니다. 그러나 성령님은 우리의 시선을 예수님께 고정하게 하시며, 오직 예수님을 닮아가도록 이끄십니다.

누군가를 닮고 싶다면 그 사람의 삶을 유심히 살펴보고, 그에 합당한 실천을 결단하듯, 예수님을 닮기 위해서는 예수님의 삶을 깊이 묵상하고 그분의 말씀을 실천해야 합니다. 그리고 날마다 성령님의 도우심을 구하는 삶이 되어야 합니다. 이것이 곧 하나님의 계획을 발견하고 이루어가는 길입니다.

묵상 Point

1. 나는 성령님의 인도하심 속에서 하나님의 계획을 발견하며 살아가고 있는가?
2. 예수님을 본받는 삶을 위해 날마다 내 삶의 주도권을 성령님께 내어드리고 있는가?

2022. 02. 14.

 불편한 사람을 통한 하나님의 메시지

우리는 삶 속에서 누군가의 의견이나 비판을 들을 때가 있습니다. 특히 그것이 부정적인 평가일 때, 그 의견을 어떻게 받아들이고 해석하는지가 중요합니다. 그 순간 내 마음은 평온했는가? 상대방의 의도를 헤아리며 진심으로 경청했는가? 아니면 내 존재 자체를 향한 공격으로 받아들여 방어하고 변명하며 맞서지는 않았는가?

만약 후자의 태도로 반응한다면, 상대방은 답답함과 분노를 느끼고 다시는 의견을 제시하지 않으려 할 것입니다. 그렇게 되면 가정과 직장, 공동체 속에서 적극적인 의견 교환이 사라지고, 반대의 목소리조차 들리지 않게 됩니다. 이는 누군가의 권위적인 태도나 소통의 부재, 또는 죄와 연약함으로 인한 결과이며, 결국 관계를 점점 메마르게 만듭니다.

그러므로 우리는 다른 사람의 의견을 들을 때 그것이 나의 존재 자체를 부정하는 것이 아님을 기억해야 합니다. 그들은 단지 내 생각이나 행동, 결과물에 대한 의견을 나누고 있을 뿐입니다. 다양한 의견이 존재하는 것은 하나님께서 우리를 다르게 지으셨기 때문이고, 죄로 인해 마음이 깨어지고 왜곡되어 있기 때문입니다. 설령 내 부족함을 지적하는 말이 불편하게 들리더라도, 그것은 오히려 나를 더 온전한 길로 이끄는 보충제이자 촉매제가 될 수 있습니다.

예수님은 이렇게 말씀하셨습니다.

"우리를 반대하지 않는 자는 우리를 위하는 자니라"(막 9:40)

이 말씀은 포용적 태도를 강조한 말씀이지만, 동시에 다른 의견을 가진 이들도 우리에게 유익이 될 수 있음을 보여줍니다. 또한 우리가 불편한 의견에 거칠게 반응하는 이유는, 그것을 받아들이면 다양한 번거로움과 고통이 뒤따른다고 생각하기 때문입니다. 그러나 그 순간 우리는 다시금 하나님께서 우리를 부르신 목적을 떠올려야 합니다. 하나님은 우리의 개인적 만족이나 심리적 편안함을 위해 우리를 부르신 것이 아니라, 성령님의 뜻과 이웃의 필요를 섬기도록 부르셨습니다. 섬김의 자리에서 우리는 오히려 우리의 필요와 소망이 채워지는 은혜를 경험합니다.

사도 바울은 이렇게 권면합니다.

"아무 일에든지 다툼이나 허영으로 하지 말고 오직 겸손한 마음으로 각각 자기보다 남을 낫게 여기고"(빌 2:3)

나는 나의 만족과 자아도취적인 기쁨만을 추구하고 있는가? 아니면 이웃을 향한 하나님의 뜻을 위해 섬기며, 모두가 함께 기뻐하는 삶을 지향하고 있는가? 때로는 하나님께서 내 곁에 불편한 사람을 두시는 이유가 있습니다. 그 사람을 통해 내 안의 연약함과 정화되어야 할 부분을 드러내시고, 나를 더 깨어 있게 하시며 하나님 앞에 바르게 서도록 이끄시는 것입니다.

그러므로 불편한 사람을 만났을 때 오히려 감사해야 합니다. 그를 통해 나의 부족함을 비추어 보게 하시고, 관계 속에서도 하나님께서 일하심을 발견하게 하시는 것은 또 다른 은혜이기 때문입니다.

묵상 Point

1. 나는 불편한 의견이나 비판을 통해 하나님께서 내게 전하시려는 메시지를 받아들이고 있는가?
2. 내 만족이 아니라 이웃과 공동체의 평안을 위해 섬기는 태도를 실천하고 있는가?

2022. 02. 14.

62 상처와 분노의 반복을 멈추는 길

사람과의 관계 속에서 상처와 고통, 분노가 반복되지 않게 하려면 무엇보다 즉각적인 반응을 멈추는 태도가 필요합니다. 감정이 요동치는 순간, 사람에게 곧바로 반응하기보다 잠시 멈추어 서서 성령님께서 그 상황 속에 담아 주시는 메시지와 깨달음을 기다려야 합니다. 그래야만 감정이 통제되고, 관계가 파괴되지 않으며, 회복의 길을 찾을 수 있습니다.

섣부른 말이나 감정적인 대응은 옛사람의 성향이 죽지 않고 살아 있을 때 더 많이 드러납니다. 조급한 마음은 관계의 매듭을 더 얽히게 할 뿐, 결코 성숙과 치유로 인도하지 못합니다. 우리는 본능적으로 상대의 말과 행동에 즉각 반박하거나 자신을 변호하려 합니다. 그러나 죄 된 인간의 본성은 누구나 자기의 겉사람을 보호하고 방어하려는 심리에 의해 쉽게 작동합니다. 이에 비난을 두려워하여 '이에는 이, 눈에는 눈, 악을 악으로' 대응하므로 관계를 파괴하고 멀어지게 만듭니다.

특히 고통스러운 관계 속에 있을 때, 자주 빠지는 오류는 "나만 희생하고 있다. 내가 너무 어리석고 미련한 게 아닌가?"라는 피해의식이나 사기 정죄 의식입니다. 마치 십자가를 홀로 지고 있는 것처럼 느끼며, 자기 연민에 갇혀버리기 쉽습니다. 하지만 정말 그것이 전부일까요? 사실은 우리 모두가 각자의 방식으로 죄로 인해 망가지고 깨어진 옛사람의 성향을 벗어버리고, 새사람으로 살아가기 위한 성장의 아픔을 겪고 있습니다. 하나님은 각 사람을 그분의 걸작품으로 빚어가시는 과정에서, 저마다 다른 이유와 환경으로 다루고 계십니다.

사도 바울은 이렇게 말씀합니다.

"우리가 환난 중에도 즐거워하나니 이는 환난은 인내를, 인내는 연단을, 연단은 소망을 이루는 줄 앎이로다"(롬 5:3-4)

여기서 말하는 '연단'은 인격을 의미하는 단어(Character)입니다. 즉, 환난은 인내의 과정을 거칠 때 하나님의 성품을 닮은 '인격'이 만들어진다는 것입니다. 그러므로 지금의 고통과 갈등은 단순히 피해야 할 불행이 아니라, 우리를 예수님을 닮아가는 사람으로 연단하는 순금 같은 과정입니다. 성령님조차도 우리의 갈등과 죄성으로 인해 아파하시며, 우리를 위해 친히 탄식하며 기도하십니다. 우리는 단지 개인적인 감정이나 논리 싸움에 갇혀 있는 존재가 아니라, 그리스도의 몸을 세워가는 거룩한 과정에 동참하고 있는 존재들임을 기억해야 합니다.

비록 지금은 괴롭고 힘겨울지라도, 그 연단과 인내의 과정을 통해 영광의 면류관과 참된 자유와 해방의 열매를 누리게 될 것입니다. 그러니 즉각적인 반응을 멈추고, 성령님의 음성에 귀 기울이며, 하나님의 시선으로 관계와 상황을 바라보십시오. 그것이 상처와 고통, 분노의 반복을 끊어내고, 결국 회복과 성숙의 열매를 맺는 길입니다.

묵상 Point

1. 나는 감정적으로 즉시 반응하기보다 성령님의 음성을 기다리며 상황을 분별하고 있는가?
2. 현재 관계 속의 갈등과 상처를 하나님께 맡기고 회복과 성숙의 과정으로 바라볼 수 있는가?

2022. 02. 15.

 기적보다 귀한 하나님의 뜻

우리 인생 속에서 하나님께서 기적을 베푸셨다면, 그 기적 자체에만 마음을 빼앗기지 말아야 합니다. 오히려 그 기적을 통해 하나님께서 무엇을 말씀하시고자 하시는지를 묻고, 그 깊은 뜻을 깨닫는 것이 더욱 중요합니다.

수많은 기적과 간증을 경험하게 하신 하나님께, 우리는 지나온 사건들을 다시 비추어 주시기를 기도해야 합니다. 그리고 그 모든 일을 통해 하나님께서 전하고자 하신 뜻과 목적이 무엇인지 살펴야 합니다.

사도 바울은 에베소서에서 이렇게 기도합니다.
"우리 주 예수 그리스도의 하나님, 영광의 아버지께서 지혜와 계시의 영을 너희에게 주사 하나님을 알게 하시고"(엡 1:17)

우리는 광대하신 하나님을 부분적으로만 알고 있으며, 그분의 뜻과 행하심도 제한적으로만 이해합니다. 그러므로 반드시 지혜와 계시의 영이신 성령님께서 우리 안에 역사하셔야 하나님 자신과 그분의 나라, 하나님의 뜻을 바르게 알 수 있습니다.

하나님께서는 각자의 삶의 현장, 만나는 사람들과 사건들을 통해 끊임없이 다양한 진리를 가르치십니다. 그리스도를 만나기 전에도, 구원받은 이후에도, 여전히 우리 안에 남아 있는 하나님께 속하지 않은 것들을 제거하시고자, 때로는 제련의 과정을 허락하십니다. 그리고 그 일을 신실하게 이루어 가십니다.

그 과정 속에서 우리는 기적을 경험하기도 하고, 은혜를 체험하기도 합니다. 그러나 우리가 눈으로 보는 기적은 어디까지나 마지막 결과물, 열매일 뿐입니다. 그 열매를 허락하시기까지 하나님께서 준비하시고 이루신 과정은 사람마다 다르기에, 우리는 겸손히 그 과정에 담긴 하나님의 뜻을 묻고 구하는 태도를 가져야 합니다.

예수님께서도 말씀하셨습니다.
"너희가 악한 자라도 좋은 것으로 자식에게 줄 줄 알거든 하물며 하늘에 계신 너희 아버지께서 구하는 자에게 좋은 것으로 주시지 않겠느냐"(마 7:11)

하나님은 당신의 자녀들에게 언제나 가장 좋은 것, 온전한 선물을 주기를 원하십니다. 누가복음 11장 13절에서는 '좋은 것'이 '성령'이라고 언급하셨습니다. 하나님은 당신을 아버지로 믿고 영접하며 간구하는 이들에게 그 귀한 선물을 아낌없이 부어 주시는 분이십니다. 그러므로 우리는 기적 자체보다, 그 기적을 통해 드러내고자 하시는 하나님의 뜻에 마음을 집중해야 합니다. 성령을 우리에게 보내셔서 하나님의 어떠한 뜻을 드러내고 행하고자 하시는지를 항상 구해야 합니다. 그때 기적은 단순한 사건을 넘어, 하나님을 더 깊이 알아가도록 이끄는 은혜의 통로가 될 것입니다.

묵상 Point

1. 나는 일상에서 경험하는 기적 속에서 하나님의 뜻을 구하고 깨닫고 있는가?
2. 눈에 보이는 결과보다 과정에 담긴 하나님의 메시지에 더 마음을 두고 있는가?

2022. 02. 19.

64 하나님과 만나는 자리

하나님께서 우리를 만나주시고 역사하시는 컨택트 포인트는 과연 어떤 자리일까요?

우리를 향한 하나님의 역사와 임재는 특별한 장소나 상황에서만 일어나지 않습니다. 하나님은 다음 네 가지 자리에서 특히 깊이 역사하십니다.

1. 부족함과 연약함, 고통과 불편, 질병이 상존하는 자리

이 자리에서 하나님은 우리의 연약함을 채우시고, 필요한 공급과 치유, 온전함을 주십니다. 시편 34편 19절은 이렇게 말씀합니다. "의인은 고난이 많으나 여호와께서 그의 모든 고난에서 건지시는도다"

2. 모든 악과 교만, 탐욕이 가득한 자리

이러한 자리에서 하나님은 그분의 왕 되심과 주권, 통치와 거룩함, 의로우심을 드러내십니다. 인간의 한계와 죄성을 마주할 때, 하나님의 거룩한 심판과 통치가 더욱 선명히 보입니다.

3. 하나님을 향한 갈망과 기도, 부르짖음과 감사, 예배가 가득한 자리

이 자리는 우리의 갈망에 응답하시는 하나님의 사랑 교제입니다. 우리가 마음 깊은 곳에서 주님을 찾고, 기도와 부르짖음으로 그분의 얼굴을 구할 때, 하나님은 그 자리에 임재하십니다.

4. 자기 십자가를 지고 예수님을 따라가는 삶의 현장

이 자리에서는 하나님 나라의 뜻과 목적, 계획이 계시되며, 하나님께서 자신이 어떠한 분이신지를 보여주심으로 우리와 친밀히 교제하고 만나기를 원하시는 장이 됩니다.

마태복음 18장 20절에서 "두세 사람이 내 이름으로 모인 곳에는 나도 그들 중에 있느니라"라고 말씀하시듯 하나님은 우리의 갈망과 연합 속에서 함께하시며, 계획과 뜻을 계시하시고 친밀한 만남을 허락하십니다. 결국, 하나님께서 일하시고 우리를 만나시는 곳은 연약함과 고통, 죄, 갈망과 헌신, 제자도의 현장입니다. 그 자리에서 하나님은 각기 다른 방식으로 자신의 성품과 뜻을 드러내시며, 우리를 회복하고 다스리시며, 그분의 나라를 이루어 가십니다.

하나님과의 만남은 특별한 기적이나 대단한 성취에서만 일어나는 것이 아니라, 우리의 평범한 일상 속, 연약함과 헌신의 자리, 그분을 간절히 사모하는 자리에서도 깊고 풍성하게 일어납니다. 그러므로 우리는 하나님께서 역사하시는 그 자리를 인식하고, 성령님의 인도하심을 따라 그 자리에서 맡은 삶을 충실히 살아가야 합니다.

묵상 Point

1. 나는 하나님께서 역사하시는 일상의 자리들을 얼마나 인식하고 감사하며 살고 있는가?
2. 연약함과 헌신 속에서 하나님과 만나는 경험을 의도적으로 추구하고 있는가?

2022. 02. 20.

65 성령님의 계시를 따라 사는 삶

우리는 인생의 수많은 선택지 앞에서 때때로 자신의 경험과 이성적인 판단을 절대적인 기준으로 삼으려는 유혹에 쉽게 빠지곤 합니다. 내가 세운 계획이 가장 합리적이라 믿고, 그 길을 따라가기 위해 동분서주하지만 정작 그 끝에 무엇이 기다리고 있는지는 알지 못합니다. 참된 신앙의 삶은 이처럼 자기 생각을 앞세우는 자만과 오판을 내려놓는 것에서부터 시작됩니다. 내 지혜나 경험의 한계를 인정하고, 우리 안에 내주하시는 성령님께서 밝히 보여주시는 계시의 말씀을 겸손히 구하며, 그 생명의 말씀이 우리의 요동치는 마음과 생각을 온전히 다스리도록 주도권을 맡겨드리는 결단이 필요합니다.

성령님을 통해 우리 영혼에 비추어지는 계시의 말씀은 거친 파도가 몰아치는 삶의 바다 위에서 우리가 붙들어야 할 흔들리지 않는 주춧돌이자 반석입니다. 세상의 환경은 시시각각 변화하고 우리가 처한 상황은 모래성처럼 허망하게 흔들릴지라도, 성령님이 주시는 말씀은 영원히 변하지 않는 기준이 되어 우리의 중심을 붙들어 줍니다. 그 계시는 단순히 지식적인 정보를 전달하는 데 그치지 않고, 우리가 나아가야 할 삶의 방향을 명확히 정하게 하며, 궁극적으로 우리가 이 땅에서 완수해야 할 소명과 존재의 목적을 일깨워 줍니다.

성령님의 음성에 귀를 기울이는 과정은 우리 영혼의 깊은 골방에서 이루어지는 하나님과의 친밀한 대화입니다. 세상의 소음이 너무 크면 세밀한 성령의 음성을 듣기 어렵습니다. 우리는 의도적으로 멈추어 서서 고요히 주님 앞에 머무는 시간을 확보해야 합니다. 이 기다림의 시간 동안 성령님은 우리 안에 남아 있는 인간적인 조급함과 욕심, 세상으로부터 흘러 들어온 소리를 걸러내시고, 하나님의 뜻이 우리 마음에 평강으로 임할 때까지 우리를 다독이십니다. 내면의 소음이 잦아들고 오직 주님의 세밀한 음성과 기록된 말씀이 선명해질 때, 우리는 비로소 환경을 초월하는 하늘의 지혜를 얻게 됩니다.

따라서 우리는 모든 결정의 주권을 성령님께 온전히 맡겨드리는 훈련을 멈추지 말아야 합니다. 눈앞의 상황이 급박해 보일지라도 주님께서 마음속에 확신과 평안을 주실 때까지 묵묵히 기다리며, 그 음성이 들릴 때야 비로소 순종의 발걸음을 떼는 인내가 필요합니다. 성급하게 자신의 뜻과 인간적인 계산을 앞세워 내린 결정은, 시련과 고난의 작은 파도 앞에서도 모래 위의 집처럼 쉽게 흔들리고 무너지기 마련입니다. 성령의 인도하심 없는 열심과 수고는 결국 우리를 지치고 절망하도록 만들 뿐이지만, 주님의 계시와 인도를 따라 걷는 길은 그 자체가 안식이자 돌봄과 능력이 됩니다.

반면, 성령님의 계시와 그분이 주시는 확신을 붙들고 나아가는 사람은 그 어떤 극심한 어려움 속에서도 하나님의 선하신 목적과 그분이 앞서 행하심을 바라보며 끝까지 견디고 승리할 힘을 얻습니다. 하나님께서는 우리가 겪는 모든 상황을 주권적으로 주관하시며, 고난으로 인해 상처 입고 흔들리는 우리의 마음까지도 말씀으로 치유하시고 새롭게 회복시키십니다. 이 신실하신 하나님을 신뢰하기에 우리는 한 치 앞도 보이지 않는 안개 속에서도 담대하게 걸어갈 수 있습니다. 그 길을 걷는 과정과 그 길의 끝에는 반드시 하나님께서 신실하게 예비하신 아름다운 결실과 영원한 영광이 우리를 기다리고 있을 것입니다.

오늘도 분주한 일상의 자리를 잠시 떠나 조용히 하나님 앞에 머무르십시오. 내 생각을 관철하려는 기도가 아니라 성령님의 음성과 그분의 뜻이 이루어지는 기도를 드려야 합니다. 그분께서 들려주시는 계시의 말씀을 마음 판 깊이 새기는 시간이 우리 삶에서 가장 가치 있고 귀한 시간이 되기를 간절히 소망합니다. 주님의 인도하심을 따라 걷는 그 한 걸음이 우리 인생을 가장 안전하고 복된 길로 인도할 것입니다.

"사람이 마음으로 자기 길을 계획할지라도 그 걸음을 인도하시는 이는 여호와시니라"(잠 16:9)

"그러나 진리의 성령이 오시면 그가 너희를 모든 진리 가운데로 인도하시리니 그가 스스로 말하지 않고 오직 들은 것을 말하며 장래 일을 너희에게 알리시리라"(요 16:13)

묵상 Point

1. 나는 내 생각과 판단을 앞세우기보다, 성령님의 계시와 인도하심을 구하며 삶을 결정하고 있는가?
2. 어려운 상황 속에서 하나님의 뜻을 바라보며 담대하게 나아가는 훈련을 하고 있는가?

2022. 02. 22.

 현실의 유혹을 넘어, 하나님의 길을 선택하라

우리는 살아가면서 수많은 선택의 갈림길에 서게 됩니다. 종종 현실적인 필요와 상황 논리에 따라 결정을 내립니다. 그렇게 현실을 쫓는 선택은 결국 하나님과의 거리를 멀어지게 하는 결과로 이어질 때가 많습니다.

룻기 1장 말씀을 보면, 나오미의 가족은 이스라엘 땅에 흉년이 들자 생계를 위해 모압 땅으로 이주하기로 결정합니다. 하지만 그곳에서 그들은 연이어 고통스러운 일들을 겪으며 결국 모든 것을 잃게 되고, 다시 하나님께서 허락하신 약속의 땅, 베들레헴으로 돌아오게 됩니다.

이 사건은 우리에게 중요한 질문을 던집니다.

나는 지금 어떤 기준으로 선택하고 결정하고 있는가?

직장 문제, 경제적인 형편, 자녀의 학업 문제 등 현실적인 이유만을 따라 선택을 하면, 그 순간은 일이 잘 풀리는 듯 보여도 시간이 지나면 하나님과 멀어지는 계기가 될 수 있습니다.

하나님은 그분의 자녀들을 절대 외면하지 않으십니다. 때로는 우리가 잘못된 길을 택해 멀어져 있을 때라도, 우리를 다시 하나님의 자리로, 그분의 인도하심 속으로 데려오기 위해 적극적으로 개입하시는 분이심을 우리는 깨달아야 합니다.

돌이켜 보면 저 역시 지난 20여 년 동안 공제조합을 포함한 여러 회사 입사, 여러 지역으로 이사하며 여러 선택과 결정을 했습니다. 그때마다 무엇을 기준으로 결정했는지 되짚어 보면, 때로는 나의 욕구와 필요, 현실적인 안정을 좇은 것이었습니다.

그러한 선택의 결과가 가져온 마음의 공허와 갈등, 결국에는 다시 하나님께로 돌아가게 했던 여정을 잊을 수 없습니다. 하나님이 원하시는 것이 무엇인지 묻고, 그것을 붙잡기 위한 선택은 처음엔 절대 쉽지 않습니다. 눈앞의 손해와 고통, 내 생각과 기대가 깨지는 두려움 때문에 주저하게 됩니다. 그러나 자신의 계산과 욕심을 내려놓고, 하나님의 뜻에 순종하여 십자가를 지기로 결단할 때, 하나님께서 인도하시는 놀라운 과정과 선한 열매를 반드시 경험하게 됩니다.

그러한 경험이 쌓일수록, 점점 더 하나님의 길을 선택하는 것이 자연스러워지고 담대해집니다. 결국 어느 날 뒤돌아보았을 때, 그동안 하나님께서 내 삶에 얼마나 놀라운 은혜를 베푸셨는지 간증하지 않을 수 없게 될 것입니다.

오늘도 선택의 순간이 우리 앞에 놓여 있습니다. 내 생각과 욕망을 내려놓고, 하나님이 원하시는 길을 묻고, 그 길을 선택해 보십시오. 한 걸음, 또 한 걸음 하나님을 따라 걷다 보면, 결국 우리의 삶은 하나님께서 만드신 놀라운 이야기로 채워져 있을 것입니다.

"너는 마음을 다하여 여호와를 신뢰하고 네 명철을 의지하지 말라 너는 범사에 그를 인정하라 그리하면 네 길을 지도하시리라"(잠 3:5-6)

묵상 Point

1. 나는 선택의 순간마다 현실적 유혹보다 하나님의 뜻을 먼저 구하고 있는가?
2. 하나님의 인도하심을 신뢰하며 담대하게 선택한 경험을 삶 속에서 얼마나 적용하고 있는가?

2022. 02. 24.

 칭찬보다 귀한 말, 반대의 소리에 귀 기울이기

우리는 살아가면서 흔히 칭찬과 인정에 마음이 흔들립니다. 누군가에게 칭찬받으면 기쁨과 만족을 느끼고, 인정받지 못하면 상처받거나 자존감이 흔들리기도 합니다. 그러나 신앙의 길에서 진정한 성숙은 오히려 반대의 소리, 불편하고 아픈 말속에서 사람이 아닌, 하나님께 귀 기울일 때 찾아옵니다.

감당하기 어려운 말은 단순히 비판이나 공격으로 끝나는 것이 아닙니다. 하나님께서 우리 안에서 연약함과 부족함을 돌아보게 하시는 도구가 될 수 있습니다. 그 말속에 숨겨진 의미와 교훈을 묵상하며, 내 마음과 행동을 점검하고 하나님의 뜻에 맞추는 과정은 매우 중요합니다. 이렇게 내면을 비추어 보고, 성령의 도우심을 구하며, 겸손과 온유로 받아들일 때, 우리는 사람 앞에서도, 하나님 앞에서도 조금씩 성숙해집니다.

하나님께서는 우리의 삶 속에서 다양한 사람을 통해 일하십니다. 때로는 친절하고 따뜻한 사람을 통해 위로하시지만, 때로는 우리의 기대와 상반되는 사람, 혹은 나를 불편하게 하고 고통을 주는 사람을 통해서도 깊은 깨달음을 주십니다. 이러한 경험은 처음에 부담스럽고 받아들이기 어려울 수 있지만, 하나님께 시선을 고정하고 그분의 뜻을 묻는 태도를 가질 때, 우리는 그 속에서 하나님이 행하시는 세밀한 일하심을 보게 됩니다.

우리의 반응은 매우 중요합니다. 화나거나 방어적으로 대응한다면, 그 상황은 인간적 갈등과 상처, 깨어짐으로 남지만, 겸손하게 듣고 묵상하며 하나님의 뜻을 구할 때, 같은 상황이 은혜의 깊은 배움터가 됩니다. 하나님께서는 우리의 마음과 생각을 통해 스스로를 연단하시며, 나아가 다른 사람에게도 그분의 참된 진리와 사랑을 드러내는 통로로 사용하십니다.

또한, 고통스럽고 불편한 말을 마주할 때, 우리는 자신을 돌아보는 동시에 다른 사람을 이해하려는 마음을 배우게 됩니다. 그것은 단순히 관계의 기술이 아니라, 하나님의 성품과 마음을 배우는 훈련이기도 합니다. 하나님의 일하심은 겉으로 드러난 것보다 더 깊고 섬세하며, 우리의 연약함과 부족함을 통해 영광을 드러내십니다. 따라서 칭찬에 흔들리지 않고, 반대의 소리에 귀를 기울이는 삶은 단순한 자기 수양이 아니라, 하나님과 더 깊이 교제하며 성숙해지는 길입니다. 우리가 마음을 열고 하나님의 뜻을 구할 때, 그 자리에서 하나님은 조용히 역사하시며 우리의 삶 속에 세밀한 은혜와 진리를 심어 주십니다.

"너희가 악한 자라도 좋은 것으로 자식에게 줄 줄 알거든 하물며 하늘에 계신 너희 아버지께서 구하는 자에게 좋은 것으로 주시지 않겠느냐"(마 7:11)

"비판을 받지 아니하려거든 비판하지 말라 너희가 비판하는 그 비판으로 너희가 비판을 받을 것이요 너희가 헤아리는 그 헤아림으로 너희가 헤아림을 받을 것이니라"(마 7:1-2)

묵상 Point

1. 최근 내게 불편하거나 아픈 말을 전한 사람과 상황을 떠올려 보십시오. 나는 그 안에서 하나님의 뜻과 교훈을 발견하려 했는가?
2. 칭찬과 인정보다 하나님께 귀 기울이는 삶을 살기 위해, 오늘 내가 실천할 수 있는 구체적인 방법은 무엇인가?

2022. 03. 04.

68 하늘에 쌓아둔 믿음의 연금

믿음을 따라 살아가는 삶은 세상의 눈으로 보면 종종 가난하고, 부족하며, 힘겨운 길로 느껴질 때가 많습니다. 보이지 않는 하나님을 신뢰하며 당장의 이익을 포기하는 삶은 어리석어 보이기까지 합니다. 그러나 이 길은 단순히 고통을 견디는 인고의 여정이 아닙니다. 이는 하나님께서 우리에게 가장 귀한 보화를 준비하시고, 우리의 믿음을 불순물이 섞이지 않은 순금처럼 연단하시는 신비로운 과정입니다. 겉으로 보기에는 결핍의 연속인 것 같지만, 영적인 실상은 하나님 나라의 풍요를 우리 삶에 채워 넣으시는 거룩한 시간입니다.

마치 광야에서 이스라엘 백성에게 매일 만나를 공급하신 것처럼, 하나님께서는 오늘을 살아가는 우리에게 필요한 것을 날마다 공급하십니다. **만나의 핵심은 쌓아두는 것이 아니라 매일 공급하시는 분을 신뢰하는 데 있습니다.** 그분의 손길을 의지하며, 때로는 충분하지 않아 보이는 상황 속에서도 하루하루를 성실히 살아갈 때, 우리는 세상이 줄 수 없는 신비로운 공급과 안식을 경험하게 됩니다. 이는 물질적인 문제를 해결받는 것을 넘어, 하나님께서 우리에게 주시는 믿음의 훈련이자 영원히 사라지지 않을 영적 자산을 쌓아가는 과정이기도 합니다.

믿음으로 살아가는 사람은 때로 재정적 어려움과 부족함을 경험하며, 남들처럼 노후를 위한 넉넉한 연금이나 자산을 쌓지 못하고 통장 잔고가 바닥을 맴도는 현실을 마주하게 됩니다. 주변의 비아냥이나 스스로의 불안감이 밀려올 때도 있지만, 하나님께서는 그런 현실 속에서도 결코 당신의 자녀를 방치하지 않으십니다. 오히려 **그 광야 같은 시간 속에서 우리는 세상이 가르쳐주지 않는 가장 귀한 생존 방식인 기도와 믿음, 하나님과의 동행하는 삶을 배우고, 하늘 창고에 쌓이는 은혜를 체험하게 됩니다. 세상의 지지대가 사라진 자리에서 비로소 우리는 하나님이라는 가장 견고한 반석을 발견하게 되는 것입니다.**

이 하늘의 연금은 우리가 고난의 한복판에서 하나님을 신뢰하기로 선택할 때마다 우리 영혼에 차곡차곡 쌓이는 신령한 지혜와 인격, 믿음의 깊이를 포함합니다. 하나님 나라의 자산은 결코 쇠하거나 낡아지지 않습니다. 오히려 우리가 하나님을 경험한 시간이 길어질수록, 그동안 쌓아온 기도의 응답과 은혜의 기억들은 우리가 삶의 후반전에 이르렀을 때 그 어떤 물질적 풍요보다 강력한 평안과 권세로 되돌아옵니다. 이것이야말로 눈에 보이는 잔고는 비어 있을지라도 영혼의 곳간은 그득하게 채우시는 하나님의 신비로운 경제 원리입니다.

온전한 십일조를 드리고 자기 십자가를 지고 주님을 따르는 삶 역시, 이 하늘의 연금이라는 약속의 흐름 안에 있습니다. 우리가 드린 순종과 헌신, 눈물로 뿌린 신뢰와 인내의 시간은 하나님 앞에서 결코 헛되지 않으며, 반드시 풍성한 열매로 돌아옵니다. 비록 눈에 보이는 결과가 즉각적으로 나타나지 않아 답답할지라도, 그 모든 과정은 우리의 믿음의 그릇을 넓히고 세상이 감당할 수 없는 영적 자산을 축적하는 귀한 시간이 됩니다. 우리가 주를 위해 포기하고 그분께 맡겨드린 것들은 사라지는 것이 아니라, 하나님의 장부에 소중히 기록되어 가장 적절한 때에 가장 좋은 것으로 보상받게 될 것입니다.

세상은 화려한 풍요를 최고의 가치로 여기지만, 하나님께서는 우리의 영혼을 위해 그 이상의 영원한 것을 준비하십니다. 우리의 눈에는 부족함으로 보이는 순간에도, 하나님께서는 이미 하늘의 창고를 열어 두시고 필요한 은혜를 정확하게 공급하십니다. 그 은혜는 우리의 마음과 삶 전체를 통해 체험되는 하나님의 임재와 세상이 줄 수 없는 초월적인 평안입니다.

믿음의 연금은 우리가 자신의 힘으로 적립하는 것이 아니라, 하나님의 신실하심에 근거하여 그분이 공급하시는 선물입니다. 우리의 삶 속에서 소모되고 사라지는 것처럼 느껴지는 헌신조차, 하나님 안에서는 결코 헛되이 낭비되지 않습니다. 오히려 그것은 우리가 하나님만을 유일한 소망으로 삼고, 세상의 기준이 아닌 하나님의 통치 아래 살아가도록 우리를 빚으시는 거룩한 도구가 됩니다. 결핍은 우리를 무너뜨리는 것이 아니라, 더 크신 하나님을 담기 위해 우리 자아를 비워내는 과정입니다.

믿음으로 묵묵히 한 걸음씩 내딛는 당신의 삶 속에, 하나님은 이미 하늘의 연금을 쌓아두고 계십니다. 당장 우리의 육안으로는 보이지 않아도, 하나님께서 약속하신 그 은혜는 반드시 임하며 우리의 삶을 가장 영광스럽게 완성할 것입니다. 그러므로 불확실한 미래에 대한 의심과 불안을 내려놓고, 하나님께서 약속하신 무한한 공급과 신실한 은혜를 신뢰하며 나아가십시오.

"나의 하나님이 그리스도 예수 안에서 영광 가운데 그 풍성한 대로 너희 모든 쓸 것을 채우시리라"(빌 4:19)

묵상 Point

1. 지금 내 삶 속에서 부족함과 결핍으로 느껴지는 상황 속에서도 하나님을 신뢰하며 기다리고 있는가?
2. 세상의 기준과 시선이 아닌, 하나님의 약속과 은혜를 바라보는 삶을 실천하기 위해 나는 무엇을 선택할 수 있는가?

2022. 03. 11.

 고통 너머에 있는 하나님의 마음

우리가 처한 현실과 척박한 환경에만 시선을 고정하고 있으면, 아무리 하나님께서 우리를 사랑하신다고 말씀하셔도 쉽게 동의하지 못하고 때로는 오히려 항변하게 됩니다. 지금 이 비참한 상황을 보고도 과연 나를 사랑하신다는 말씀이 가능하냐고, 그렇다면 그 사랑이 도대체 무엇이며 어디에 있는지 설명해 보라며 마음속으로 따져 묻기도 합니다.

결국 이는 하나님과 사람 사이의 관점의 차이에서 비롯된 일입니다. 마치 부모와 어린 자녀 간의 시선 차이로도 설명할 수 있을 것입니다. 부모는 자녀를 사랑하기에, 그 자녀가 잘못된 길로 들어설 때는 때로 징계와 훈계를 통해서라도 바른길로 이끌고자 합니다. 이 모든 것은 사랑에서 비롯된 행동입니다.

그러나 자녀 된 우리는 징계와 고통, 훈련을 좀처럼 사랑으로 받아들이지 못합니다. 당장 내가 원하는 것을 할 수 없게 되고, 그 과정이 너무 고통스럽고 버겁게 느껴지기 때문입니다. 사람은 지금의 고통에 마음이 갇혀, 그 고통을 허락하신 하나님의 마음과 그분이 이루고자 하시는 뜻을 헤아리지 못한 채 원망과 불평으로 반응하곤 합니다.

하나님의 손길은 우리를 외면하시는 증거가 아니라, 오히려 우리가 그분의 소중한 자녀라는 확실한 인장입니다. 광야의 뜨거운 태양이 이스라엘 백성의 교만을 녹여내었듯, 고통이라는 풀무질은 우리 영혼 속에 섞여 있는 세상의 찌꺼기를 걸러내고 우리를 거룩하게 빚어가는 과정입니다. 토기장이가 진흙을 이겨 단단하고 유일한 그릇을 만들듯, 하나님은 시련을 통해 우리의 내면을 견고하게 하시고 마침내 당신의 영광을 담아낼 귀한 통로로 준비시키십니다.

만약 우리가 그 고통과 징계 속에 담긴 하나님의 깊은 마음을 조금이라도 헤아리고, 그분이 우리를 통해 이루고자 하시는 뜻에 마음을 기울인다면, 그 징계는 결코 우리를 망하게 하려는 것이 아님을 깨닫게 될 것입니다. 오히려 하나님께서 사랑하는 자녀에게 유익하게 하시기 위해 허락하신 교육과 훈련의 시간임을, 시간이 흐른 뒤에 깨닫게 되는 날이 올 것입니다.

결국 하나님의 사랑은 우리가 기대하고 원하는 방식으로만 표현되는 것이 아니라, 때로는 징계와 훈련, 기다림이라는 옷을 입고 찾아오기도 합니다. 우리가 그분의 깊은 마음과 의도를 알아차릴 수 있을 때, 그 징계조차 사랑임을 믿음으로 받아들일 수 있을 것입니다. 고난의 터널 끝에서 우리를 기다리고 계시는 하나님의 인자한 얼굴을 신뢰하며, 오늘 주어진 연단의 시간을 묵묵히 통과해 나가기를 소망합니다.

"각각 은사를 받은 대로 하나님의 여러 가지 은혜를 맡은 선한 청지기 같이 서로 봉사하라"(벧전 4:10)

"보라 형제가 연합하여 동거함이 어찌 그리 선하고 아름다운고"(시 133:1)

묵상 Point

1. 내가 겪는 고난과 징계 속에서 하나님의 사랑과 마음을 발견하려면, 어떤 태도와 마음가짐이 필요할까?
2. 내 삶 속 숨겨진 보물과 이웃의 보물을 발견하고 세우기 위해, 오늘 나는 어떤 구체적인 실천을 할 수 있을까?

2022. 03. 19.

70 숨겨진 보물찾기

만약 우리 내면 깊숙한 곳에 세상 그 무엇과도 바꿀 수 없는 진귀한 보물이 숨겨져 있고, 그 보물을 정확하게 찾아낼 수 있는 세밀한 지도가 있다면 우리의 삶은 어떻게 달라질까요? 많은 이들이 자신의 가치를 외부의 평가나 소유의 정도에서 찾으려 방황하지만, 성경은 전혀 다른 이야기를 들려줍니다. 창조주 하나님께서는 우리 각 사람을 이 세상에 단 하나뿐인 보배로운 존재로 설계하셨고, 하나님의 형상이라는 특별한 도안에 따라 우리를 디자인하셨습니다. 우리가 진정한 자신을 발견하기 위해서는 나를 만드신 분의 설계도를 먼저 확인해야 하며, 이를 위해 겸손히 하나님의 계시를 구하는 기도가 필요합니다.

하나님께서는 우리가 이 보물을 스스로 찾지 못해 헤매는 것을 방치하지 않으셨습니다. 우리를 돕기 위해 임마누엘 성령님을 보내주셨고, 그 분은 지금 우리 곁에서 길을 안내하고 계십니다. 성령님은 우리가 하나님을 간절히 찾고 부르기를 기다리고 계시는데, 그 기다림의 열망은 우리가 주님을 사모하는 마음보다 훨씬 더 깊고 뜨겁습니다. 우리가 마음의 문을 열기만 하면, 성령님께서는 우리 영혼의 어두운 구석을 비추어 하나님이 심어두신 아름다운 보석들을 하나둘씩 발견하게 하실 것입니다.

우리는 오랫동안 죄의 그늘과 육신의 욕망, 그리고 세상이 씌워놓은 거짓된 틀에 갇혀 본래의 모습을 잃어버린 채 살아왔습니다. 그러나 이제는 하나님께서 지으신 본래의 나, 즉 속사람을 다시 찾아야 할 때입니다. 하나님께서 나를 처음 지으실 때 부여하셨던 그 영광스러운 모습과 나만이 가진 고유한 특징들을 발견해 달라고 기도해 보십시오. 세상의 기준으로는 단점이라 여겼던 부분조차 하나님의 손길 안에서는 누군가를 살리는 특별한 도구가 될 수 있음을 깨닫게 될 때, 우리 인생은 전혀 다른 차원에서 회복이 시작됩니다.

하나님 나라의 원리는 누구도 일방적으로 도움만 받거나, 반대로 도움만 주며 살아가도록 지음을 받지 않았습니다. 우리는 서로에게 꼭 필요한 존재이며, 각 사람은 특별한 역할과 은사를 받은 그리스도의 지체입니다. 한 몸을 이루는 손과 발이 서로를 보완하듯, 우리는 각자에게 주신 고유한 달란트를 통해 서로를 살리고 세워가야 할 거룩한 사명을 지니고 있습니다. 내가 가진 보물은 나만을 위한 것이 아니라 타인의 결핍을 채우기 위한 선물임을 잊지 말아야 합니다.

이웃을 내 몸과 같이 사랑하라는 하나님의 명령은 우리 영혼이 가장 풍성해지는 축복의 통로입니다. 마음을 다해 이웃을 섬기고 사랑하는 삶을 실천할 때, 우리는 하나님이 예비하신 영적 유익과 깊은 은혜를 경험하게 됩니다. 신기하게도 기도의 시선을 내 문제에서 이웃의 아픔으로 옮길 때, 우리를 짓누르던 어둠의 결박이 풀리고 하나님 나라의 기쁨이 임하게 됩니다. 타인의 꿈이 이루어지도록 진심으로 돕고 그들의 형통을 위해 중보하는 과정에서, 오히려 내 안에 감추어져 있던 보배로운 성품들이 드러나고 단단해지는 신비를 맛보게 될 것입니다.

이 모든 진리를 온전히 깨닫기 위해서는 먼저 하나님께서 우리를 얼마나 사랑하시는지를 깊이 알아야 합니다. 십자가에서 확증된 그 사랑은 이 순간까지도 우리를 악한 자들로부터 지키시며 인내로 빚어오시는 하나님의 손길 속에 흐르고 있습니다. 우리 인생의 어두웠던 터널과 이해할 수 없었던 고난의 순간 중 어느 것도 하나님 안에서는 헛되지 않았습니다. 하나님은 우리의 아픔조차 보석으로 연마하시는 분임을 믿을 때, 우리는 과거와 화해하고 미래를 향해 담대히 나아갈 수 있습니다.

하나님께서는 선하고 완전한 계획으로 우리의 삶을 인도해 가실 것입니다. 당장은 하나님의 일하심이 측량되지 않아 답답할지라도, 하나님은 모든 것을 합력하여 선을 이루시는 분임을 신뢰하십시오. 인생의 진정한 회복은 사람의 기술이나 노력이 아닌, 창조주 하나님의 전능하신 손에 우리 생애를 온전히 맡길 때 비로소 완성됩니다. 나를 가장 잘 아시는 그분께 인생의 운전대를 맡겨드리는 것이 가장 지혜롭고 안전한 선택입니다.

우리 인생에는 두 가지 결정적인 보물이 있습니다. 첫 번째 보물은 자신의 생명을 다해 우리를 구원하시고 영원히 함께하시는 임마누엘 하나님이시며, 두 번째 보물은 그 영광스러운 하나님의 형상을 따라 그분의 자녀로 지음을 받은 소중한 우리 자신입니다. 이 두 보물을 발견한 사람은 세상의 어떤 풍랑 앞에서도 흔들리지 않는 평안을 누리게 됩니다.

"각각 은사를 받은 대로 하나님의 여러 가지 은혜를 맡은 선한 청지기같이 서로 섬기라"(벧전 4:10)

묵상 Point

1. 내 안에 감추어진 하나님이 주신 보물은 무엇이며, 그것을 발견하기 위해 무엇을 실천할 수 있는가?
2. 이웃의 은사와 재능을 세우고 격려하는 삶을 통해 내가 얻는 영적 유익은 무엇인가?

2022. 03. 20.

71 서로의 다름을 통해 완성되는 하나님의 나라

MBTI 검사 결과 전혀 반대되는 성향의 두 사람이 한 가정이나 직장 등에서 함께할 때, 우리는 종종 갈등과 긴장을 마주하게 됩니다. 서로 다른 생각과 목표, 가치관을 가진 이들이 부딪힐 때 생기는 불편함 속에서, 어떻게 하면 갈등을 넘어 평안하고 자유로운 관계를 이어갈 수 있을까요?
하나님께서는 우리 모두를 서로 다른 재능과 성향, 그리고 고유한 역할을 지닌 특별한 존재로 창조하셨습니다. 성경은 우리를 한 몸을 이루는 각 지체로 비유합니다. 손이 발의 역할을 할 수 없고, 눈이 귀의 기능을 대신할 수 없듯이, 서로의 생각과 우선순위가 다른 것은 어쩌면 창조의 질서 안에서 지극히 자연스럽고 당연한 일입니다.

그렇기에 서로를 바라볼 때, 나와 다르다는 이유로 배척하거나 비교를 통한 시기와 다툼이 생기지 않도록 늘 마음을 살펴야 합니다. 각자에게 주어신 고유한 직임과 달란트를 감당하며, 공동체의 유익을 위해 기꺼이 협력하는 자세가 필요합니다. 누군가가 나의 강점을 필요로 할 때, 하나님을 경외하는 마음으로 기꺼이 손을 내미는 것이 지체된 자의 마땅한 도리입니다.

우리는 서로의 역할을 완전히 대신할 수 없도록 지음을 받았습니다. 하나님께서 우리를 서로 채워주고 돕는 상호보완적인 존재로 만드셨기에, 나의 부족함은 곁에 있는 이웃의 강점으로 채워지고, 그들의 연약함은 나의 헌신적인 섬김을 통해 세워질 수 있습니다. 결핍은 부끄러운 것이 아니라, 오히려 서로를 연결하고 사랑을 실천하게 만드는 은혜의 통로가 됩니다.

성령님 안에서 누리는 이 다양성은 자기중심적인 자아를 깨뜨리는 거룩한 훈련의 장이 됩니다. 내게 없는 성향을 지닌 상대를 통해 우리는 하나님의 다채로운 지혜와 성품을 입체적으로 경험하게 됩니다. 나와 다른 상대를 용납하고 기다려주는 인내의 과정은 우리 영혼의 거친 부분을 깎아내어 그리스도의 형상으로 빚어가는 정교한 연단의 시간이기도 합니다. 이처럼 다름은 극복해야 할 장애물이 아니라, 우리를 더 넓은 사랑의 세계로 초대하시는 하나님의 세심한 배려입니다.

우리가 하나님을 온전히 의지하며, 그분이 세상과 우리 각 사람을 어떠한 목적과 계획으로 창조하셨는지를 마음에 두고 살아갈 때, 성령님께서는 관계 속에 선한 열매를 맺게 하십니다. 내 방식이 아닌 하나님의 섭리를 믿으며 나아갈 때, 하나님 나라의 참된 평화가 우리 삶의 현장에 임하게 될 것입니다.

서로의 다름이 불협화음이 아닌 아름다운 화음으로 울려 퍼지는 그 나라를 꿈꾸며, 내 곁에 두신 소중한 사람들을 하나님의 시선으로 바라보고 품는 복된 하루가 되기를 소망합니다.

"보라 형제가 연합하여 동거함이 어찌 그리 선하고 아름다운고"(시 133:1)

"서로 친절하게 하며 불쌍히 여기며 서로 용서하기를 하나님이 그리스도 안에서 너희를 용서하심과 같이 하라"(엡 4:32)

묵상 Point

1. 나와 다른 사람의 성향과 역할을 인정하고 존중하기 위해 내가 실천할 수 있는 구체적 방법은 무엇인가?
2. 갈등과 긴장 속에서도 하나님 나라의 평화를 이루는 태도는 내 삶에서 어떻게 나타날 수 있는가?

2022. 03. 21.

72 거짓된 욕망을 대적하고 거룩한 갈망을 사모하라

우리 안에는 태어날 때부터 끊임없이 인정받고자 하는 욕구, 더 많이 소유하고자 하는 탐욕, 그리고 세상에서 주목할 만한 성취를 이루려는 갈망이 일어납니다. 이러한 마음의 움직임 자체가 인간의 본성이며 생명력의 원천이 되기에, 욕망 자체를 전적으로 잘못되었다고 단정할 수는 없습니다. 하나님께서 우리에게 주신 '바라보는 힘'이 있기 때문입니다. 그러나 이 욕망이 그 방향을 잃고 하나님과의 관계를 벗어나기 시작할 때, 그것은 치명적인 위험을 초래합니다. 우리가 세상의 기준이나 육체의 정욕에 지배당할 때, 이 욕망은 눈에 보이지 않는 강력한 우상으로 자리 잡아 하나님보다 앞서게 됩니다. 악한 영은 바로 이 틈을 이용해 우리의 마음과 삶에 침투하여 영적인 방해와 혼란을 일으키고, 우리를 참된 평안에서 멀어지게 합니다.

따라서 우리는 거짓된 욕망을 날마다 성경적인 기준으로 섬검하고 적극적으로 대적해야 합니다. 다윗이 날마다 자신을 성찰했듯이, 우리 역시 자신의 마음 동기가 무엇인지, 내가 지금 좇는 목표가 누구의 영광을 위한 것인지 끊임없이 물어야 합니다. 단순히 세상의 인정이나 순간적인 성공, 혹은 일시적인 만족을 좇는 마음을 내려놓는 것을 넘어서, 성령님께서 우리 안에 부어 주시는 거룩한 갈망을 사모하는 것이 중요합니다. 이 거룩한 갈망은 세상이 주는 욕심과 그 결과가 완전히 다릅니다. 성령께서 주시는 갈망은 죄를 미워하고, 이웃을 사랑하며, 오직 하나님 나라의 영광과 뜻을 이 땅에 이루고자 하는 참된 열망입니다. 이는 우리를 거룩하게 하고, 하나님과의 친밀한 교제로 이끄는 선한 동력입니다.

우리가 성령님의 인도하심을 구하며 우리의 마음과 생각을 말씀으로 새롭게 할 때, 우리는 영적 전쟁 가운데서도 흔들리지 않고 깨어 있는 삶을 살아갈 수 있습니다. 사도 바울이 고백했듯이, 우리는 우리의 생각과 마음을 복종시켜 그리스도께 나아가야 합니다. 거룩한 갈망은 우리의 삶의 초점을 '나'에서 '하나님'으로, '현세'에서 '영원'으로 이동시킵니다. 그 결과, 우리는 세상의 헛된 욕망에 사로잡혀 조급해하거나 불안해하지 않고, 하나님 앞에서 주어지는 진정한 평안과 자유를 누리게 됩니다. 우리는 세상으로부터 구별된 자로서, 거짓된 욕망에 흔들리지 않고 믿음의 굳건한 반석 위에 서게 됩니다.

거룩한 갈망을 따르는 삶은 결코 쉬운 길이 아닙니다. 세상은 끊임없이 우리에게 더 많은 것을 가지라고, 더 높아지라고 속삭이며 유혹합니다. 그러나 예수님께서는 온 천하를 얻고도 제 목숨을 잃으면 아무 유익이 없다고 단언하셨습니다. 하나님의 뜻에 순종하고 성령님의 소망을 좇아 사는 삶이야말로 세상의 모든 덧없는 것들로부터 자유로워지는 길이며, 우리 영혼이 참된 평안과 영원한 생명을 누리는 길입니다.

"무엇이든지 구하는 바를 그에게서 받나니 이는 우리가 그의 계명을 지키고 그 앞에서 기뻐하시는 것을 행함이라"(요일 3:22)

묵상 Point

1. 내 안에서 일어나는 욕망 중 하나님보다 앞서게 하는 것은 무엇인가?
2. 성령께서 주시는 거룩한 갈망을 사모하고 구체적으로 실천할 방법은 무엇인가?

2022. 04. 01.

 고통 중에도 하나님의 뜻을 바라보며 믿음으로 반응하는 삶

전능하신 하나님께서는 그분의 나라 안에 들어온 구원받은 자녀들을 모든 재앙과 질병으로부터 보호하실 것을 언약하셨습니다. 하나님은 우리의 방패가 되시고, 든든한 보호자가 되어주십니다.

그러나 하나님의 특별하신 섭리와 계획 가운데서도 때로는 우리를 불 속과 물 가운데, 혹은 의학적으로 불치라 여겨지는 질병과 연약함 속에 두시기도 합니다. 이는 궁극적으로 하나님의 살아계심과 행하실 일을 나타내려는 뜻이 있기에 허락되는 것입니다. 물론 질병은 생명의 하나님과 분리된 죄인에게 나타나는 결과이며, 다양한 이유로 우리 몸 안에 공존하고 있습니다.

또한, 하나님께서 신실하게 사용하시는 종들에게도 바울의 '육체의 가시'와 같이 연약함을 허락하셔서, 교만하지 않도록 하시며 오히려 하나님의 능력과 은혜가 더욱 충만히 임하게 하시기도 합니다.

만약 우리에게 주어진 연약함과 어떤 고통이 하나님께서 허락하신 거라면, 인간적인 방법으로 이를 벗어나려 애쓰기보다는 하나님의 뜻을 구하며 겸손히 나아가야 합니다.

그 고통이 나의 죄 때문이든, 하나님의 연단이든, 혹은 다른 이의 죄로 인한 것이든 상관없이, 우리는 하나님의 주권과 통치를 신뢰해야 합니다. 모든 상황 속에서도 하나님의 선하신 뜻이 이루어지기를 기도하며, 환경 때문에 불안과 두려움, 분노에 사로잡히지 않도록 늘 깨어 있어야 합니다.

전능하신 하나님 아버지는 모든 악과 더러움, 심판으로부터 우리를 능히 보호하실 뿐 아니라, 그 한가운데에 있는 우리를 구원해 내실 수 있는 분이십니다.

어떤 상황에서도 끝까지 하나님을 향한 믿음과 기도를 포기하지 마세요. 하나님께서 결국 우리를 건지시고 그분의 살아계심과 영광을 드러내실 것을 믿으며, 평안과 소망 가운데 삶을 맡겨드릴 수 있는 믿음과 지혜, 분별을 구해야 합니다.

비록 우리의 소망과는 다른 방향으로 상황이 전개된다고 할지라도 염려하거나 흔들리지 말고, 빌립보서 4장 6절의 말씀처럼 "아무 것도 염려하지 말고 다만 모든 일에 기도와 간구로, 너희 구할 것을 감사함으로 하나님께 아뢰라"라는 말씀을 따라 살아가야 합니다.

하나님께 감사함으로 뜻을 구하고, 마음에 평안이 임할 때까지 끊임없이 기도하는 삶, 그것이 성도에게 주어진 삶의 방향이며, 하나님께서 우리에게 기대하시는 거룩한 길입니다.

"아무 것도 염려하지 말고 다만 모든 일에 기도와 간구로, 너희 구할 것을 감사함으로 하나님께 아뢰라"(빌 4:6)

"네 길을 여호와께 맡기라 그를 의지하면 그가 이루시고 네 의를 빛 같이 나타내시며 네 공의를 정오의 빛 같이 하시리로다"(시 37:5-6)

묵상 Point

1. 현재 내 삶에서 겪고 있는 고통과 연약함 속에서 하나님의 뜻과 선하심을 어떻게 발견할 수 있는가?
2. 염려와 두려움에 흔들리지 않고 믿음과 감사로 하나님께 나아가는 방법은 무엇인가?

2022. 04. 04.

74 시시비비보다 더 귀한 가르침

오늘 회사에서 담당 직원과의 작은 갈등을 경험했습니다. 총무이사님과의 통화 과정에서 정보 전달이 어긋나면서 담당 직원은 자신의 입장이 잘못되지 않았음을 주장하며 목소리가 격앙되었습니다. 순간 내 마음속에는 분노와 억울함이 치밀어 올랐지만, 그 감정을 억누르고 기다리기로 했습니다. 결과적으로 담당 직원은 사과하며 용서를 구했고, 나는 진심 어린 조언과 격려를 건넬 수 있었습니다.

그날 저녁, 집에서 이 일을 막내딸에게 이야기했는데, 막내딸이 하염없이 눈물을 흘리고 있었습니다. 딸의 조용한 눈물은 마치 하나님의 마음을 느끼게 하는 순간이었습니다. 처음엔 위로의 눈물과 함께 하나님의 섬세한 마음이 담겨 있었음을 깨달았습니다.

이번 사건은 나에게 한 가지 중요한 교훈을 주었습니다. 바로 그 순간에 시시비비를 가리려는 것보다, 하나님의 일하심을 기다리며, 내 마음이 상황에 휘둘리지 않도록 깨어 지키고 보호하는 것입니다. 아울러 공동체의 평화와 할 수 있다면 화목하게 지내라는 말씀을 우선해야 한다는 것입니다. 사람은 자신이 정의롭다고 생각하는 판단과 결정을 중요하게 여기지만, 하나님의 뜻은 때로 그것과 다를 수 있습니다. 우리가 그 차이를 깨닫고 하나님 앞에서 겸손히 반응할 때, 갈등은 오히려 성장과 배움의 통로가 됩니다.

또한, 그러한 갈등과 사건 속에서 느껴지는 내 감정과 판단이 반드시 진리와 일치하지 않을 수 있음을 인정하는 것도 중요합니다. 내 마음의 판단보다 하나님의 시선과 말씀, 공동체의 선한 목적을 먼저 생각하며 행동할 때, 우리는 분노와 불만 대신 온유와 평안을 선택할 수 있습니다.

하나님께서는 우리에게 성숙과 겸손, 그리고 하나님 나라의 원리를 가르치시기 위해 일상의 작은 갈등 속에서도 귀한 교훈을 예비해 두십니다. 어떤 사건의 결말이 어떠한가보다 그 과정을 통과하며 우리가 무엇을 배우고 어떻게 변화되어 가는지가 하나님께는 더욱 중요합니다. 우리는 이러한 연단의 과정에서 비로소 하나님의 깊은 마음을 헤아리게 되며, 타인과의 관계를 회복하고 내면의 참된 평화를 누리는 법을 배워갑니다.

하나님은 우리가 처한 모든 상황을 세밀하게 보고 들으시는 분이기에, 억울하고 부당한 순간조차 온전히 주님께 맡겨드리기를 원하십니다. 공의로운 하나님께서 반드시 구원과 심판의 약속을 이루실 것을 신뢰하며, 감정에 휘둘리지 않고 묵묵히 선한 길을 걷는 자녀의 모습을 주님은 가장 기뻐하십니다.

"화평하게 하는 자는 복이 있나니 그들이 하나님의 아들이라 일컬음을 받을 것임이요"(마 5:9)

"너희 안에 이 마음을 품으라 곧 그리스도 예수의 마음이니"(빌 2:5)

묵상 Point

1. 최근 내 마음을 흔들었던 갈등 속에서 하나님께서 주시는 교훈은 무엇이었는가?
2. 공동체 안에서 평화를 이루기 위해 내가 내려놓아야 할 판단이나 자존심은 무엇인가?

2022. 04. 05.

 악한 것을 무너뜨리고 선한 것으로 다시 세우시는 하나님

하나님은 심령 속에 깊게 자리 잡은 악한 성향과 왜곡된 사고의 체계를 깨뜨리시고, 그 빈자리에 진리와 온전한 삶을 다시 세우시길 원하십니다. 이러한 파괴와 재건의 과정은 하나님께서 우리를 지극히 사랑하시기에 행하시는 세밀하고도 치열한 영적 작업입니다. 우리를 단순히 구원하는 것에 머물지 않고, 하나님의 거룩한 뜻에 합당한 존재로 변화시키려는 창조주의 간절한 열망이 이 연단의 과정에 고스란히 담겨 있습니다.

우리는 때때로 타인의 부족함이나 내 뜻대로 풀리지 않는 부정적인 상황을 마주할 때 본능적인 불편함과 거부감을 느낍니다. 그러나 하나님은 바로 그 지점에서 우리 내면 깊숙이 숨겨진 고정관념과 편견, 그리고 하나님보다 더 의지해 왔던 잘못된 기준들을 흔들어 드러내십니다. 밖에서 일어나는 사건들은 사실 우리 안에 거하시는 하나님의 손길을 깨닫게 하기 위한 도구에 불과합니다. 하나님은 드러난 현상보다 우리 영혼의 중심이 어디를 향하고 있는지를 더 중요하게 여기시기 때문입니다.

우리 안에 악한 생각과 교만, 외식과 욕망을 무너뜨릴 때, 비로소 우리는 진리로 채워지는 거룩함을 경험하게 됩니다. 부패한 자아의 집이 무너지는 소리는 고통스럽게 들릴지 모르나, 그 폐허 위에서만 하늘의 지혜가 깃들 수 있습니다. 이 거룩한 비워냄의 과정을 통과한 사람은 이전보다 더 평온하고 온유한 시선으로 세상을 바라보게 되며, 일상의 작은 사건 속에서도 하나님의 선하신 손길과 섭리를 발견하는 안목을 갖게 됩니다.

하나님께서는 악을 제거하는 작업에만 그치지 않으십니다. 그 무너진 토대 위에 선한 성품과 진리를 세우시고, 우리의 삶이 하나님의 통치 아래 온전히 자리 잡도록 인도하십니다. 때로는 우리를 힘들게 하는 사람이나 환경이라는 거친 도구를 사용하시고, 때로는 말씀과 기도를 통해 우리를 정화하십니다. 이 모든 훈련은 우리를 하나님에 대한 더 깊은 신뢰와 자발적인 순종의 자리로 이끄시려는 하나님의 지혜로운 교육 방식입니다.

이러한 재건의 과정은 우리 삶의 전 영역에서 일어나는 성화의 여정입니다. 하나님은 우리의 모난 부분을 깎아내실 뿐만 아니라, 잠재된 선함과 아름다움이 꽃피울 수 있도록 은혜를 부어주십니다. 우리가 자신의 한계를 인정하고 하나님께 모든 주권을 맡겨드릴 때, 우리 영혼은 안식과 기쁨을 누리게 됩니다.

우리가 삶의 사건들을 인간적인 불편함이나 갈등으로만 해석한다면, 그 이면에 흐르는 하나님의 세심한 은혜를 놓치기 쉽습니다. 하지만 우리 삶의 모든 순간을 주관하시는 하나님의 섭리를 깨닫고 마음을 새롭게 할 때, 우리는 비로소 악한 것을 무너뜨리고 선한 것으로 다시 세우시는 하나님의 거룩한 역사에 기쁨으로 동참할 수 있습니다. 나를 허물고 주를 세우는 이 영광스러운 교환을 통해 우리는 세상이 줄 수 없는 평화를 얻고, 진정한 거룩함과 성숙함의 열매를 맺게 될 것입니다.

"그는 그들 모두의 마음을 지으시며 그들이 하는 일을 굽어살피시는 이로다"(시 33:15)

묵상 Point

1. 최근 내 마음속에서 무너뜨려야 할 악한 성향이나 잘못된 사고는 무엇인가?
2. 하나님이 내 안에서 새롭게 세우시고자 하는 거룩한 진리와 마음은 무엇인지 구체적으로 떠올려 보았는가?

PART 4.
보혜사 성령

요 15:26 내가 아버지께로부터 너희에게 보낼 보혜사 곧 아버지께
로부터 나오시는 진리의 성령이 오실 때에 그가 나를 증
언하실 것이요

NIV When the Advocate comes, whom I will send to you from the Fathor—tho Spirit of truth who goes out from the Father—he will testify about me.

2022. 04. 07.

 치유를 위한 하나님의 손길

하나님께서는 당신의 자녀를 온전한 믿음 위에 세우시고, 참된 치유와 회복을 이루기 위해 끊임없이 일하십니다. 그분의 작업은 때로 부드러운 양육의 과정으로 다가오기도 하지만, 때로는 우리 영혼에 깃든 악하고 추한 것들을 도려내기 위한 준엄한 징계와 심판의 모습으로 나타나기도 합니다. 이 모든 연단의 목적은 우리를 정결하게 빚어 겉과 속이 일치된 거룩한 하나님의 사람으로 세우는 데 있으며, 하나님은 시련이라는 도구를 통해 우리의 내면을 맑고 깨끗하게 씻어내십니다.

우리가 이 땅에서 겪는 하나님의 징계는 우리를 궁극적인 심판에서 구원하시려는 자비로운 사랑의 손길임을 명심해야 합니다. 이는 영원한 형벌이 아니라, 스스로를 돌아보고 온전함으로 돌이킬 수 있도록 허락하신 은혜의 기회입니다. 평소에는 보이지 않다가 다양한 환경 속에서 불쑥 올라오는 불편하고 더러운 생각과 감정, 그리고 그릇된 욕망은 하나님께서 우리의 병든 부분을 고치시기 위해 수면 위로 드러내시는 치유의 신호입니다. 우리는 그 아픈 자각의 순간에 좌절하기보다, 나를 살피시는 하나님의 세밀한 간섭에 감사함으로 반응해야 합니다.

만약 우리 안에 죄와 허물이 드러났음에도 불구하고 상황을 탓하거나 주변 사람을 비난하는 데만 급급하다면, 우리는 대적의 교묘한 전략에 넘어가 진리에서 벗어난 삶을 살게 됩니다. 진정한 영적 치유는 내 안의 어두움을 정직하게 마주하고 그것을 죄로 인정하는 겸손함에서 시작됩니다. 겉으로 드러난 행동뿐만 아니라 하나님 앞에서는 교묘하게 감추어진 위선과 자기 합리화조차 죄임을 깨닫고 주님의 빛 앞에 엎드려야 합니다.

성령님께서는 주로 주변 사람들과의 관계라는 거울을 통해 숨겨진 죄들을 드러내시며, 우리가 그것들을 내려놓고 주님의 밝은 빛 가운데로 나아오기를 원하십니다. 타인과의 관계가 회복되는 것은 곧 우리 마음과 영혼의 질서가 회복되고 있음을 의미합니다. 이러한 회복은 우리 안에 견고하게 자리 잡은 강박적인 틀과 고집스러운 생각, 세상의 가치관, 그리고 완고한 자아가 깨어질 때 비로소 시작되는 하나님의 선물입니다.

때로는 명백한 죄의 문제가 아닐지라도, 타고난 기질과 성향의 차이로 인해 관계 안에서 많은 갈등과 상처를 주고받기도 합니다. 서로를 향한 기대가 충족되지 않을 때 서운함은 깊어지고 결국 마음의 상처로 남게 되지만, 하나님은 그 갈등의 자리에서도 우리가 성령의 열매를 맺으며 천국의 평화를 누리기를 원하십니다. 우리의 생각과 마음이 주님의 통치 아래 정결해지는 것이야말로 하나님께서 우리에게 주시는 가장 큰 기적이자 축복임을 믿습니다.

"마음이 청결한 자는 복이 있나니 그들이 하나님을 볼 것임이요"(마 5:8)
"너희 안에 이 마음을 품으라 곧 그리스도 예수의 마음이니"(빌 2:5)

묵상 Point

1. 최근 내 마음속에 드러난 불편함이나 갈등이 하나님께서 깨우치려는 은혜의 메시지는 무엇인가?
2. 마음과 생각을 정결하게 하려면 오늘 하루 어떤 행동과 선택을 실천할 수 있는가?

2022. 04. 09.

77 고통을 통해 일하시는 하나님의 손길

관계와 환경을 통해 다가오는 고통은 우리 안에 깊숙이 쌓여 있던 죄와 허물, 그리고 스스로 깨닫지 못했던 부족함과 연약함을 선명하게 드러내어 회복시키시는 하나님의 거룩한 도구입니다. 이러한 고통의 과정은 하나님께서 우리의 영혼을 정화하시는 정결의 시간이며, 이후에는 하나님의 선하신 뜻을 위해 사용하실 준비된 사명의 그릇으로 빚어 가시는 창조적 재건의 시간입니다. 하나님은 이 치열한 연단을 통해 우리에게 하늘의 지혜와 진리를 부어주시고, 마침내 죽어가는 영혼들에 생명의 메시지를 전할 산증인으로 우리를 세우십니다.

고통의 터널을 지날 때 우리는 종종 “왜 하필 나에게 이런 일이 일어나는가?”라는 질문에 매몰되곤 하지만, 하나님은 그 깨어짐을 통해 하나님의 생명이 흘러갈 통로를 닦으십니다. 깨어진 옥합에서 향유가 흘러나와 온 집 안을 가득 채웠듯, 고난으로 부서진 우리의 자아를 통해서만 그리스도의 향기가 비로소 세상으로 번져 나갈 수 있습니다. 이 깊은 연단의 시간을 견디고 일어선 사람은 이제 단순히 자신의 안위에 머물지 않고, 동일한 고통 속에 있는 이들의 눈물을 닦아주며 그들을 진리와 그리스도께로 인도하는 생명의 전달자로 거듭나게 됩니다.

이러한 신비로운 섭리를 영적으로 이해하게 되면, 우리는 어떤 극심한 고난이라 할지라도 그것이 하나님의 은혜와 기묘한 섭리 안에서 진정한 축복임을 고백하게 됩니다. 하나님은 우리에게 눈앞의 안락함이 아닌, 연단을 통해 얻게 될 영원한 축복을 간절히 사모하라고 말씀하십니다. 아무리 옳은 말과 진리라 해도 하나님의 때가 아니면 상대방의 마음에 전혀 전달되지 않음을 기억해야 합니다. 겟세마네 동산에서 깊이 잠든 제자들처럼, 사람은 성령으로 준비되지 않은 마음 상태에서는 진리를 거부하거나 무지로 인해 발로 밟아버릴 수밖에 없기 때문입니다.

관계 속에서 나타나는 갈등이나 소통의 어려움을 자기 합리화의 도구로 삼거나, 상대방을 공격하려는 정당성으로 포장해서는 안 됩니다. 그것은 결국 우리를 분열시키려는 사탄의 속임수에 빠진 자의 열매일 수 있습니다. 이 모든 과정을 영적으로 분별할 수 있는 하나님의 자녀는 나에게 해를 가하는 악인일지라도 미워하거나 대적하지 않습니다. 오히려 예수님께서 자신을 화목 제물로 내어주셨듯이, 자신을 낮추어 사랑과 희생의 삶을 살아감으로써 예수님의 생명을 흘려보내는 평화의 도구가 됩니다. 주님의 발자취를 따라 십자가의 길을 걷는 것이야말로 우리가 추구해야 할 본질적인 삶의 모습입니다.

"여호와는 마음이 상한 자를 가까이 하시고 충심으로 통회하는 자를 구원하시는도다 의인은 고난이 많으나 여호와께서 그의 모든 고난에서 건지시는도다"(시 34:18-19)

"내 형제들아 너희가 여러 가지 시험을 당하거든 온전히 기쁘게 여기라 이는 너희 믿음의 시련이 인내를 만들어 내는 줄 너희가 앎이라"(약 1:2-3)

묵상 Point

1. 최근 경험한 고통 속에서 하나님께서 깨우치고자 하신 교훈은 무엇인가?
2. 고통 속에서도 하나님의 뜻을 신뢰하고, 사랑과 화목으로 반응하기 위해 오늘 무엇을 실천할 수 있는가?

2022. 04. 10.

 억울함 속에서 지혜로 반응하기

부당한 대우를 받았다고 느끼거나 억울한 상황에 직면했을 때, 우리는 어떻게 반응해야 할까요? 갈등과 분노를 잠재우고 지혜롭게 다스릴 방법은 아래와 같습니다.

1. 시선을 자신에게 돌려라

상대의 분노와 행동은 나도 그 사람의 입장과 상황에 처하면 동일하게 반응할 수 있음을 깨닫는 데서 갈등을 줄일 수 있게 됩니다. 나의 과거, 또는 앞으로 드러날 수 있는 허물과 연약함을 돌아보는 기회로 삼으십시오. 즉 내 시선을 분노하는 상대방에게 집중하지 말고, 내 내면세계를 살피는 데 집중하면 그 순간 내 안에서는 분노와 부정적인 감정이 일어나는 것을 다스릴 수 있습니다.

2. 상대의 감정을 공격으로 단정 짓지 말라

상대도 순간적으로 감정의 균형을 잃었을 수 있습니다. 나까지 감정적으로 대응한다면, 갈등은 확대되고 본질은 사라집니다.

3. 지금의 상황은 예비 된 훈련 과정임을 인식하라

하나님은 이 일을 통해 나를 먼저 다듬으시고, 장차 비슷한 상황을 지혜롭게 감당할 수 있는 자로 준비시키십니다.

4. 시시비비는 감정이 가라앉은 후에 주 안에서 분별하라

감정이 잠잠해지고 상대의 말을 진심으로 들을 수 있을 때까지 기다리십시오. 성급한 판단은 또 다른 상처를 낳을 뿐입니다.

5. 말을 할 때는 정죄하지 말고 '나의 마음'을 표현하라

상담기법 중 현실 요법처럼 내 감정과 느낌을 진솔하게 나누되, 상대를 비난하는 표현은 피해야 합니다. 정죄하는 말은 상대를 죽이는 독과 같아서 다시 부정적인 피드백을 낳습니다.

6. 조급함을 버리고 하나님의 때를 기다리라

회복은 하나님의 타이밍에 이루어집니다. 하나님이 확실히 말씀하실 때까지 상대의 말을 들을 때, 성령의 도우심을 구하며 하나님을 신뢰함으로 조용히 기다리는 것이 믿음입니다.

7. 예수님의 멍에를 배우라

율법의 멍에가 아닌, 우리를 자유롭게 하고 안식하게 하시는 예수님의 멍에를 메고 그분께 배우십시오. 온유하고 겸손하신 예수님의 마음이 우리 안에 거하게 될 것입니다. 이러한 태도를 삶에 적용할 때, 억울함 속에서도 하나님의 평안을 경험하며 참된 회복과 화해의 길로 나아갈 수 있습니다.

"네 원수가 주리거든 먹이고 목마르거든 마시게 하라 그리함으로 네가 숯불을 그 머리에 쌓아 놓으리라 악에게 지지 말고 선으로 악을 이기라"(롬 12:20-21)

"그러므로 무엇이든지 남에게 대접을 받고자 하는 대로 너희도 남을 대접하라"(마 7:12)

묵상 Point

1. 최근 억울하거나 불편했던 상황에서 내 감정을 어떻게 다스릴 수 있었는가?
2. 하나님의 평안을 경험하며 지혜롭게 반응하기 위해 오늘 실천할 수 있는 행동은 무엇인가?

2022. 04. 11.

 나의 의가 아닌 그리스도의 의로 살아가기

우리의 갈등과 분열의 근원은, 여전히 내 안에 자리 잡은 '나의 의'에서 비롯됩니다. 내가 희생한 만큼, 내가 인내한 만큼 보상받고자 하는 마음은 결국 갈등의 씨앗이 됩니다. 하나님의 은혜는, 자아가 죽고 오직 예수님의 십자가의 의만을 붙드는 자에게 임합니다. 나의 공로와 기준을 내려놓고, 그분의 은혜만을 구하는 자에게 하나님은 참된 자유와 회복을 주십니다.

우리는 때때로 고통을 감내하며 어떤 사람 곁에 머무르는 이유가 그 사람을 위한 것으로 생각하곤 합니다. 하지만 하나님의 뜻은 그보다 앞서 '기도하는 자녀'인 우리 자신을 변화시키기 위한 것입니다. 하나님은 우리를 불편하게 하고 힘들게 하는 사람들을 통해 먼저 우리의 내면을 정결하게 하십니다. 상대방 안에 있는 결점은 내 안에도 존재하던 동일한 찌꺼기일 수 있습니다.

하나님은 그 과정을 통해 두 가지 유익을 주십니다.

1. 내 안의 죄와 허물을 회개하고 정결케 하시는 유익

2. 변화된 나를 통해 상대에게도 변화와 회복이 일어나게 하시는 유익

이러한 훈련을 통해 우리는 장차 더 큰 사명과 하나님의 뜻을 이루는 통로로 쓰임 받게 됩니다. 그 모든 고통과 갈등은 죄와 연약함으로 인해 발생하였지만, 결국 하나님께서 부어 주시는 선물로 바꾸어 주십니다.

오늘 이 깨달음은 갈등의 대상이었던 직장 동료를 놓고 기도하던 중 하나님께서 주신 응답이었습니다. 내가 지금 누구를 판단하고 있는지 돌아보십시오. 그 판단은 내 안의 잘못된 기대와 욕망, 불신, 두려움, 혹은 정죄의 습관에서 비롯된 것은 아닌지 점검해야 합니다.

특히 자녀나 동료를 바라볼 때, 그들의 현재 모습에 일희일비하지 마십시오. 지나친 간섭과 정죄는 오히려 관계를 단절시킬 수 있습니다. 우리는 하나님께서 당신의 자녀를 다루시는 방식처럼, 인내심을 가지고 기다리고 신뢰하며 사랑으로 품는 법을 배워야 합니다. 그 길이 십자가의 길이며, 예수님께서 먼저 우리에게 보여주신 사랑의 길입니다.

"내 은혜가 네게 족하도다 이는 내 능력이 약한 데서 온전하여짐이라 하신지라 그러므로 도리어 크게 기뻐함으로 나의 여러 약한 것들에 대하여 자랑하리니 이는 그리스도의 능력이 내게 머물게 하려 함이라"(고후 12:9)

"내가 가진 의는 율법에서 난 것이 아니요 오직 그리스도를 믿음으로 말미암은 것이니 곧 믿음으로 하나님께로부터 난 의라"(빌 3:9)

묵상 Point

1. 최근 내 안에서 드러난 '나의 의'는 무엇이며, 그것이 관계와 삶에 어떤 영향을 미쳤는가?
2. 그리스도의 의를 붙잡고 오늘 하루를 살아가기 위해 구체적으로 실천할 방법은 무엇인가?

2022. 04. 14.

80 힘든 섬김을 통해 배우는 교훈

우리가 감당하는 '섬김'은 하나님께서 먼저 명령하시고 부탁하신 것임을 아는 데서 시작됩니다. 그 섬김은 단지 내가 혼자 감당하는 일이 아니라, 하나님께서 이미 앞서 행하고 계신 그 사역에 나의 마음을 감동하게 해, 은혜로 동참케 하신 축복된 자리입니다. **섬김이란 내가 하나님을 초대해서 나의 삶에 개입하게 하는 것이 아니라, 하나님이 기뻐하시는 큰 계획 속에 우리를 불러 동참하게 하신 은혜의 역사입니다.** 그것이 바로 섬김이 영광스러운 특권인 이유입니다.

그러나 섬김의 대상이 우리 보기에 항상 선한 사람들만 있는 것이 아닙니다. 오히려 갈등 관계에 있거나 까다로운 사람들을 섬기라고 부르실 때가 있습니다. 이들을 통해 하나님은 우리의 내면 깊숙이 감추어진 죄와 허물, 진리에서 벗어난 생각들을 드러내십니다. 그들은 때때로 나단 선지자처럼, 나의 잘못과 왜곡된 부분을 직면하게 하는 도구로 사용되기도 합니다. 우리는 종종 목사님이나 영적 리더만이 선지자 역할을 한다고 생각하지만, 실제로는 **우리 일상에서 마주하는 사람들, 고통과 연단의 시간을 통해 만나는 모든 상황이 바로 하나님의 음성을 듣게 하시는 선지자적 통로일 수 있습니다.**

따라서 매 순간 하나님께 질문하십시오.

"주님, 이 상황에서 제가 순종하고 경청하며 동참해야 할 주님의 말씀이 무엇입니까?"

그 물음 속에서 하나님은 우리가 반응하길 기다리십니다.

또한, **고통스럽게 느껴지는 타인의 말과 행동, 감정의 표출은 실상 그 사람도 살아남기 위해 몸부림치는 외침일 수 있습니다. 그런 행동에 동일하게 맞대응하거나 공격적으로 반응하면, 상대가 진실로 치유와 구원받을 기회를 빼앗기게 되고, 스스로를 방어하며 더 강하게 상대의 마음이 닫혀버릴 수 있습니다.** 긍휼의 마음을 구하십시오. 상대의 영혼 깊은 곳에서 흘러나오는 절박한 울부짖음을 들을 수 있는 영적 감각을 구하십시오.

하나님은 우리 안에 감춰져 있던 치유받아야 할 성향들을 드러내신 후, 그것이 성령님과 내 영혼, 그리고 주변 사람들에게 얼마나 큰 고통을 주었는지를 보게 하십니다. 그 깨달음 속에서 회개하고 돌이킬 수 있도록 은혜를 베푸십니다. 이것이 바로 하나님께서 우리의 삶 속에 그분의 일을 이루시기 위해 먼저 준비하시고 친히 일하고 계시는 모습입니다.

"모든 겸손과 온유로 하고 오래 참음으로 사랑 가운데서 서로 용납하고"(엡 4:2)

"하나님이 그리스도 안에서 너희를 용서하심과 같이 하라"(엡 4:32)

묵상 Point

1. 나는 현재 섬김 속에서 하나님이 드러내시고자 하는 나의 부족함과 연약함을 얼마나 깨닫고 있는가?
2. 타인의 불편한 행동이나 말에서 하나님의 음성을 듣고, 그 사람을 치유와 회복의 통로로 바라볼 수 있는가?

2022. 04. 15.

 고통의 경험조차 사명의 재료가 된다

우리의 삶 속에서 경험한 고통과 환난은 예수님 안에서 치유되고 회복될 때, 장차 하나님께서 사명을 위해 사용하고자 먼저 우리에게 겪게 하신 준비의 도구가 됩니다. 하나님을 알기 전, 세상에서 겪었던 수많은 상처와 실패조차도 하나님은 동일한 고통 속에 갇혀 있는 영혼들을 구원하고 견고하게 세우기 위한 도구로 사용하실 수 있습니다. 그분은 환난을 견디는 데 필요한 은혜 또한 미리 준비하시고 부어 주십니다.

그러니 쉽게 포기하거나 낙심하지 마십시오. 영광스러운 열매를 맺기까지 그 자리를 지키십시오. 하나님이 그 경험을 통해 이루시려는 사명이 다 이루어졌을 때, 다음 사명을 위해 떠나게 될 것입니다. 지금 우리가 겪는 모든 상황을 하나님의 시선으로 새롭게 해석하십시오. 환경 자체가 더 이상 우리를 짓누르거나 억누르지 못합니다. 오히려 우리를 순금같이 연단하시고, 보배로 만드시기 위한 하나님의 손길로 사용하십니다.

하나님의 계획은 실수하거나 실패하는 법이 없습니다. 우리의 실수와 연약함조차도 새롭게 하시고, 그 속에서 선한 일을 이루시는 분이 하나님이십니다. 그분의 무한한 섭리를 신뢰할 때 우리는 어떤 상황에서도 평안을 유지하며 나아갈 수 있습니다. 하나님은 우리 안에 그분의 마음과 새 영을 부어주시고, 한번 시작하신 일을 끝까지 이루실 것입니다. 하나님을 굳건하게 흔들림 없이 믿고, 감사함으로 하나님의 일에 동참하십시오.

또한, 우리가 받은 은사나 재능, 좋은 경험들은 단지 우리의 만족을 위한 것이 아니라, 하나님의 목적을 이루기 위한 도구입니다. 이 모든 것을 통해 결국 하나님은 당신의 선하고 의로운 뜻을 성취하시기 위해 우리를 사용하십니다. 우리의 내면에 나타나는 고통과 불편한 감정은, 여전히 다루어져야 할 '육신의 잔재'가 남아 있음을 보여주는 내적 진단기와 같습니다. 우리가 현재 머무는 환경과 관계는 곧 사명의 범위를 말해줍니다.

그 환경 속에서 만나는 고통스러운 사람이나 상황이, 실제로는 나의 죄와 허물, 연약함을 비추는 선지자의 역할을 하고 있다는 사실을 기억하십시오. 그들을 억압하거나 회피하지 말고, 오히려 감사함으로 바라보십시오. 하나님은 우리를 유일하고 존귀한 존재로 창조하셨습니다. 그러나 죄악 된 세상 속에서 우리는 그 가치를 잃어버렸습니다. 하나님은 다시금 그 정체성과 존귀함을 회복시키기 위해, 우리의 마음속 깊은 곳에 감춰져 있던 죄와 더러움을 빛 가운데로 드러내고 치료하십니다.

영광스러운 하나님의 일에 필요한 통로로 다양한 상황과 사람을 사용하시며, 우리를 더욱 순결하고 강건하게 만들어 가십니다. 오늘 우리 곁에 있는 그 사람에게, 하나님께서 보내신 귀한 선물로서 감사할 수 있기를 바랍니다.

"범사에 감사하라 이것이 그리스도 예수 안에서 너희를 향하신 하나님의 뜻이니라"(살전 5:18)

묵상 Point

1. 지금 내가 겪는 고통과 어려움 속에서 하나님께서 이루시고자 하는 사명은 무엇인지 성찰하고 있는가?
2. 어려운 사람이나 상황을 하나님의 도구로 바라보고, 감사와 겸손으로 반응할 수 있는가?

2022. 04. 16.

82 나는 왕이 아니라, 왕의 뜻을 이루는 자입니다

우리는 다양한 관계 속에서 자신도 모르는 사이에 왕의 자리에 앉으려 할 때가 많습니다. 그러나 성경은 우리가 관계의 주인인 왕이 아니라고 분명히 선언합니다. 우리의 본질적인 정체성은 왕의 뜻을 이 땅에 이루어가는 종이자 거룩한 사명자입니다. 자녀나 직장 동료, 혹은 주변의 누구에게도 나의 개인적인 욕망이나 주관적인 기준을 강요해서는 안 됩니다. 내 기대와 생각대로 상황이 흘러가지 않는다고 해서 상대를 공격하거나 억압하고, 혹은 교묘하게 회유하려는 마음은 결국 사탄이 심어주는 거짓된 유혹이며 영적인 속임수임을 깨달아야 합니다.

우리가 왕의 자리를 내려놓지 못하는 근저에는 모든 상황을 통제해야만 안전하다는 뿌리 깊은 불안과 자기중심성이 자리 잡고 있습니다. 이를 극복하기 위해서는 매 순간 하나님께 철저히 질문하며 나아가야 합니다. "하나님, 지금 나를 어떤 위치로 부르셨습니까? 이 관계를 통해 하나님이 진정으로 원하시는 뜻은 무엇입니까?" 이러한 질문은 우리를 교만의 자리에서 끌어내려 하나님의 주권을 인정하는 겸손의 자리로 인도합니다. 내가 주도권을 쥐고 휘두르려던 손을 내려놓을 때, 비로소 하나님의 전능하신 손이 일하기 시작하십니다.

하나님과 겸손히 동행하는 삶의 이유와 목적은 스바냐 3장 17절 말씀에서 찾을 수 있습니다. "너의 하나님 여호와가 너의 가운데에 계시니 그는 구원을 베풀 전능자이시라 그가 너로 말미암아 기쁨을 이기지 못하시며 너를 잠잠히 사랑하시며 너를 말미암아 즐거이 부르며 기뻐하시리라 하리라." 이 약속은 우리가 왕이 되어 군림할 때가 아니라, 하나님과 동행하는 자녀의 위치에 머물 때 우리에게 주어지는 영광입니다. 주도권이 하나님께 있음을 고백하며 그분의 선하시고 온전하신 계획을 신뢰할 때, 우리는 비로소 환경을 초월하는 참된 평안과 상황을 이기는 지혜로운 행동을 선택할 수 있습니다.

왕의 자리를 포기하고 종의 형체를 지니는 것은 창조주와의 올바른 질서를 회복하는 가장 영광스러운 길입니다. **내가 왕이 되어 상대를 변화시키려 할 때는 갈등과 상처뿐이지만, 내가 하나님의 뜻을 전달하는 통로가 되기로 결단할 때 그 관계 속에 하나님의 생명력이 흐르게 됩니다.** 상대방의 반응에 일희일비하지 않고 묵묵히 맡겨진 섬김의 자리를 지킬 힘은, 내가 왕이 아니라는 영적 인식에서 나옵니다. 우리는 타인의 삶을 심판할 재판관이 아니라, 그들의 발을 씻기며 하나님의 사랑을 증거할 사명을 받은 이들임을 잊지 말아야 합니다.

섬김과 관계의 현장에서 우리는 늘 하나님께 정직한 물음을 던지며, 내 마음의 욕심보다 그분의 거룩한 뜻을 이루는 자로 서야 합니다. 내가 낮아질수록 내 안에 계신 진정한 왕, 예수 그리스도의 통치가 눈부시게 드러나게 될 것입니다.

"인자가 온 것은 섬김을 받으려 함이 아니라 도리어 섬기려 하고 자기 목숨을 많은 사람의 대속물로 주려 함이니라"(마 20:28)

묵상 Point

1. 나는 지금 내 관계에서 왕처럼 군림하려는 마음이 있는가, 아니면 하나님의 뜻을 이루는 종으로 서 있는가?
2. 겸손히 하나님께 질문하며 나아갈 때, 내 마음과 행동이 어떻게 변화될 수 있는가?

2022. 04. 20.

83 갈등의 뿌리를 성찰하다

특정인과 반복적으로 갈등이 생기는 이유는 무엇일까요? 그 원인을 깊이 들여다보면 크게 세 가지 양상을 발견하게 됩니다. **첫째는 자기방어 기제입니다.** 상대의 말이나 행동이 나를 공격한다고 느끼는 순간, 우리는 본능적으로 자신의 생각과 감정, 입장을 보호하기 위해 예민하고 공격적인 반응을 보이게 됩니다. **둘째는 결핍된 기대감입니다.** 내 안에 채워지지 않은 기대가 상대에게 투영될 때, 그것이 충족되지 않으면 서운함과 분노가 누적되어 결국 관계의 폭발로 이어집니다. **셋째는 영적인 차원입니다.** 때로는 분열과 이간질의 영이 개입하여 관계의 틈을 벌리고 공동체를 무너뜨리기도 합니다.

특히 우리는 자신이 왜 특정한 말투나 행동에 민감하게 반응하는지를 면밀히 살펴야 합니다. 그 이면에는 과거의 상처나 자라온 가정환경, 혹은 내면화된 율법적 기준들이 자리 잡고 있을 가능성이 큽니다. 다른 사람들과는 원만한 관계를 유지하는 이에게서만 유독 갈등이 발생한다면, 그것은 상대의 문제라기보다 내 안의 특정한 가치관과 기질, 혹은 치유되지 않은 상처가 자극을 받아 일어나는 반응일 수 있음을 점검해야 합니다.

이러한 갈등은 단순히 두 사람 사이의 부딪힘을 넘어, 우리 마음의 숨은 우상을 드러내는 거룩한 신호이기도 합니다. 누군가의 말 한마디에 유독 심하게 흔들린다면, 그것은 내 자존심이나 통제권이라는 우상이 공격받았기 때문일 수 있습니다. 상대를 탓하기 전에 내 마음의 빈 공간을 무엇으로 채우고 있는지 정직하게 대면해야 합니다. 이 거룩한 멈춤의 시간을 통해 우리는 비로소 나의 옳음을 증명하려는 욕구에서 벗어나, 하나님의 의를 구하는 성숙한 반응으로 나아갈 수 있습니다.

내 안에 성령님이 주인 되신다면, 우리는 어떤 상황에서도 온유와 긍휼함으로 반응할 힘을 얻게 됩니다. 반대로 옛사람이 여전히 주인 노릇을 하며 자아를 부추기면, 정죄와 판단, 경직된 태도로 인해 갈등의 골은 더욱 깊어질 수밖에 없습니다. 날마다 자기 생각과 정욕을 십자가에 못 박지 않으면, 우리는 끊임없이 상처받고 넘어지는 악순환을 반복하게 될 것입니다.

하나님은 우리를 단순히 갈등을 견디는 자가 아니라, 치유와 회복의 통로로 사용하시길 원하십니다. 성령 안에서 하나님의 성품을 닮아갈 때 우리 관계 속에는 비로소 화평의 열매가 맺히기 시작합니다. 우리의 내면과 관계 속에서 하나님께 온전히 맡겨야 할 것은 나의 주관적인 판단과 정죄, 그리고 상황을 통제하려는 욕망입니다. 대신 성령의 열매인 사랑과 희락, 화평과 오래 참음, 자비와 양선, 충성과 온유, 절제를 삶의 현장에 적용할 때, 우리는 비로소 갈등의 폭풍 속에서도 하나님이 주시는 참된 평안과 화목을 경험하게 될 것입니다.

"악을 악으로, 욕을 욕으로 갚지 말고 도리어 복을 빌라 이를 위하여 너희가 부르심을 받았으니"(벧전 3:9)

묵상 Point

1. 갈등 상황에서 방어하거나 공격하기보다, 내 안의 어떤 상처나 기준이 반응하고 있는지 성령님께 묻고 있습니까?
2. 내 옳음을 증명하려는 욕망을 십자가에 못 박고, 상대에게 복을 빌어주는 화평의 사도로 서기를 결단합니까?

2022. 04. 21.

84 존중 없는 관계는 깨어진다

인간의 모든 관계에서 가장 기초가 되며, 영적인 차원에서까지 그 건전성을 결정하는 것은 상호 신뢰와 존중입니다. 존중이 사라진 관계는 마치 기초가 무너진 건물과 같아서, 아무리 아름다운 외관을 갖추고 있다 하더라도 필연적으로 균열이 생기고 결국은 와해됩니다. 상대를 향해 던지는 무시와 멸시의 말, 겉으로는 드러내지 않더라도 속으로 가볍게 여기는 태도는 그 뿌리가 교만이라는 죄악에 닿아 있습니다.

교만은 관계의 파괴를 낳을 뿐만 아니라, 하나님 앞에서 악하고 가증스러운 것입니다. 잠언 기자는 "교만은 패망의 선봉이요 거만한 마음은 넘어짐의 앞잡이니라"(잠 16:18)라고 경고합니다. 타인을 가볍게 여기는 마음은 자신을 높이는 마음이며, 이는 곧 하나님 자리에 서려는 인간의 원죄적 속성입니다. 하나님께서는 우리가 이 죄악을 회개하고, 진실로 낮아져 서로를 존중하는 관계로 나아가기를 오래 참고 기다리십니다.

하지만 이 경고를 무시하고 계속해서 타인을 비난하고 분노하며 관계를 망가뜨린다면, 그 모든 영적인 책임은 우리 자신에게 있습니다. 하나님은 때로 우리의 교만과 죄를 깨닫게 하시기 위해 갈등 상황과 다른 사람의 허물을 도구로 사용하십니다. 갈등이 드러났을 때, 우리는 즉각 상대방의 잘못을 손가락질하기 전에, 예수님께서 가르쳐주신 진리 앞에서 멈춰 서야 합니다.

바로 내 속의 들보를 발견하는 일입니다. 갈등은 단순한 인간관계의 문제가 아니라, 내 속의 더러운 찌꺼기들을 빛 가운데로 드러내어 치료하고자 하는 하나님의 깊은 목적이 담긴 손길입니다. "외식하는 자여 먼저 네 눈 속에서 들보를 빼어라 그 후에야 밝히 보고 형제의 눈 속에서 티를 빼리라"(마 7:5) 내가 회개하고 진정한 긍휼한 마음을 품었을 때 비로소 우리는 상대를 향한 온전한 시야를 얻게 됩니다.

그러나 내가 할 수 있는 최선의 회개와 긍휼에도 불구하고 갈등이 해소되지 않고 지속된다면, 그것은 상대방의 문제이거나 그 관계를 깨뜨리려는 영적 분열의 역사일 수 있습니다. 그때는 우리의 감정적 논쟁을 멈추고, 강력한 영적 전쟁의 기도를 통해 상황을 주님께 맡겨야 합니다. 갈등은 우리를 하나님과의 관계 회복과 거룩함에 이르도록 인도하는 이정표임을 기억하십시오.

묵상 Point

1. 나는 관계 속에서 갈등이 생길 때, 상대방의 '티'를 먼저 보는 사람입니까, 아니면 내 안의 '들보'를 먼저 발견하려고 노력하는 사람입니까?
2. 오늘 내가 무심코 행한 말이나 태도 중에서, 교만에서 비롯된 것은 무엇이었으며, 이를 하나님 앞에서 어떻게 회개하고 진심한 존중의 태도로 바꿀 수 있을까요?

2022. 04. 24.

85 영혼을 위한 침묵, 기도로 심고 사랑으로 섬기라

우리가 하나님께서 일하시는 것을 온전히 신뢰하지 못할 때, 즉 불신앙이 마음을 지배할 때, 우리의 입은 열리고 인간적인 지혜와 방법에 의지하게 됩니다. 말이 많아진다는 것은 영혼의 침묵이 깨지고, 하나님이 개입하실 틈을 스스로 메워버린다는 의미입니다. 얕은 말과 조급함은 관계를 더욱 복잡하게 만들고, 결국 서로에게 깊은 상처를 남기게 됩니다. 말은 검과 같아서, 영혼을 살리기도 하지만 동시에 잔인하게 베어낼 수도 있습니다. 우리는 말하기를 더디 하는 지혜를 구해야 합니다.

성경은 "내 사랑하는 형제들아 너희가 알지니 사람마다 듣기는 속히 하고 말하기는 더디 하며 성내기도 더디 하라"(약 1:19)라고 권면합니다. 이 지침은 예의범절을 가르치는 것이 아니라, 하나님의 때를 기다리며 인내하는 영적 태도를 명령하는 것입니다. 특히 **상대방이 아직 마음의 문을 열 준비가 되지 않은 상태에서 우리가 생각하는 '진실'이나 '옳은 말'을 전하려 할 때, 그것은 사랑이 아닌 간섭이나 지시로 느껴질 수 있습니다.**

이럴 때 우리에게 필요한 것은 웅변이 아니라 기도입니다. 하나님께서 그 마음을 부드럽게 하실 때까지 십자가의 사랑을 깊이 묵상하며 참고 기다려야 합니다. 진정한 사랑은 나의 감정과 생각, 다양한 논리를 십자가에 못 박고, 낮은 마음으로 섬기는 것으로 증명됩니다. 자기중심성을 내려놓고, 그 영혼이 진정으로 하나님의 사랑을 느낄 수 있도록 온유한 마음과 겸손하게 섬기는 것이야말로 말로써 진리를 주입하려는 인간적 시도보다 훨씬 강력한 복음의 통로가 됩니다.

예수님께서는 "너희가 여기 내 형제 중에 지극히 작은 자 하나에게 한 것이 곧 내게 한 것이니라"(마 25:40)라고 선언하셨습니다. 우리가 만나는 모든 사람, 특히 연약하고 관계적으로 어려운 이웃을 섬기는 것은 곧 주님 자신을 섬기는 행위입니다.

사랑은 의무적으로 이행하는 목록이 아닙니다. 그것은 마음과 정성을 다해 진심으로 실천하는 생명력 있는 행위입니다. 내 안에 있는 정죄하는 생각, 불신앙, 조급함, 자기중심성 등 하나님의 역사를 가로막는 장애물들을 끈기 있게 제거하며, 말보다 기도가 앞서는 삶, 참된 사랑으로 섬기는 삶이야말로 하나님과 동행하는 가장 아름다운 길입니다.

묵상 Point

1. 내가 어떤 관계에서 말이 많아지고 조급해지는 것은, 궁극적으로 하나님께서 그 관계를 주관하고 회복시키실 것을 믿지 못하는 '불신앙' 때문이 아닙니까?
2. 내가 말을 아끼고 기도를 선택해야 할 특정 상대방은 누구이며, 그 영혼을 위해 나의 감정과 생각을 '십자가에 못 박고' 어떻게 섬길 수 있을지 구체적인 계획을 세워봅시다.

2022. 04. 26.

86 하나님의 고독한 사역에 동참하라

전능하신 하나님은 인간의 반복되는 죄와 어리석음, 끝없는 악함을 그 누구보다도 깊이, 그리고 완전하게 알고 계십니다. 구약 시대의 율법은 인간의 죄를 정면으로 드러내며 그에 합당한 심판을 경고했습니다. 그러나 이제 하나님께서는 그 율법으로 우리를 정죄하거나 심판하지 않으시는 새로운 시대를 여셨습니다. 이 위대한 변화의 중심에는 오직 예수 그리스도의 피 흘리심과 십자가의 희생이 있습니다. 하나님은 만민을 위한 대속의 제물이 되신 아들의 완벽한 순종과 희생을 보시고, 죄로 인해 심판받아 마땅한 우리를 끝까지 포기하지 않기로 하셨습니다.

이 놀라운 은혜의 약속은 성령님을 통해 우리 삶 속에서 성취되고 있습니다. 하나님께서는 성령을 보내어 우리와 영원히 함께하겠다고 약속하셨으며, 이제 하나님의 뜻은 우리가 깨닫지 못하는 순간에도 우리 안에서 은밀하고 확실하게 이루어지고 있습니다. 이것이 바로 하나님의 고독한 사역입니다. 세상은 하나님의 외로움과 고독을 이해하지 못합니다. 그 고독은 피조물인 인간의 한없는 배신과 타락에도 불구하고, 그들을 향한 사랑과 구속의 의지를 단독으로, 그리고 끈기 있게 수행하시는 창조주의 심정을 담고 있습니다. 하나님은 이 깊고 강한 의지, 이 고독한 사역에 우리가 동참하기를 갈망하시며 우리를 거룩한 초대장 안으로 부르십니다.

반면에 우리의 대적인 마귀는 여전히 죄와 허물을 끊임없이 들추어내며 우리를 정죄하고 분열을 유도합니다. 마귀는 과거의 실패와 현재의 부족함을 가지고 끊임없이 속삭여 스스로 절망하게 만들고, 타인을 향해서는 판단과 비난의 칼을 휘두르게 만듭니다. 우리는 더 이상 이러한 마귀의 속삭임에 휘둘려서는 안 됩니다. 성령 안에서 분노와 판단을 명확히 분별하고, 오히려 그리스도인으로서의 정체성을 드러내는 온유와 겸손으로 하나님의 사랑을 열매 맺어야 합니다.

우리 자신을 향한 하나님의 오래 참으심과 무조건적인 은혜를 깊이 묵상할 때, 우리는 비로소 다른 이를 향한 사랑을 실천할 수 있게 됩니다. 우리를 정죄하지 않고 참고 기다려주신 주님의 마음으로, 우리 역시 다른 이를 판단하지 않고 그들이 변화할 때까지 인내하며 기다려주는 사랑의 자리에 서야 합니다. 이 인내와 긍휼이 바로 하나님의 고독한 사역에 동참하는 가장 실천적인 방식이며, 그리스도의 제자로서 우리가 맺어야 할 가장 아름다운 열매입니다.

"오직 성령의 열매는 사랑과 희락과 화평과 오래 참음과 자비와 양선과 충성과 온유와 절제니 이같은 것을 금지할 법이 없느니라"(갈 5:22-23)

묵상 Point

1. 하나님의 '고독한 사역'에 동참한다는 것은 나의 삶 속에서 구체적으로 어떤 행위를 의미하며, 오늘 하루 내가 타인을 정죄하지 않고 오래 참아주어야 할 상황은 무엇입니까?
2. 마귀가 죄와 허물을 들추어 정죄할 때, 나는 성경 말씀 중 어떤 구절(약속)을 붙잡고 '온유와 겸손'의 열매로 그 공격을 물리칠 수 있을지 묵상해 봅시다.

2022. 05. 01.

 지금 누리는 모든 것, 전적인 은혜임을 기억하라

우리가 이 땅에서 숨 쉬고, 관계를 맺고, 일하며 누리는 모든 축복은 우리의 노력이나 지혜의 결과가 아니라, 오직 전적인 하나님의 은혜임을 날마다 새롭게 고백해야 합니다. 건강이라는 가장 기본적인 생명의 기반부터 시작하여, 소중한 가족과의 관계, 따뜻한 마음을 나누는 지인들, 그리고 우리의 땀과 시간을 쏟는 일터에서 얻는 결실까지, 이 모든 것은 하나님께서 우리를 향한 변함없는 약속과 사랑으로 친히 허락하신 귀한 열매들입니다.

그러나 인간의 본성은 참으로 간사하여, 이 모든 좋은 것이 자신의 공로나 당연한 것처럼 느껴질 때가 많습니다. 우리는 공기와 물의 소중함을 잊듯, 하나님이 베풀어주신 은혜를 일상 속에서 쉽게 망각합니다. 아쉽게도, 우리는 그것들을 잃고 난 뒤에야 비로소 그 진정한 가치와 그것을 주신 하나님의 크신 사랑을 인식하곤 합니다. 다윗 왕은 "모든 것이 주께로 말미암았사오니 우리가 주의 손에서 받은 것으로 주께 드렸을 뿐이니이다"(대상 29:14)라고 고백하며, 자신의 모든 것이 하나님의 은혜임을 명백히 선포했습니다. 이 고백은 현재의 풍요를 누리는 우리에게도 동일하게 요구됩니다.

하나님께서는 우리가 잠시의 만족에 머무르지 않고, 진정으로 존귀한 것을 보고 듣도록 우리의 영적인 눈과 귀를 열어주시기를 원하십니다. 때로는 연단이라는 과정을 통해, 때로는 고통스러운 깨달음을 통해 우리의 시야를 깨끗하고 거룩하게 씻어내십니다. 이는 우리가 세상의 헛된 욕심과 자랑에 시선을 빼앗기지 않고, 영원한 진리와 하나님 나라의 가치에 집중하도록 이끄시는 사랑의 손길입니다.

스스로 모든 것을 다 알고 통제할 수 있다고 착각하며 살아가는 어리석음을 벗어버려야 합니다. 교만은 영적인 무감각을 낳고, 감사를 메마르게 합니다. 우리는 매일의 삶 속에서 진리 앞에 겸손하게 마음을 열고, 진정으로 봐야 할 것은 무엇인지, 진정으로 들어야 할 것은 무엇인지 구해야 합니다. 우리의 눈이 열려 영원한 은혜의 공급자이신 하나님께 시선을 고정하고, 모든 것을 감사함으로 누리며 그분께 영광을 돌리는 삶을 살아가기를 간절히 소망합니다. 우리가 모든 것을 잃고 난 후에야 깨닫는 어리석음에서 벗어나, 이 순간의 모든 축복이 주님의 은혜임을 인정하고 감사할 때, 우리의 삶은 비로소 진정한 평안과 기쁨으로 채워질 것입니다.

묵상 Point

1. 현재 내가 당연하게 여기고 있는 것들(건강, 특정 관계, 물질 등) 중에서, 만약 지금 당장 잃게 된다면 가장 고통스러울 세 가지는 무엇이며, 그것을 주신 하나님께 지금 어떤 감사를 드려야 할까요?
2. 나는 혹시 스스로 모든 것을 다 알고 있다고 착각하여 하나님이 주시는 언단이나 깨달음의 기회를 거부하고 있지는 않습니까? 내가 마음을 열고 진리 앞에 내려놓아야 할 '자신만의 지혜'는 무엇입니까?

2022. 05. 03.

 진실한 관계를 위한 정직함, 거짓된 평화를 깨뜨려라

인간관계를 병들게 하는 흔한 원인 중 하나는 소통의 모호함과 섣부른 추측입니다. 가까운 관계일수록 서로에 대한 기대와 선입견이 강하게 작용하여, 확인되지 않은 사실을 바탕으로 오해의 싹을 틔우고 갈등을 증폭시키곤 합니다. 민감한 이슈나 재정적인 문제가 얽히게 될 때는 감정에 치우친 소통이 아닌, 명확한 사실과 정직한 표현이 요구됩니다. 관계의 투명성은 신뢰를 지탱하는 가장 견고한 기반이며, 진정한 사랑은 때로 마주하기 힘든 불편한 진실을 직면할 용기가 필요하기 때문입니다.

우리는 종종 관계의 어색함이나 깨어짐을 두려워한 나머지, 근본적인 문제를 해결하기보다 거짓된 평화를 유지하는 길을 선택합니다. 갈등의 씨앗을 억지로 덮어두고 겉으로만 웃음을 보이는 것은, 결국 진정한 생명력을 잃어버린 채 껍데기만 남은 관계를 만듭니다. 이러한 태도는 예수님께서 엄중히 비판하셨던 바리새인들의 외식과 위선과 다를 바가 없습니다. 그들은 겉으로는 경건하고 거룩해 보일지 몰라도, 그 속에는 정직하지 못한 동기와 탐욕스러운 감정으로 가득 차 있었습니다. 사람의 눈을 속일 수는 있어도 하나님의 눈을 피할 수는 없습니다.

"바리새인들은 돈을 좋아하는 자들이라 이 모든 것을 듣고 비웃거늘 예수께서 이르시되 너희는 사람 앞에서 스스로 옳다 하는 자들이나 너희 마음을 하나님께서 아시나니 사람 중에 높임을 받는 그것은 하나님 앞에 미움을 받는 것이니라"(눅 16:14-15)

진정한 관계의 회복은 하나님 앞에서 우리 내면의 깊은 동기와 감정을 정직하게 점검하는 것에서 시작됩니다. 껍데기뿐인 위선을 과감히 내려놓고, 겸손함과 진실함으로 서로를 존중하며 교제할 때 비로소 관계는 생명력을 얻고 견고해집니다. 물론 정직함은 일시적으로 관계를 흔들어 놓을 수도 있습니다. 그러나 그 진통은 깨어지지 않는 신뢰를 건축하기 위한 필수적인 기초 공사와 같습니다. 사랑 안에서 진실을 말하는 용기와 그 진실을 사랑으로 받아들일 준비가 될 때, 우리는 비로소 하나님의 성품에 합당한 거룩한 교제를 누릴 수 있게 됩니다.

이러한 정직함은 단순히 사실을 나열하는 차원을 넘어, 상대방을 그리스도의 몸으로 귀하게 여기는 깊은 사랑에서 발현되어야 합니다. 무례하게 자신의 감정을 쏟아내는 것이 아니라, 성령의 도우심을 구하며 사랑 안에서 참된 것을 말하는 지혜가 필요합니다. 우리가 자신의 연약함을 숨기지 않고 하나님의 빛 가운데로 들고 나갈 때, 성령께서는 우리 사이의 막힌 담을 허무시고 참된 소통의 통로를 열어주십니다. 진실함이 바탕이 된 관계는 어떤 풍파에도 흔들리지 않으며, 갈등의 시간을 지나며 더욱 단단한 연합을 이루게 됩니다. 하나님은 우리가 사람의 눈치를 보는 외식의 자리에서 벗어나, 서로의 영혼을 진심으로 아끼는 신실한 동반자로 성장하기를 간절히 원하고 계십니다.

"사람을 경책하는 자는 혀로 아첨하는 자보다 나중에 더욱 사랑을 받느니라"(잠 28:23)

묵상 Point

1. 사람의 인정이나 칭찬을 구하느라 갈등을 회피하며 껍데기뿐인 거짓된 평화 속에 머물러 있지는 않습니까?
2. 관계의 투명성을 위해 사랑 안에서 진실을 말하는 용기를 내고, 하나님 앞에 내면의 동기를 정직하게 점검합니까?

2022. 05. 04.

 비전의 조정: 하나님의 꿈을 나의 소원으로

인간은 누구나 자신만의 욕망과 꿈을 품고 살아갑니다. 그러나 그리스도인으로서 우리는 이 개인적인 소원을 넘어서, 만민을 향한 하나님의 소원과 꿈을 추구하도록 부름을 받았습니다. 내 욕망을 내려놓는다는 것은 무한한 가치를 지닌 하나님의 거대한 비전에 나의 삶 전체를 헌신하는 영적 결단입니다.

우리의 비전이 하나님의 비전과 분리되어 있을 때, 우리의 열심과 노력은 인간적인 수고에 그치기 쉽습니다. 우리는 하나님의 뜻이 이 땅에서 더디거나 지체되는 이유가 혹시 나 자신의 고집과 자기중심적인 소원 때문은 아닌지 겸손하게 돌아보아야 합니다. 하나님은 강압적으로 일하시지 않습니다. 그분은 자녀 된 우리가 자발적으로 자신을 내려놓고 그분의 뜻에 기꺼이 협력할 수 있는 사람이 되기를 기다리십니다. 이 선한 일은 하나님의 꿈이며, 우리가 그 꿈에 동참할 때 비로소 완성됩니다.

하나님의 비전이 곧 나의 비전이 되는 순간, 우리의 삶은 그분께 드려지는 통로가 됩니다. 하나님은 당신의 위대한 구속 사역과 영광을 자녀 된 우리를 통해 이 세상에 나타내기로 계획하셨습니다. 이 일을 위해 그분은 먼 곳에 계시지 않고, 친히 우리 안에 성령으로 찾아오셨습니다. 성령님은 우리 안에서 하나님의 뜻을 가르치고 계시하시며, 우리가 그 뜻에 합당한 삶을 살도록 인도하십니다.

진정한 비전의 조정은 내 삶의 주권을 이양하는 고통스러운 과정을 동반하지만, 그 끝에는 세상이 줄 수 없는 평안이 기다리고 있습니다. 나의 야망을 하나님의 비전으로 조정하는 것은 단지 목표를 수정하는 수준이 아니라, 존재의 근원을 바꾸는 작업입니다. 우리가 자신의 한계 안에 갇혀 성공을 좇을 때 느끼는 공허함은, 역설적으로 우리 영혼이 하나님의 거대한 계획을 갈망하고 있다는 증거입니다. 나의 소원을 주님의 소원에 맞추어 조율해 갈 때, 비로소 우리의 일상은 소모적인 경쟁이 아닌 영원한 나라를 세워가는 거룩한 동역의 현장이 됩니다.

하나님의 뜻과 갈망에 나의 모든 계획과 소원을 조정하는 것이야말로 참된 복이며 지혜임을 깨달아야 합니다. 나의 작은 꿈 대신 하나님의 크신 꿈을 선택하는 것은 손해가 아니라, 영원한 가치에 동참하는 가장 안전하고 영광스러운 길입니다. 주님께 우리의 소원을 내어드리고 그분의 비전이 우리 삶을 통해 성취되도록 간구할 때, 하나님은 우리를 통해 세상에 생명과 소망을 전달하는 귀한 도구로 마음껏 사용하실 것입니다.

"너희 안에서 착한 일을 시작하신 이가 그리스도 예수의 날까지 이루실 줄을 우리는 확신하노라"(빌 1:6)

"사람이 마음으로 자기의 길을 계획할지라도 그의 걸음을 인도하시는 이는 여호와시니라"(잠 16:9)

묵상 Point

1. 지금 내가 붙들고 있는 계획이나 소망이 하나님의 선하신 뜻과 일치하고 있는지 어떻게 분별할 수 있을까요?
2. 나의 개인적인 욕망을 내려놓고 하나님의 거대한 비전에 동참하기 위해 오늘 당장 조정해야 할 마음의 태도는 무엇인가요?

2022. 05. 06.

90 완벽주의자와의 건강한 동행: 긍휼과 섬김의 협력

신앙 공동체는 다양한 성향과 기질을 가진 사람들이 모여 그리스도 안에서 하나 됨을 이루는 곳입니다. 이 다양한 구성원 중 완벽주의 성향을 지닌 이들은 때때로 공동체 내에 불필요한 긴장과 분열을 초래할 수 있습니다. 완벽주의는 높은 목표를 설정하고 탁월함을 추구하게 하는 장점이 있지만, 그 이면에는 실수에 대한 두려움과 통제 욕구가 깊이 자리 잡고 있습니다. 이들은 자신만의 엄격한 기준에 극도로 민감하며, 그 기준으로 타인을 쉽게 평가하거나, 반대로 타인의 조언이나 개입을 자신의 기준에 대한 도전이나 공격으로 받아들여 쉽게 수용하지 못하는 경향이 있습니다.

이러한 완벽주의자들과 건강하고 생산적인 관계를 맺고 복음 안에서 동행하기 위해서는, 우리 역시 영적인 지혜와 성숙한 태도가 필요합니다.
첫째, 인간은 근본적으로 불완전하며 서로의 도움이 필요하다는 깊은 인식을 가져야 합니다. 성경은 "만물의 마지막이 가까이 왔으니 그러므로 너희는 정신을 차리고 근신하여 기도하라 무엇보다도 뜨겁게 서로 사랑할지니 사랑은 허다한 죄를 덮느니라"(벧전 4:7-8)라고 가르칩니다.

완벽주의자 역시 이 보편적인 인간의 불완전성에서 벗어날 수 없으며, 그들이 지닌 엄격한 기준은 종종 자신과 공동체를 짓누르는 짐이 됩니다. 우리는 그들의 기준을 비난하기보다, 그리스도 안에서만 온전한 평안과 안식을 얻을 수 있다는 진리를 긍휼한 마음으로 전달해야 합니다.

그들이 완벽을 추구하는 동기가 발전과 향상 외에 인정과 두려움에 있음을 이해하고, 그 두려움을 극복할 수 있도록 신뢰와 용납을 제공해야 합니다.

둘째, 철저히 협력자이자 섬김의 자세로 접근하는 태도가 필요합니다. 완벽주의자들은 통제를 내려놓기 어려워하기 때문에, 일방적인 지시나 조언보다는 동등한 위치에서 함께 짐을 나누는 협력자의 자세가 효과적입니다. 그들의 장점을 인정하고 존중하며, 우리의 역할을 그들의 부족한 부분을 채우고 짐을 가볍게 하는 섬김으로 정의해야 합니다.

예수님께서 이 땅에 오셔서 섬김을 받으려 함이 아니라 섬기려 하셨듯이, 우리의 태도는 "너희가 짐을 서로 지라 그리하여 그리스도의 법을 성취하라"(갈 6:2)라는 명령을 실천하는 것이어야 합니다. 겸손한 섬김과 헌신적인 협력은 완벽주의자들의 마음을 여는 열쇠가 되며, 그들에게 자신의 불완전함을 인정하고 공동체의 은혜를 받아들이도록 돕는 가장 강력한 사랑의 방식입니다. 이처럼 서로의 약점을 채워주는 건강한 동행은 공동체 전체를 그리스도의 장성한 분량에 이르도록 돕는 귀한 사역이 됩니다.

묵상 Point

1. 나는 공동체나 관계 속에서 완벽주의 성향을 지닌 사람의 태도에 대해 어떤 선입견이나 판단이 있었습니까? 그들을 '불완전하며 도움이 필요한 인간'으로 바라보며 긍휼로 섬기기 위해 나의 태도를 어떻게 조정해야 할까요?
2. 내가 오늘 만날 완벽주의 성향의 사람에게 '지시나 조언'이 아닌 '섬김의 협력자'로서 구체적으로 어떤 도움(시간, 인정, 기도 등)을 제공할 수 있을지 묵상하고 실천해 봅시다.

2022. 05. 06.

 성령님의 시선으로 사람을 바라보라

인간의 눈은 본능적으로 피상적인 것을 포착하고 재단하는 데 익숙합니다. 우리는 다른 사람의 겉모습이나 드러난 허물과 부족함만을 보고, 그들의 깊은 내면과 잠재된 가치를 보지 못한 채 너무나 쉽게 판단하고 정죄하는 어리석음을 범합니다.

그러나 우리를 창조하시고 구원하신 하나님의 시선은 절대 그렇지 않습니다. 우리가 반복적인 죄와 어리석음 가운데 있을 때도, 성령님은 우리를 정죄하지 않으시고 한없는 사랑과 인내로 품으십니다. 이러한 주님의 시선은 무너진 영혼을 다시 일으켜 세우는 유일한 생명의 빛이 됩니다.

성령님은 우리 안에서 탄식하시며 우리가 거룩함에 이르기를 쉬지 않고 도우시는 보혜사이십니다. 이 무조건적인 사랑과 긍휼을 경험하며 성령님과 동행하는 우리는, 당연히 하나님의 사랑을 본받아 다른 이들을 대해야 합니다. 다른 이를 향한 판단과 비난의 유혹은, 그 영혼을 창조하신 하나님의 마음과 성령님의 사역을 거스르는 행위입니다.

우리가 성령님의 시선과 마음으로 사람들을 바라보기 시작할 때, 우리의 시각은 완전히 달라집니다. 우리는 그들의 현재의 모습이 아니라, 그리스도 안에서 하나님께서 이루실 미래의 모습을 보게 됩니다. 그들의 허물 뒤에 감추어진 상처와 고통을 이해하게 되고, 그들이 아직 깨닫지 못한 영적인 잠재력을 수용하게 됩니다. 이처럼 성령의 안경을 쓰고 사람을 볼 때, 우리는 심판자의 자리가 아닌 중보자의 자리로 나아가게 됩니다.

나를 힘들게 하고, 내 마음에 들지 않는 그 사람 안에도 내주하시는 성령님께서 역사하고 계십니다. 우리의 역할은 그들의 허물을 들추어내는 것이 아니라, 성령님께서 그들 안에서 마음껏 일하시도록 중보하며 길을 열어주는 것입니다.

그들을 위해 사랑으로 기도하고, 그들의 연약함을 감싸안는 것이 바로 성령과 함께 사는 우리가 이 땅에서 감당해야 할 거룩한 사명입니다. 중보자의 삶은 판단을 멈추고 사랑을 시작하는 것입니다.

"이와 같이 성령도 우리의 연약함을 도우시나니 우리는 마땅히 기도할 바를 알지 못하나 오직 성령이 말할 수 없는 탄식으로 우리를 위하여 친히 간구하시느니라"(롬 8:26)

"서로 친절하게 하며 불쌍히 여기며 서로 용서하기를 하나님이 그리스도 안에서 너희를 용서하심과 같이 하라"(엡 4:32)

묵상 Point

1. 사람을 볼 때 드러난 허물에 집중하기보다, 그를 위해 탄식하시는 성령님의 마음을 구하고 있습니까?
2. 판단하고 싶은 마음이 들 때, 비난의 말을 멈추고 그 영혼의 회복을 위해 기도하는 중보자의 자리를 지키고 있습니까?

2022. 05. 09.

 어떠한 상황에서도 하나님만을 신뢰하라

우리의 삶을 지탱하고 영원한 가치를 부여하는 유일한 길은 오직 하나님 한 분만을 전적으로 신뢰하고, 우리의 모든 상황과 미래를 그분께 온전히 맡기는 것입니다. 그러나 우리가 이 진리를 붙잡고 서 있을 때, 영적인 대적인 사탄은 끊임없이 우리를 공격합니다.

성경 속 욥의 경우처럼, 사탄은 우리가 하나님을 향한 순수한 믿음을 의심하고 불평하며 결국 그분의 곁을 떠나도록 온갖 술수와 계략을 사용합니다. 때로는 우리가 가장 의지하는 것들, 즉 건강, 재정, 관계, 평안 등을 빼앗거나 파괴하여 하나님과의 관계 자체를 흔들고자 합니다.

우리의 삶 속에서 마주하는 다양한 사건과 고난 가운데, 이것이 단순한 사탄의 공격인지, 아니면 하나님께서 우리를 연단하시기 위한 환경인지 명확히 분별하기 어려울 때가 있습니다. 이러한 분별의 모호함은 우리를 더욱 혼란스럽게 만들고 쉽게 낙심하게 합니다.

그러나 여기서 우리가 결코 잊지 말아야 할 영적 원리가 있습니다. 바로 죄의 허용 문제입니다. 우리가 의도적으로 죄를 허용하기 시작하면, 하나님의 보호하심과 은혜가 마치 빗장처럼 막히게 되고, 그 틈을 노려 사탄은 생각을 통해 마음과 삶을 지배하려 합니다. 사탄은 고통스러운 환경을 이용하여 하나님을 오해하고 의심하게 만들며, 우리의 믿음을 흔들어 기도와 예배의 자리에서 떠나게 만드는 것을 목표로 삼습니다.

고통스러운 환경 가운데 있을 때, 우리가 하나님을 멀리 떠나 있을수록 우리의 마음은 말씀으로 채워지지 않아 하나님의 뜻을 분별하기 더욱 어려워집니다. 그러나 선하신 하나님은 그런 사탄의 공격과 혼란 속에서도 당신의 자녀들을 지켜내시기 위해 끊임없이 일하십니다.

"우리가 알거니와 하나님을 사랑하는 자 곧 그의 뜻대로 부르심을 입은 자들에게는 모든 것이 합력하여 선을 이루느니라"(롬 8:28) 이 말씀처럼, 하나님은 그 어떤 시련과 유혹 속에서도 우리가 그분을 떠나지 않도록 변하지 않는 언약과 강력한 팔로 붙들어 주시고, 은혜의 자리로 계속 이끌어 가십니다.

하나님께서 허락하신 고난의 목적은 우리를 좌절시키는 것이 아니라, 오히려 고난을 통해 우리가 이전보다 더욱 강한 믿음의 사람, 세상의 불순물이 제거된 순금과 같은 하나님의 사람으로 빚어지도록 연단하시는 데 있습니다.

우리가 해야 할 일은 환경을 분석하려 애쓰기보다, 흔들림 없이 하나님만을 신뢰하며 그분의 말씀 안에서 사는 것입니다. 고난을 통과하며 우리의 믿음은 더욱 정결해지고, 굳건해지며, 그분만이 우리의 참된 피난처임을 깊이 깨닫게 될 것입니다.

묵상 Point

1. 고난의 상황 속에서 환경을 분석하고 원망하기보다, 하나님의 주권을 신뢰하며 기도의 자리를 지키고 있습니까?
2. 내 안에 사탄이 틈탈 만한 죄의 허용은 없는지 살피며, 말씀으로 마음을 채워 영적 분별력을 유지하고 있습니까?

2022. 05. 09.

 도와줄 때는 때를 분별하는 지혜와 기다리는 섬김이 중요

진정한 사랑과 섬김은 행동의 양이 아니라, 때를 분별하는 지혜에서 비롯됩니다. 우리는 가까운 관계 속에서 누군가의 어려움이나 필요를 발견했을 때, 선의로 가득 찬 마음에 이끌려 서둘러 개입하거나 문제를 해결해 주려 합니다.

그러나 아주 작은 일이라도, 상대방의 필요를 먼저 추측해서 채우기보다, 그가 도움을 요청할 때까지 인내심을 가지고 기다리는 것이 종종 더 중요합니다. 이 기다림은 단순한 방관이 아니라, 상대방의 자율성을 존중하고 그가 스스로 성장할 기회를 제공하는 사랑의 훈련입니다.

특히 관계가 어렵거나 힘든 상황일 때는 더욱 그렇습니다. 한 사람이 자신의 연약함과 필요를 진실한 마음으로 인정하고 도움을 요청할 때, 비로소 관계는 진정한 회복을 시작할 기회를 얻습니다. 이 요청에 응답하여 주는 도움은 받는 이에게 단순한 문제 해결을 넘어 감사와 인정이라는 귀한 열매를 함께 맺게 합니다. 이는 도움의 행위 자체가 받는 이의 주체적인 선택과 연결되었기 때문입니다.

우리는 이 중요한 순간을 놓치지 않기 위해, 상대가 해야 할 일에 내가 먼저 개입하고자 하는 조급함을 내려놓아야 합니다. 이 조급함은 종종 상대방을 돕기 위함이라기보다, 관계의 불편함을 해소하고 싶은 나 자신의 불안함이나 통제 욕구에서 비롯될 수 있습니다. 성경은 “각각 자기 일을 돌볼뿐더러 또한 각각 다른 사람들의 일을 돌보아 나의 기쁨을 충만하게 하라"(빌 2:4)라고 권면하지만, 여기서 '돌아봄'은 개입이 아닌 깊은 관심과 존중을 의미합니다. 우리는 상대방이 요청할 때, 그들을 비난하거나 판단하지 않고 기꺼이 돕겠다는 준비된 마음, 즉 섬김의 자세로 기다려야 합니다.

도움을 요청하지 않았는데 먼저 나서서 무언가를 하게 되면, 때로는 그 사람이 자신의 자율성을 침해받았다고 느끼고 거칠게 반응할 수 있습니다. 자녀에게 자신의 숙제를 대신 해주거나, 직장 동료의 업무에 과도하게 간섭하는 경우처럼 말입니다.

심지어 돕고자 했던 사람이 오히려 오해를 받고 비난을 당하는 역설적인 상황이 발생하기도 합니다. 따라서 상대의 심리나 기질을 충분히 고려하며, 내 마음을 편하게 하려고 먼저 나서지 않도록 조심해야 합니다.

진정한 도움은 '지금이 그때인가'를 분별할 줄 아는 지혜에서 비롯됩니다. 관계 안에서 진심 어린 요청이 있을 때 주는 도움만이 상처가 아닌 회복과 감사의 시작이 될 수 있음을 기억해야 합니다.

묵상 Point

1. 선의라는 이름으로 상대방의 성장 기회를 빼앗거나 자율성을 침해하는 조급한 개입을 하고 있지는 않습니까?
2. 도움을 요청받기까지 인내하며 기다리는 것이 상대방을 인격적으로 존중하는 사랑의 실천임을 신뢰합니까?

2022. 05. 10.

 기도 응답의 지연 속에 감추어진 하나님의 목적

우리가 간절히 기도하고 응답을 기다릴 때, 때로는 그 응답이 더디게 느껴져 영적인 피로감을 느끼곤 합니다. 우리는 흔히 "하나님께서 왜 이렇게 오래 기도하게 하시는가"라고 자문하지만, 바로 이 응답의 지연 속에 하나님의 깊은 목적이 감추어져 있습니다.

하나님은 우리가 응답을 받기 전까지 계속해서 그분의 얼굴을 구하며, 항상 그분 앞에 나아와 교제하기를 원하십니다. 하나님께서는 응답이라는 결과물보다 응답을 기다리며 주님 앞에 나아가는 과정에서 우리가 빚어지는 것을 더 귀하게 여기십니다.

하나님 아버지께서 진정으로 바라시는 것은, 우리가 단지 눈앞의 현실 문제 해결이나 놀라운 기적만을 구하는 기복적인 신앙에 머무르는 것이 아닙니다. 그분은 우리가 그분이 공급하시는 영원한 은혜와 성령 안에서 하나님의 뜻을 따라 살아가는 삶 자체를 원하십니다. 예수님께서 제자들에게 "먼저 그의 나라와 그의 의를 구하라 그리하면 이 모든 것을 너희에게 더하시리라"(마 6:33)라고 가르치신 것처럼, 문제 해결은 하나님과 깊은 관계 속에서 자연스럽게 따라오는 부차적인 열매입니다.

따라서 우리는 눈앞의 문제에만 시선을 고정하지 말고, 문제 해결의 주체이신 하나님의 얼굴과 마음을 바라보아야 합니다. 이 고난과 지연의 상황 속에서 하나님이 어떤 말씀을 하시는지 듣기 위해, 우리의 조급한 생각과 구체적인 요구를 잠시 내려놓고 조용히 하나님의 음성에 귀 기울이는 시간이 필요합니다. 응답의 지연은 하나님께서 우리를 더욱 깊은 친밀함으로 초대하시는 영적인 성숙의 계절일 수 있습니다.

모든 부모가 자녀와 자주 만나 교제하기를 갈망하듯, 하늘 아버지 또한 우리와 함께 교제하고 싶어 하십니다. 자녀가 삶에서 마주하는 크고 작은 일들을 함께 나누며, 어려움이 있을 때 함께 풀어가기를 원하십니다. 기도는 바로 그런 관계적 교제의 통로입니다.

하나님은 우리의 문제나 사역, 사명 자체보다 우리 자신에 더 큰 관심을 가지고 계시며, 그분과 동행하는 삶, 즉 영원한 관계를 더욱 소중히 여기십니다. 응답이 더딜지라도, 그 시간은 주님과의 관계를 더욱 깊이 뿌리내리고 그분의 성품을 닮아가는 가장 귀한 훈련의 시간이 될 것입니다.

"너희가 내 안에 거하고 내 말이 너희 안에 거하면 무엇이든지 원하는 대로 구하라 그리하면 이루리라"(요 15:7)

"먼저 그의 나라와 그의 의를 구하라 그리하면 이 모든 것을 너희에게 더하시리라"(마 6:33)

묵상 Point

1. 기도 응답이 늦어질 때, 해결되지 않은 문제에만 집중하여 정작 하나님과의 교제를 소홀히 하고 있지는 않습니까?
2. 응답의 지연을 나를 멀리하시는 신호가 아닌, 하나님께서 나를 더 깊은 친밀함의 자리로 부르시는 초대장으로 여기고 있습니까?

2022. 05. 13.

95 기도의 근본 목적, 생명의 줄로 관계를 회복하라

우리가 하나님께 나아와 무릎 꿇고 기도할 때, 그 기도의 궁극적인 목적은 어디에 두어져 있습니까? 혹시 지금의 고통과 문제를 조금이라도 빨리 벗어나기 위해, 혹은 당면한 현실의 어려움을 피하기 위한 수단으로만 기도를 활용하고 있지는 않습니까?

만약 우리의 기도가 단순히 문제 해결에만 초점이 맞추어져 있다면, 우리는 하나님께서 우리를 부르시는 더 크고 깊은 목적을 놓치고 있는 것입니다. 기도는 환경을 바꾸는 수단을 넘어, 기도하는 사람의 내면을 하나님의 형상으로 빚어가는 거룩한 성화의 현장입니다.

하나님께서 우리를 구원하신 가장 근본적인 이유는, 죄로 인해 단절되고 형식적으로 변질된 관계를 회복하여 창세전부터 계획하신 하나님의 나라를 우리 안에 이루시기 위함입니다. 기도는 단순한 청원이나 요구를 전달하는 도구가 아니라, 바로 이 단절된 하나님과의 관계를 회복하고, 그분의 영원한 진리를 배우고 깨닫는 생명의 자리입니다.

하나님은 우리가 기도하는 이 친밀한 시간을 통해, 우리가 어떤 존재인지(하나님의 자녀), 그분의 나라는 어떻게 임하는지, 그리고 이 땅에서 어떻게 살아가야 하는지(거룩함과 순종)를 알려주고자 하십니다.

이 깊은 계시를 위해 하나님은 우리에게 진리의 영이신 성령님을 보내주셨습니다. 성령님은 기도를 통해 우리 안에 하나님의 뜻을 알게 하시고, 우리가 그 뜻을 사모하고 구하며, 궁극적으로 그 진리를 깨닫도록 강력하게 도우십니다. "그러나 진리의 성령이 오시면 그가 너희를 모든 진리 가운데로 인도하시리니 그가 스스로 말하지 않고 오직 들은 것을 말하며 장래 일을 너희에게 알리시리라"(요 16:13)라고 기록된 것처럼, 이 모든 영적 흐름과 계시의 통로가 바로 기도입니다.

기도는 하나님과 자녀 사이를 이어주는 생명의 줄이며, 우리의 잃어버렸던 정체성을 회복시키는 하나님의 방법입니다. 우리는 기도를 통해 우리가 하나님과 결코 분리될 수 없는 존재이며, 오직 그분의 은혜 안에서 살아가도록 창조된 자임을 뼛속 깊이 확인하게 됩니다. 진리를 알고, 그 진리 안에서 자유를 누리며 살아가는 삶이야말로, 가장 복되고 행복한 삶입니다. 하나님은 지금도 진리의 영이신 성령을 통해, 문제 해결을 넘어 관계를 회복하고 진리 안에서 동행하기를 갈망하는 기도하는 자에게 그 진리를 풍성하게 계시하시기를 원하십니다.

"진리를 알지니 진리가 너희를 자유롭게 하리라"(요 8:32)

"여호와께서는 자기에게 간구하는 모든 자 곧 진실하게 간구하는 모든 자에게 가까이 하시는도다"(시 145:18)

묵상 Point

1. 기도의 목적이 문제 해결이라는 결과에만 머물러 있는지, 아니면 하나님과의 관계 회복에 있는지 살피고 있습니까?
2. 기도의 시간을 통해 내 뜻을 관철하기보다, 성령님께서 가르쳐 주시는 하나님의 진리를 깨닫고 그분과 동행하기를 열망합니까?

2022. 05. 16.

96 염려 대신 믿음으로 살아가는 비결

모든 일에 걱정하지 않고 믿음 안에서 살아가려면, 그 삶에 적용될 수 있는 말씀이 필요합니다. 성경 전체가 진리이지만, 마태복음 6장, 요한복음 14~16장, 빌립보서 4장 말씀은 일상 속 염려와 두려움을 이기고 평안 가운데 살아가는 데에 실질적인 지침을 줍니다. 이 말씀들은 단순한 이론이 아니라, 우리가 삶의 벼랑 끝에 서 있을 때 붙잡아야 할 생명줄과 같습니다.

자녀 문제나 인간관계 등 모든 상황 가운데 하나님은 우리 안에 성령님을 보내셔서, 아무것도 염려하지 말고 먼저 하나님의 나라와 의를 구하라는 말씀의 능력을 실제로 살아낼 수 있도록 도우십니다. 우리가 예수님의 이름으로 감사함으로 기도하고 간구할 때, 하나님은 성령님을 통해 일하시겠다고 약속하셨습니다. 우리의 책임은 결과를 만드는 것이 아니라, 전능하신 하나님께 모든 주권을 이양하는 신뢰의 고백을 드리는 것입니다.

그러나 기도한 이후에도 염려가 여전히 존재하고, 감사가 없고 평안이 임하지 않았다면, 그것은 아직 하나님께 온전히 맡기지 못했기 때문입니다. 내가 여전히 문제를 움켜쥐고 해결해 보려는 몸부림 속에 있다는 신호입니다. 이럴 때 우리는 성령님께 귀 기울여야 합니다. 내 안에 있는 육신의 생각이 하나님의 음성을 가로막고 있지는 않은지 기도해야 합니다. 성령님의 구체적인 인도하심을 받을 때까지는 사람에게 어떤 기대나 요구도 삼가야 합니다. 인간적인 방법으로 상황을 조작하려는 시도를 멈추고 하나님의 시간이 무르익기를 기다려야 합니다.

특히 관계 속에서 염려가 생겼을 때, 성령님이 주시는 깨달음이 임하기 전까지 우리가 해야 할 일은 단 한 가지입니다. 그것은 하나님께서 내게 베풀어주신 은혜와 사랑을 기억하며 감사하는 것, 그리고 상대방에게 끝까지 선을 행하는 것입니다. 믿음으로 염려를 이기는 삶은 단번에 완성되지 않습니다. 하지만 성령님께 귀 기울이고, 말씀에 뿌리를 내릴 때 우리는 점점 더 평안과 감사가 넘치는 믿음의 삶으로 나아가게 됩니다.

또한 염려를 이기기 위해 시선을 환경에서 하나님께로 옮겨야 합니다. **염려는 우리가 문제의 크기를 묵상할 때 커지지만, 믿음은 우리가 하나님의 크심을 묵상할 때 자라납니다.** 삶 속에서 은혜를 경험할 때마다 우리 안에는 믿음의 씨앗이 자라납니다. 예수님이 믿음 자체이십니다. 믿음이 커진다는 의미는 내 안에서 예수님의 통치가 점점 더 확장된다는 것을 의미합니다.

결국 염려와의 싸움은 주도권의 싸움입니다. 믿음은 상황이 어떠하든지 하나님은 여전히 선하시며 그분이 모든 것을 다스리고 계신다는 사실을 신뢰하는 것입니다.

"아무 것도 염려하지 말고 다만 모든 일에 기도와 간구로, 너희 구할 것을 감사함으로 하나님께 아뢰라 그리하면 모든 지각에 뛰어난 하나님의 평강이 그리스도 예수 안에서 너희 마음과 생각을 지키시리라"(빌 4:6-7)

묵상 Point

1. 기도한 후에도 염려가 떠나지 않는다면, 내가 여전히 그 문제를 스스로 해결하려는 주도권을 쥐고 있지는 않습니까?
2. 염려되는 상황 속에서 성령님의 인도하심을 기다리며, 내게 베푸신 은혜를 기억하고 끝까지 선을 행하기로 결단합니까?

2022. 05. 20.

 상대를 변화시키려 말고, 마음을 읽어주는 사랑

인간관계에서 발생하는 대부분의 갈등은 상대를 내 기준이나 욕구에 맞추려는 은밀한 시도에서 비롯됩니다. 우리는 종종 말이나 행동으로 직접 지시하고 요구하면서, 그 사람을 내 마음에 들도록 바꾸려 합니다. '내가 보기에 옳은 방향'으로 상대를 교정하는 것이 사랑이라고 착각합니다.

그러나 진정한 사랑과 관계는 일방적인 통제나 변화 요구를 통해서는 결코 생명력을 얻을 수 없으며, 오히려 상대방에게 방어기제와 거부감만 심어줄 뿐입니다. 비판 섞인 충고보다 따뜻한 공감이 사람의 닫힌 마음을 여는 가장 강력한 열쇠임을 잊지 말아야 합니다.

예수 그리스도의 사랑은 상대를 있는 모습 그대로 수용하는 데서 시작합니다. 그러므로 우리는 상대를 변화시키는 데 초점을 두기보다, 그 사람의 생각과 성향, 욕구와 약함이 무엇인지 알아가는 데 마음을 두어야 합니다. 나의 시선을 이기적인 '나 자신'에게 고정하지 말고, 상대의 겉으로 드러난 말이나 행동, 표면적인 허물을 넘어서 그 사람이 살아온 삶의 배경과 지금의 내면 상태를 이해하려는 적극적인 노력을 기울여야 합니다.

사도 바울은 빌립보서 2장 3절에서 우리에게 "아무 일에든지 다툼이나 허영으로 하지 말고 오직 겸손한 마음으로 각각 자기보다 남을 낫게 여기고"라고 권면합니다. 이는 관계 속에서 상대방을 섬김의 대상, 곧 나보다 더 중요하게 여겨야 할 영혼으로 바라보라는 뜻입니다.

만약 아직 그 사람의 삶과 내면을 잘 알지 못한다면, 그 관계의 주인이신 하나님께 겸손히 물어보아야 합니다. "주님, 제가 이 사람의 마음을 어떻게 읽어줄 수 있습니까? 어떻게 하면 마음을 열고, 깊은 이야기를 나눌 수 있는 관계로 나아갈 수 있을지 지혜를 주십시오"라고 기도하며 구하십시오.

그렇게 중보하며 진실한 대화를 시도하고 서로를 알아가는 시간이 주어진다면, 그 관계는 이전보다 훨씬 더 부드럽고 따뜻하게, 그리고 예수 그리스도의 사랑 안에서 성숙하게 성장할 수 있습니다. 상대를 변화시키는 것은 성령님의 역할입니다. 우리의 역할은 그 영혼을 판단 없이 품고, 마음을 읽어주며, 하나님의 사랑이 그 영혼에 닿는 통로가 되어주는 것입니다.

"즐거워하는 자들과 함께 즐거워하고 우는 자들과 함께 울라"(롬 12:15)

"아무 일에든지 다툼이나 허영으로 하지 말고 오직 겸손한 마음으로 각각 자기보다 남을 낫게 여기고"(빌 2:3)

묵상 Point

1. 상대를 내 입맛에 맞게 고치려 하기보다 그 사람의 아픔과 배경을 이해하려는 노력을 먼저 기울이고 있습니까?
2. 상대방의 변화를 성령님께 온전히 맡겨드리고 나는 오직 사랑의 통로가 되기로 결단합니까?

2022. 05. 21.

98 성령님의 시선으로 바라보는 회복

하나님께서는 각 사람 안에 창조의 비밀과 아름다운 꿈을 담아두셨고, 그 회복과 치유의 여정을 성령님과 함께 이루어가길 원하십니다. 그러나 우리는 가족이나 동료들을 바라볼 때, 나의 기대와 관점으로 그들을 판단하거나 내 방식대로 바꾸려 하는 경향이 있습니다. 이는 하나님의 섭리를 모르는 교만한 태도이며, 하나님의 역할을 대신하려는 어리석은 시도입니다.

내 마음에 들지 않는 언어, 습관, 태도, 기질 등이 보일 때마다 그것을 고치고 제거하려 드는 것은 상대방에게 유익을 주지 못할 뿐 아니라, 관계에 상처만 남깁니다. 결국 이는 나 자신의 기준과 욕심을 중심에 두고 관계를 이끌어가려 했던 잘못된 태도에서 비롯된 것입니다. 이제는 나 역시 죄로 인해 깨어지고 망가진 불완전한 존재임을 인정하며, 그 누구도 나의 기준에 맞추도록 요구하지 않도록 주의해야 합니다. 성령님은 각 사람에게 고유한 재능과 특성을 주셔서, 서로 조화를 이루며 하나님의 나라를 함께 세워가기를 원하십니다.

그러기 위해선 먼저 우리가 이 세상 속에서 잃어버린 정체성을 회복해야 합니다. 그것은 오직 성령님의 도우심으로만 가능합니다. 우리는 성령님이 이끄시는 치유와 회복의 여정에 동역자로 부르심을 받았고, 이제는 나의 뜻이 아니라 성령님의 뜻과 계획에 나를 맞추는 삶을 살아가야 합니다. 다른 사람을 바라볼 때도, 그 사람을 향하신 하나님의 선하신 계획과 본래의 모습이 무엇인지 소망하며 기대하는 시선으로 바라보십시오. 이 세상이 중요하게 여기는 지위나 외모가 아니라, 하나님의 시선처럼 상대의 영혼과 중심을 바라보는 훈련이 필요합니다.

진정한 회복은 우리가 타인의 허물을 덮어주고 그가 성령님과 함께 일어설 수 있도록 인내하며 지켜봐 줄 때 시작됩니다. 성령님께서는 우리가 누군가를 정죄하는 재판관의 자리가 아니라, 함께 아파하고 격려하는 중보자의 자리에 서기를 원하십니다. 나의 조급함이 하나님의 일하심을 가로막지 않도록 멈추어 서서, 주님께서 그 영혼을 어떻게 빚어가고 계시는지 겸손히 묻고 기다려야 합니다. 내 손으로 억지로 빚으려 했던 교만을 내려놓고 주님의 손에 온전히 맡겨드릴 때, 비로소 우리 관계 속에 보이지 않던 하나님의 새로운 창조가 시작될 것입니다.

사람의 내면을 새롭게 변화시키는 능력은 오직 창조주 하나님, 성령님께 있습니다. 내가 해야 할 일은 상대방을 위한 간구와 기다림, 그리고 믿음 안에서 인내하며 섬기는 사랑입니다.

"너희 안에서 착한 일을 시작하신 이가 그리스도 예수의 날까지 이루실 줄을 우리는 확신하노라"(빌 1:6)

"평강의 하나님이 친히 너희를 온전히 거룩하게 하시고 또 너희의 온 영과 혼과 몸이 우리 주 예수 그리스도 강림하실 때에 흠 없게 보전되기를 원하노라"(살전 5:23)

묵상 Point

1. 타인을 내 방식대로 바꾸려 했던 교만을 내려놓고, 그들의 삶에 투영된 나만의 욕심은 무엇이었는지 돌아봅시다.
2. 성령님의 일하심을 신뢰하며 상대방의 변화를 위해 내가 오늘 실천할 구체적인 중보와 인내의 모습은 무엇입니까?

2022. 05. 22.

99 영적 엔트로피의 법칙을 깨트리라

물리학에서 말하는 엔트로피란 무질서의 정도를 뜻하며, 우주 만물이 시간이 지날수록 본래의 질서와 에너지를 잃고 혼란과 쇠퇴로 나아간다는 법칙을 설명합니다. 우리의 영혼과 삶 역시 이 영적 엔트로피의 법칙에서 자유롭지 못합니다. 우리가 생명의 근원이신 하나님의 통치와 보호에서 벗어나 있을수록, 우리의 내면은 점점 무기력해지고 영적, 정서적, 육체적으로 생기를 잃으며 무질서의 상태로 급격히 기울어집니다. 영혼의 게으름과 방치, 세속적인 유혹에 대한 무방비 상태는 이 엔트로피를 가속화하는 주범이 됩니다.

이 치명적인 영적 엔트로피의 법칙을 깨트리는 길은, 성경이 끊임없이 강조하는 것처럼 생명의 근원이 되시는 하나님을 항상 경외하고 그분께 나아가 생명의 생수를 마시는 것입니다. 하나님을 경외한다는 것은 단순히 두려워하는 것을 넘어 그분의 절대적인 주권과 거룩하심을 인정하고, 그분 앞에서 우리의 삶을 겸손히 조정하며 순종하는 것입니다. 우리가 주님의 질서 안에 거할 때, 무너졌던 마음이 재건되고 흩어졌던 영적 에너지는 다시금 창조적인 생명력으로 결집되기 시작합니다.

하나님을 경외하는 마음은 우리 영혼의 노화를 막고 날마다 새롭게 하시는 은혜를 경험하게 합니다. 세상은 시간이 흐를수록 낡아지고 쇠하여지지만, 여호와를 앙망하며 그분의 위대하심 앞에 엎드리는 영혼은 날마다 새 힘을 얻습니다. 이는 환경의 변화나 개인의 의지력에서 나오는 것이 아니라, 하늘로부터 공급되는 신령한 질서가 우리 삶을 장악할 때 나타나는 신비입니다. 따라서 경외함은 영적 죽음을 향해 가는 엔트로피의 흐름을 거슬러 올라가게 하는 가장 강력한 생명의 반작용입니다.

하나님을 경외하는 자에게는 성경 전체에 걸쳐 특별한 축복이 약속되어 있습니다. 하나님을 경외하는 마음은 모든 지식과 지혜의 근원이 되는 분별력을 우리에게 주시며, 이 땅의 삶에 필요한 것들뿐만 아니라 참된 생명과 영적인 풍요까지지도 허락하십니다. 나아가 우리의 미래뿐만 아니라 믿음의 세대인 자녀들의 장래까지지도 하나님께서 책임져 주시는 은혜를 입게 됩니다.

이러한 모든 영적, 물질적 은혜는 오직 여호와를 경외하며 날마다 그분의 말씀과 성령의 임재 앞에 나아갈 때 누릴 수 있는 복입니다. 경외함은 영혼의 질서를 회복하고 생기를 불어넣는 창조적 에너지이며, 우리를 쇠퇴가 아닌 영원한 생명으로 이끄는 구원의 원리입니다.

"겸손과 여호와를 경외함의 보상은 재물과 영광과 생명이니라"(잠 22:4)

"네 마음으로 죄인의 형통을 부러워하지 말고 항상 여호와를 경외하라 정녕히 네 미래가 있겠고 네 소망이 끊어지지 아니하리라"(잠 23:17-18)

묵상 Point

1. 나의 영혼이 무질서와 무기력에 빠지게 방치했던 영적 게으름이나 세속적인 습관은 무엇입니까?
2. 하나님을 경외함으로 얻는 지혜와 생명이 나의 미래와 자녀의 삶에 어떻게 나타나기를 간구하고 있습니까?

2022. 05. 22.

100 성령님의 도우심 없이는 이길 수 없는 내면의 영적 전쟁

우리 안에서 벌어지는 가장 치열한 영적 전쟁터는 다름 아닌 마음과 생각입니다. 그 속에 깊이 뿌리내린 죄와 그로 인해 발생하는 부정적인 감정들, 즉 상처와 기질, 두려움과 낙심 등은 그냥 두면 계속해서 삶에 깊은 후유증을 남깁니다. 이러한 문제의 뿌리와 실상을 근본적으로 해결하는 것은 우리의 노력이나 의지로는 불가능합니다. 오직 성령님께서 오셔서 그 죄의 근원과 영적 전쟁의 본질을 조명해 주시고, 우리를 구원해 주셔야 비로소 진정한 자유를 누릴 수 있습니다.

사탄은 우리 안에 잠재된 죄성을 끊임없이 자극합니다. 부정적인 말과 파괴적인 감정, 그리고 타인을 향한 비난과 정죄의 마음을 심어주어 우리의 영혼과 육체를 서서히 무너뜨리려 합니다. 우리는 이러한 마귀의 교묘한 전략을 영적으로 분별해야 합니다. 단순히 감정의 기복으로 치부할 것이 아니라 그 실체를 직시하며, 깨어 기도함으로 성령님의 도우심을 힘입어 대적해야 합니다. 오늘도 누군가를 미워하거나 비난하는 마음이 올라올 때, 그 사람 자체를 겨냥하기보다 그 배후에서 역사하는 마귀의 충동과 내 안의 죄성을 분별하고 눈에 보이지 않는 영적 실체를 향해 싸움을 선포해야 합니다.

우리는 모두 본질적으로 연약하고 무능력한 존재입니다. 하나님의 긍휼과 성령님의 은혜 없이는 단 한 순간도 참된 평안과 안식을 유지할 수 없습니다. 심지어 구원받은 성도들조차 성령님의 도우심을 온전히 구하고 누리기까지는 마음의 고통 속에서 방황할 수밖에 없습니다. 하물며 하나님을 알지 못하고 영적 전쟁의 실체를 깨닫지 못하는 세상 사람들은 얼마나 더 깊은 심리적 고통과 허무 속에 머물러 있겠습니까? 때때로 그 고통은 생을 포기하고 싶게 만드는 극단적인 미혹으로 이어지기도 합니다. 이 역시 사탄의 공격임을 깨달아야 합니다.

하나님께서는 연약한 우리를 홀로 두지 않으시고 예수 그리스도를 보내셨으며, 그리스도를 통해 생명의 성령님을 우리에게 허락하셨습니다. 성령님은 이제 우리 곁에서, 아니 우리 안에서 함께하시며 우리가 세상 염려에 함몰되지 않도록 도우십니다. 누군가의 허물이나 죄가 드러날 때, 우리는 그를 정죄하는 재판관의 자리에 앉기보다 성령님의 도우심을 알지 못해 사망의 골짜기에서 신음하는 그 영혼을 긍휼히 여기는 중보자가 되어야 합니다. 만약 내 마음이 여전히 누군가를 향한 비난으로 가득 차 있다면, 그것은 현재 내 영혼이 성령님의 충만함에서 멀어져 있다는 경고 신호입니다. 그 상태를 자각하는 즉시 십자가 앞으로 나아가 회개하며 마음을 정결하게 해야 합니다.

진정한 신앙의 여정은 내면을 살피고 성령님의 다스리심 아래 참된 평안과 긍휼, 그리고 감사의 마음이 흐르고 있는지를 부단히 점검하는 과정입니다. "성령님, 제 안에 오셔서 하나님의 거룩하신 일을 행하시고, 모든 악하고 더러운 것들을 제거하여 주옵소서. 성령님의 선한 열매로 제 삶을 가득 채워주소서"라는 고백이 우리의 호흡이 되어야 합니다. 사람들을 하나님의 마음과 관점으로 바라보는 훈련이 필요합니다. 나의 잘못된 기준과 욕망, 상대에 대한 과도한 기대가 오히려 소중한 관계들을 파괴해 왔음을 인정하고, 오직 성령님의 도우심으로만 진정한 회복이 일어날 수 있음을 믿어야 합니다.

누군가를 내 입맛에 맞게 변화시키려 고집하지 마십시오. 오직 하나님께 그들을 온전히 맡겨드릴 때, 각 사람 안에 감추어진 하나님의 은사와 고유한 부르심이 비로소 드러나기 시작합니다. 상대방의 죄를 보고 판단하기보다는 하나님의 긍휼을 먼저 품고, 나 자신부터 주님 앞에 거룩한 산 제물로 드릴 수 있는 삶을 결단해야 합니다.

우리가 기대해야 할 진정한 기적은 눈에 보이는 환경의 변화가 아닙니다. 내 안의 잘못된 가치관과 진리가 아닌 생각들이 성령의 검으로 하나씩 제거되고, 그 빈자리가 진리로 채워지는 삶 자체가 가장 큰 기적입니다. 이것이 하나님과의 진정한 연합이며 성령께서 우리 안에서 행하시는 가장 영광스러운 역사입니다.

관계의 평안함은 우리가 하나님의 성품을 닮아갈 때 시작됩니다. 우리는 모두 관계 속에서 안식을 갈망하지만, 누군가의 예측할 수 없는 분노나 거친 성품 앞에서 늘 긴장과 두려움을 느끼며 살아갑니다. 이런 불안한 관계는 우리를 위축시키고 삶의 활기를 앗아갑니다. 하지만 한 사람의 성품은 결국 그 인생의 주인이 누구인지를 보여주는 거울과 같습니다. 내 인생의 주인이 하나님인지, 아니면 자신의 자아나 세상의 가치관인지에 따라 맺히는 열매는 판이하게 달라집니다.

나를 통해 하나님의 성품인 사랑과 화평과 긍휼이 흘러나오고 있는지 겸손히 돌아보아야 합니다. 진정한 평안은 내가 상대방을 통제하거나 억지로 바꾸려 할 때 찾아오는 것이 아니라, 모든 주권을 하나님께 양도하고 그분을 신뢰하며 기도의 무릎을 꿇을 때 비로소 시작됩니다.

평안은 인간의 수단으로 쟁취할 수 있는 결과물이 아니라, 하나님께 삶의 운전대를 온전히 맡겨드리고 항복한 자에게 주시는 하늘의 선물입니다. 오늘 하루, 내 마음의 전쟁터를 성령님께 내어드리고 주님이 주시는 고요한 평강 가운데 거하시길 소망합니다.

"우리의 씨름은 혈과 육을 상대하는 것이 아니요 통치자들과 권세들과 이 어둠의 세상 주관자들과 하늘에 있는 악의 영들을 상대함이라"(엡 6:12)

"이와 같이 성령도 우리의 연약함을 도우시나니 우리는 마땅히 기도할 바를 알지 못하나 오직 성령이 말할 수 없는 탄식으로 우리를 위하여 친히 간구하시느니라"(롬 8:26)

묵상 Point

1. 최근 내 마음을 괴롭혔던 부정적인 감정이나 비난의 마음이 사탄의 영적 공격임을 분별하고 성령님의 도우심을 구하고 있습니까?
2. 관계 속에서 평안을 찾기 위해 상대를 통제하려 하기보다, 하나님의 성품을 닮아 주권을 온전히 맡겨드리는 기도를 드리고 있습니까?

PART 5.
기도

마 6:8-10 그들을 본받지 말라 구하기 전에 너희에게 있어야 할 것을 하나님 너희 아버지께서 아시느니라 그러므로 너희는 이렇게 기도하라 하늘에 계신 우리 아버지여 이름이 거룩히 여김을 받으시오며 나라가 임하시오며 뜻이 하늘에서 이루어진 것 같이 땅에서도 이루어지이다

NIV Do not be like them, for your Father knows what you need before you ask him. This, then, is how you should pray: "Our Father in heaven, hallowed be your name, your kingdom come, your will be done, on earth as it is in heaven."

2022. 05. 25.

101 끝까지 용서하고 사랑하라: 생명을 살리는 유일한 길

우리의 무의식과 의식 속에는 율법적인 지식과 경험들이 켜켜이 쌓여 있습니다. 그것들이 우리의 정체성과 성향, 인격 형성에 깊이 영향을 미치며, 결국 반복적인 죄와 분노의 근원이 되기도 합니다. 특히 분노의 감정은 스스로 다스리기 어려운 강력한 감정입니다. 성경은 '유순한 대답이 분노를 쉬게 한다'라고 권면합니다. 분노의 상황에서 깨어 성령님께 나아가지 않으면, 우리는 그 분노의 지배 아래 끊임없이 넘어지고 상처를 주고받게 됩니다.

예수님께서 말씀하신 '일만 달란트를 탕감받은 종'의 비유는, 우리가 서로를 용서해야 하는 이유를 강력하게 보여줍니다. 하나님은 우리 죄의 무게가 아무리 무겁고 반복적이더라도, 진실한 회개로 돌아오는 자를 절대 외면하지 않으십니다. 그 은혜는 여전히 우리에게 유효합니다. 그 사랑과 긍휼이 있기에, 우리는 사명의 자리에서 평안과 소망 가운데 살아갈 수 있습니다. 이제 우리는 받은 은혜의 크기를 기억하며, 다른 이들을 향해서도 동일한 용서와 긍휼을 실천해야 합니다. 나에게 고통을 주는 사람이라도 그를 비난하지 말고, 하나님께로 인도하기 위해 기도하라는 주님의 부탁을 마음에 새겨야 합니다.

진정한 용서는 내 중심이 변화될 때 시작됩니다.

상대의 허물을 볼 때마다, 십자가에서 나를 향한 하나님의 큰 사랑과 용서를 떠올리고, 온유함으로 끝까지 용서하고 품을 수 있어야 합니다. 하나님께서도 아침마다 우리를 새롭게 만나주시며, 어제의 모든 죄와 허물을 기억하지 않으십니다. 변함없는 사랑으로 대하시는 그분의 성품을 본받아, 우리도 그렇게 살아가길 원하십니다. **온유함은 분노하고 심판하고 싶은 순간에도, 예수님의 십자가를 기억하며 분노의 불화살을 내려놓고 용서를 선택할 때 성령님께서 우리 안에 역사하시는 성품입니다.**

또한, 우리 삶에 반복적으로 나타나는 불편한 사람과의 갈등은, 하나님께서 내 안의 악한 성향과 고질적인 죄를 깨닫게 하시고 제거하시기 위한 섭리일 수 있습니다. 고통을 주는 상황에만 집중하지 말고, 그 안에 담긴 하나님의 뜻과 음성을 들으려는 마음을 가져야 합니다. 하나님은 그 상황을 통해 나를 새롭게 하시고, 죄에서 자유롭게 하시며, 하나님의 은혜를 생각하고 사랑으로 다스릴 수 있는 능력을 부어 주십니다.

결국 우리의 시선은 상대의 말과 허물이 아닌, 십자가로 향해야 합니다. 하나님은 다윗의 죄를 깨우치실 때, 나단 선지자의 비유를 사용하셨듯이, 우리에게도 타인의 죄나 상황을 통해 우리의 실상을 깨닫게 하십니다. 이를 통해 회개와 긍휼의 자리로 인도하시는 주님의 손길을 경험하곤 합니다.

"유순한 대답은 분노를 쉬게 하여도 과격한 말은 노를 격동하느니라"(잠 15:1)

"너희가 각각 마음으로부터 형제를 용서하지 아니하면 나의 하늘 아버지께서도 너희에게 이와 같이 하시리라"(마 18:35)

묵상 Point

1. 내 안에 쌓인 율법적인 잣대로 타인을 정죄하며 분노를 터뜨리고 있지는 않습니까?
2. 나를 향한 하나님의 일만 달란트급 용서를 기억하며, 고통을 주는 상대를 위해 온유함을 구하고 있습니까

2022. 05. 26.

102 다른 이의 허물을 보기 전에, 나의 눈 속 들보를 보라

우리는 타인의 실수나 부족함에 유독 예민하게 반응하는 경향이 있습니다. 마치 레이더를 켜 놓은 것처럼, 상대방의 작은 허물이 눈에 들어오기 시작할 때 우리의 마음은 평안을 잃고 비판과 정죄의 자리로 쉽게 넘어갑니다. 그러나 성경은 바로 그 순간이, 상대의 부족함을 탓할 때가 아니라, 나 자신의 문제와 영적인 현 상태를 겸손히 돌아보아야 할 때임을 끊임없이 상기시킵니다.

예수님께서는 형제의 눈 속에 있는 작은 티(speck)를 보려고 하면서도 정작 자신의 눈 속에 있는 커다란 들보(plank)는 깨닫지 못하는 우리의 위선을 날카롭게 지적하셨습니다. 우리가 누군가를 비난하는 것에 몰두할 때, 사실은 우리 내면의 어둠과 해결되지 않은 죄성이 투사되는 경우가 많습니다. 비난의 언어는 자신의 허물을 가리려는 무의식적인 방어기제일 수 있으며, 자신은 의롭다고 착각하게 만드는 교만의 시작입니다. 내가 상대를 판단하는 잣대는 결국 나 자신에게도 적용될 수 있다는 준엄한 진리를 잊어서는 안 됩니다.

진정한 영적 회복과 관계의 치유는 상대의 부족함을 찾아내어 비난하는 데서 시작되지 않습니다. 그것은 그 부족함이 내 안에도 있음을 인정하는 겸손, 그리고 나 역시 오직 하나님의 은혜와 긍휼 없이는 설 수 없다는 처절한 깨달음에서부터 출발합니다. 우리는 긍휼을 구하는 자로 십자가 앞에 나아가야 합니다. 내가 먼저 하나님의 풍성한 자비와 용서를 경험할 때, 비로소 상대를 향한 긍휼의 마음을 품을 수 있기 때문입니다. 우리의 죄를 자백할 때마다 신실하신 하나님께서 우리를 용서하시고 깨끗하게 하신다는 약속을 붙잡고, 심판자의 자리에서 내려와 은혜의 자리에 머물러야 합니다.

"어찌하여 형제의 눈 속에 있는 티는 보고 네 눈 속에 있는 들보는 깨닫지 못하느냐"(마 7:3)

"만일 우리가 우리 죄를 자백하면 그는 미쁘시고 의로우사 우리 죄를 사하시며 우리를 모든 불의에서 깨끗하게 하실 것이요"(요일 1:9)

묵상 Point

1. 최근 내가 다른 사람의 허물에 대해 비난하거나 판단했던 일은 무엇이며, 그 이면에는 나 자신의 어떤 죄성이나 인정하기 싫은 부족함이 숨어 있었습니까?
2. 하나님의 은혜로 내 눈 속의 '들보'를 먼저 깨닫고 제거하기 위해, 오늘 당장 취해야 할 겸손한 결단과 기도의 내용은 무엇입니까?

2022. 05. 27.

103 십자가의 은혜로 비난의 자리를 떠나 사랑을 택하라

의로우신 하나님께서 우리를 대하시는 방식은 바로 십자가에 온전히 드러나 있습니다. 우리가 아직 하나님과 원수 되었을 때, 우리의 죄와 허물을 이유로 우리에게 직접적인 심판을 집행하지 않으시고, 독생자 예수 그리스도의 대속을 통해 우리를 수많은 죄와 사망에서 건져내셨습니다. 지금도 하나님은 우리의 부족함과 허물을 오래 참으시며, 사랑과 인내로 우리를 품고 계십니다. 십자가는 비난이 아닌 사랑을, 정죄가 아닌 용서를 선포하는 영원한 표징입니다.

그러나 우리는 종종 다른 사람의 허물 앞에서 하나님의 인내와 긍휼을 잊고 평안을 잃어버립니다. 관계 안에 긴장과 두려움, 때로는 분노까지 느끼는 것은 상대를 나보다 낮게 보고 정죄하고 판단하려는 마음이 우리 안에 깊이 자리하고 있다는 증거입니다. **나를 불편하게 하고 힘들게 하는 사람을 만날 때, 우리는 본능적인 반응을 멈추고 먼저 십자가 앞에 나아가야 합니다. 우리가 받은 용서가 얼마나 값비싼 대가 지불을 통해 받은 은혜였는지를 다시 한번 깊이 경험할 때, 상대를 향한 우리의 태도는 비난이 아닌 평안과 따뜻함으로 변화할 수 있습니다.**

사도 바울은 우리가 그리스도의 사랑 안에서 서로 용납하고 용서해야 한다고 권면합니다. 이 권면의 기준은 '주께서 너희를 용서하신 것같이' 입니다. 십자가의 은혜를 깊이 경험할수록, 우리는 용서의 의무가 아니라 특권을 누리게 됩니다. 예수 그리스도의 십자가는 모든 죄와 율법의 권세, 사탄의 세력, 질병의 영향력을 무력하게 하셨습니다. 마치 이스라엘 백성 앞에서 요단강의 흐름이 멈춘 것처럼, 마귀와 세상의 정죄 권세와 부정적인 세력은 십자가 앞에서 끊어졌습니다. 이 권능을 신뢰하며, 불편함과 분노를 멈추게 하는 십자가의 능력을 선포하는 것이 우리의 영적 전쟁입니다. 십자가의 사랑으로 무장할 때, 우리는 정죄의 통로가 아니라 화평의 통로가 될 수 있습니다.

"우리가 아직 죄인 되었을 때에 그리스도께서 우리를 위하여 죽으심으로 하나님께서 우리에 대한 자기의 사랑을 확증하셨느니라"(롬 5:8)

"누가 누구에게 불만이 있거든 서로 용납하여 피차 용서하되 주께서 너희를 용서하신 것 같이 너희도 그리하고"(골 3:13)

묵상 Point

1. 나를 불편하게 하거나 힘들게 하는 사람을 볼 때, 즉시 비난이나 정죄의 마음이 드는 대신 십자가의 은혜를 선택하기 위해 나는 어떤 영적인 훈련(기도, 묵상, 고백 등)을 지속해야 합니까?
2. 예수 그리스도의 십자가가 모든 죄와 심판의 권세를 멈추게 했다는 사실을 오늘 내 삶의 어떤 문제(관계, 두려움 등)에 적용하고 선포할 수 있겠습니까?

2022. 05. 28.

104 성령 없이 쌓은 탑은 영적인 방해물이 된다

우리는 수많은 성과와 성공, 타인으로부터 인정받는 열매들을 쌓아 올리곤 합니다. 세상적인 관점에서 보면 칭찬받아 마땅한 성취들이지만, 영적인 실재 앞에서 이 모든 것이 성령님으로부터 비롯된 것이 아니라면 그것들은 오히려 우리의 영적 성숙을 가로막는 방해물이 될 수 있습니다. 성령님의 인도하심이 결여된 자기 확신이나 성공은 종종 자기 의로 포장되어, 우리가 정작 바라보아야 할 예수 그리스도의 십자가를 가려버립니다.

이러한 성취들은 자칫하면 진리를 거스르는 견고한 진이 되기 쉽습니다. 자신의 경험과 능력, 지혜를 절대화하는 순간, 우리는 하나님의 말씀을 자신의 틀 안에 가두려 합니다. "나는 이렇게 해서 성공했다"라는 논리는 자신을 억압하는 교만의 족쇄가 될 뿐 아니라, 타인의 영적 여정마저도 자신의 잣대로 억누르고 판단하는 도구가 됩니다. 사도 바울은 우리가 성령으로 시작했다가 육체로 마치려는 어리석음을 경고합니다. 처음에는 은혜로 시작했더라도, 중간에 자신의 힘과 공로를 의지하여 얻은 성과를 자랑하기 시작하면, 그것은 결국 은혜를 무효화시키는 자기만족으로 전락하고 맙니다.

진정한 신앙은 무언가를 더 높이 쌓는 것이 아니라, 오히려 내 안에 견고하게 세워진 자아의 바벨탑을 허무는 과정입니다. 우리가 주님의 일이라고 자부했던 수많은 업적조차, 그 뿌리가 성령의 기름 부으심이 아닌 인간적 야망에 닿아 있다면 그것은 하나님 나라의 확장이 아니라 나의 왕국을 건설하는 행위에 불과합니다. 하나님께서는 우리의 화려한 결과물보다 그 일을 행하는 중심에 성령님과의 친밀한 동행이 있었는지를 보십니다. 인간의 열심으로 쌓은 탑은 무너질 때 큰 상처와 허망함을 남기지만, 성령의 인도하심에 순종하여 맺은 열매는 비록 작고 보잘것없어 보일지라도 영원한 생명의 향기를 발합니다.

그러므로 우리는 주기적으로 자신의 성취와 열매를 성령의 불빛 아래 비춰보아야 합니다. 내가 자랑하는 것이 과연 하나님으로부터 온 것인지, 아니면 나 자신의 욕심과 육체의 노력 결과인지를 분별해야 합니다. 성령의 열매는 사랑과 희락과 화평과 같이 내면의 변화를 동반하지만, 육신의 열매는 교만과 판단, 정죄와 같이 외적인 성공에도 불구하고 내면의 공허와 불안을 남깁니다. 우리의 모든 지식과 경험을 그리스도께 복종시키고 성령의 주도권을 인정할 때, 비로소 견고한 진은 무너지고 참된 영적 자유를 누릴 수 있습니다.

"그 중에 이 세상의 신이 믿지 아니하는 자들의 마음을 혼미하게 하여 그리스도의 영광의 복음의 광채가 비치지 못하게 함이니 그리스도는 하나님의 형상이니라"(고후 4:4)

"우리의 싸우는 무기는 육신에 속한 것이 아니요 오직 어떤 견고한 진도 무너뜨리는 하나님의 능력이라 모든 이론을 무너뜨리며 하나님 아는 것을 대적하여 높아진 것을 다 무너뜨리고 모든 생각을 사로잡아 그리스도에게 복종하게 하니"(고후 10:4)

묵상 Point

1. 현재 내가 자랑스럽게 여기는 성취 중 성령님의 인도 없이 내 힘으로만 쌓아 올린 '자기 의'의 탑은 없습니까?
2. 나의 경험을 절대화하여 하나님의 일하심을 제한했던 영역을 어떻게 그리스도 앞에 복종시킬 수 있겠습니까?

2022. 05. 28.

105 마음과 생각의 주도권을 성령님께 온전히 드리라

우리의 내면은 끊임없는 영적 전쟁터입니다. 성경은 믿는 자 안에 성령님의 역사가 시작되었음에도, 여전히 죄 된 본성인 육신의 욕망과 성령님의 뜻이 충돌하고 있음을 명확히 알려줍니다. 성령님은 우리에게 생명과 평안, 영원한 진리를 주시는 분이시지만, 마귀는 죄와 사망의 고통, 불안과 혼란을 가져와 우리의 마음과 생각을 지배하려 합니다. 이 둘 사이의 치열한 주도권 전쟁이 우리의 마음과 생각에서 한순간도 멈추지 않고 벌어지고 있음을 자각하는 것이 영적 삶의 첫걸음입니다.

무엇이 우리의 생각을 다스리게 할지는 우리의 선택에 달려 있습니다. 우리는 본성적으로 육신의 욕망을 따르려는 경향이 강합니다. 육신을 따르는 생각은 각종 염려와 사망을 낳지만, 성령을 따르는 생각은 생명과 평안을 낳습니다. 이 선택은 한 번의 결단으로 끝나는 것이 아니라, 매 순간 호흡처럼 이루어져야 할 영적 훈련입니다. 우리가 어떤 생각에 집중하고 반응하느냐에 따라, 우리 삶의 방향과 열매가 결정되기 때문입니다.

성령님께 주도권을 내어드린다는 것은 적극적으로 하나님의 말씀을 우리 마음의 중심에 채우는 것을 의미합니다. 우리 마음은 진공 상태로 존재할 수 없기에, 진리의 빛으로 가득 채우지 않으면 금세 어두운 육신의 생각들이 그 자리를 차지하게 됩니다. 따라서 우리는 매일의 삶 속에서 말씀 묵상과 기도를 통해 영적 민감성을 유지해야 합니다. 내 안에서 일어나는 수많은 생각 중 무엇이 하나님으로부터 온 것인지, 무엇이 나의 욕망이나 사탄의 속임수로부터 온 것인지를 말씀의 잣대로 분별해 낼 때, 비로소 성령님의 세밀한 인도하심을 따라 승리하는 삶을 살 수 있습니다.

그러므로 우리는 자신의 힘과 의지를 내려놓고 매 순간 성령님의 도우심을 간절히 의지해야 합니다. 성령님은 우리의 연약함을 아시고, 우리가 마땅히 기도할 바를 알지 못할 때도 말할 수 없는 탄식으로 우리를 위해 간구하십니다. 성령님께 나를 맡기고, 내 마음과 생각을 주관하여 주시기를 간구할 때, 우리는 죄의 권세에서 벗어나 참된 자유와 생명을 경험하게 됩니다. 우리 마음의 중심에 성령님을 주인으로 모시고 주도권을 온전히 내어드릴 때, 우리는 성령의 인도하심을 따라 행하는 거룩한 삶을 살 수 있습니다.

"육신을 따르는 자는 육신의 일을, 영을 따르는 자는 영의 일을 생각하나니"(롬 8:5)

"만일 우리가 성령으로 살면 또한 성령으로 행할지니"(갈 5:25)

묵상 Point

1. 내 마음을 가득 채우고 있는 생각이 육신의 염려인지, 아니면 성령님이 주시는 생명과 평안인지 분별하고 있습니까?
2. 매 순간 내 생각의 주도권을 주님께 맡겨드리기 위해, 오늘 구체적으로 어떤 영적 훈련을 실천하시겠습니까?

2022. 05. 30.

106 나를 힘들게 하는 사람은 하나님이 보내신 선교 대상

우리를 가장 힘들게 하고 괴롭게 만드는 사람들은 종종 가장 가까운 관계 속에 있습니다. 가정의 구성원일 수도 있고, 직장의 동료나 공동체의 지체일 수도 있습니다. 변하지 않는 듯한 상대의 성향이나 습관과 반복되는 불편한 태도를 바라볼 때, 우리의 시선은 쉽게 불평과 원망, 분노와 미움으로 기울어집니다. 그러나 영적인 시각으로 볼 때, 그 사람 자체가 아니라 하나님께서 그 관계와 상황을 통해 우리를 훈련하시고 일하고 계심을 먼저 깨달아야 합니다.

상대의 기질이나 태도, 감정적인 반응에 시선을 빼앗기는 것은 곧 마귀가 파놓은 함정에 빠지는 것과 같습니다. 대신에, 우리는 그 사람을 구원의 자리로 인도하시고, 그 영혼을 다듬으시려는 하나님의 뜻과 계획에 집중해야 합니다. 우리가 있는 가정, 직장, 교회 공동체는 결코 우연히 모인 곳이 아닙니다. 이 모든 장소는 하나님께서 우리를 파송하신 선교지이며, 우리는 그곳에 보냄을 받은 선교사라는 신분을 기억해야 합니다. 이 정체성을 분명히 할 때, 그 어떤 불편함이나 괴로움도 사명 수행의 일부로 받아들일 수 있습니다.

선교사로 사는 삶은 단순히 좋은 관계를 유지하는 것을 넘어, 나를 힘들게 하는 그 사람을 향한 하나님의 긍휼을 내 심장에 이식하는 과정입니다. 우리는 상대를 변화시키려 하기보다, 먼저 내가 하나님 앞에서 온전한 선교사로 서 있는지 돌아보아야 합니다. 나를 괴롭게 하는 가시 같은 존재가 사실은 나의 모난 성품을 깎아내기 위해 하나님이 예비하신 정교한 조각도일 수 있음을 인정하는 것이 겸손입니다. 내 자존심이 꺾이고 내 목소리가 작아지는 그 지점에서 비로소 그리스도의 향기가 배어 나오기 시작하며, 그 향기가 결국 굳게 닫힌 상대방의 마음 문을 여는 열쇠가 됩니다.

예수님께서 자신을 핍박하는 자들을 위해 기도하셨듯이, 선교의 정신은 희생과 자기 부인에 있습니다. 우리가 괴로움을 당하고, 존중받지 못하고, 심지어 순교적인 죽음을 경험하는 것처럼 고통스러울지라도, 그것을 통해 단 한 사람이라도 구원으로 나아간다면 그것은 하늘의 가장 큰 영광이며 축복입니다. 만약 우리의 삶에 끊이지 않는 갈등과 괴로움만 가득하다면, 그것은 우리가 선교사라는 사명을 잊고, 육신의 욕망과 세상의 기준을 좇아 살아가고 있다는 증거일 수 있습니다. 우리의 정체성은 그리스도 안에 있으며, 우리의 사명은 화목하게 하는 직분을 감당하는 것임을 기억하며, 모든 관계 속에서 예수 그리스도의 사랑을 흘려보내는 통로가 되어야 합니다.

"그러므로 우리가 그리스도를 대신하여 사신이 되어 하나님이 우리를 통하여 너희를 권면하시는 것 같이 그리스도를 대신하여 간청하노니 너희는 하나님과 화목하라"(고후 5:20)

"아버지께서 나를 보내신 것 같이 나도 너희를 보내노라"(요 20:21)

묵상 Point

1. 나를 힘들게 하는 그 사람을 갈등의 대상이 아닌, 내가 복음을 전해야 할 영적 선교 대상자로 보고 있습니까?
2. 관계의 고통 속에서 내 억울함을 호소하기보다, 화목하게 하는 직분을 주신 주님의 명령에 먼저 순종하고 있습니까?

2022. 06. 01.

107 오직 하나님의 영광만을 위한 기도의 깊이

진정으로 하나님 앞에 합당하게 드려지는 기도는, 우리의 사적인 유익이나 만족이 아닌 오직 하나님의 영광과 공로만이 온전히 드러나기를 바라는 데 그 초점이 있습니다. 많은 경우, 우리의 기도는 하나님을 움직여서 내 뜻을 이루려는 이기적인 시도로 변질되곤 합니다. 사람들로부터 인정받고 싶고, 칭찬이나 보상, 존중을 받고 싶은 내면의 욕망이 있다면, 우리는 기꺼이 그 모든 생각과 기대, 자기중심적인 욕망을 내려놓아야 합니다.

우리가 교회나 세상 속에서 쌓아온 공로나 기여, 눈에 보이는 실적 등을 근거로 타인이나 조직으로부터 정당한 보상이나 합당한 인정을 받기를 기대하는 것은 매우 인간적인 태도입니다. 그러나 이러한 영적 상태에 있는 자를 통해서는 하나님께서 자신의 거룩하심과 영광을 온전히 나타내실 수 없습니다. 왜냐하면 공로를 나에게 돌리려는 인간의 본성이 하나님의 영광을 가로채려 하기 때문입니다. 하나님은 질투하시는 하나님이시며, 그 영광을 절대 다른 이에게 주지 않으십니다.

하나님은 우리가 충분히 다듬어지고, 자아가 무너지고, 육체의 욕심으로 인한 불순물들이 제거되어 정결하게 되었다고 인정하실 때, 비로소 우리를 당신의 통로로 사용하여 영광을 드러내십니다. 만약 여전히 육신의 정욕이나 세상의 가치관, 자기 공로 의식이 내 마음과 생각 속에 남아 있다면, 하나님은 그런 나를 당장 사용하지 않으시고, 우리가 온전히 준비될 때까지 오래 참고 기다리십니다. 이 기다림의 시간은 우리를 향한 징벌이 아니라, 거룩한 목적을 위한 정화의 과정입니다.

지금 내가 성령님의 지혜와 권능을 구하는 목적이 정말로 하나님의 뜻과 영광을 위한 것인지, 아니면 내 유익과 만족을 위한 것인지 깊이 성찰해야 합니다. 내 기도가 온전히 하나님의 뜻을 이루고, 하나님의 이름만이 홀로 높아지기 위한 것이 될 때, 하나님께서는 나를 기꺼이 당신의 도구로 삼아 놀라운 일을 행하실 것입니다.

"그러나 내게는 우리 주 예수 그리스도의 십자가 외에 결코 자랑할 것이 없으니 그리스도로 말미암아 세상이 나를 대하여 십자가에 못 박히고 내가 또한 세상을 대하여 그러하니라"(갈 6:14)

"나는 여호와이니 이는 내 이름이라 나는 내 영광을 다른 자에게, 내 찬송을 우상에게 주지 아니하리라"(사 42:8)

묵상 Point

1. 내가 하나님께 간절히 구했던 기도 제목들 중에서 '내 유익과 만족'을 위한 욕망이 '하나님의 영광'보다 앞섰던 부분은 무엇이었으며, 이를 어떻게 회개하고 수정해야 합니까?
2. 하나님의 영광을 위해 나 자신이 '무너지고 제거되어야 할 부분'이라고 생각되는 영역은 무엇이며, 이 정화의 과정을 기꺼이 받아들이는 데 필요한 영적인 결단은 무엇입니까?

2022. 06. 02.

108 고정관념을 넘어, 하나님의 뜻을 구하라

우리의 삶은 크고 작은 선택의 연속이며, 신앙인에게 있어 모든 선택은 언제나 기도와 섬세한 분별을 요구합니다. 과거를 되돌아보면, 우리는 종종 나의 경험과 지식, 그리고 주변 전문가들의 조언이라는 견고한 울타리에만 의존하여 중요한 결정을 내리곤 했습니다. 하나님께 깊이 묻지 않고, 내 안의 논리와 경험으로만 판단했던 결과는 결국 예상치 못한 고통과 깊은 후회로 되돌아오는 경우가 많았습니다. 이는 인간의 마음이 얼마나 기만적이고 자기중심적인가를 여실히 드러내는 증거입니다.

기존 묵상 글에서 언급된 직원 채용의 예시처럼, 우리는 종종 과거의 상처와 부정적인 경험을 미래의 고정관념으로 만들어 하나님의 일하심을 제한합니다. 과거에 어떤 직원과 겪었던 불편한 문제로 인해, 무조건 특정 유형의 사람을 배제하고 다른 유형의 직원을 채용하는 쪽으로 방향을 정할 때, 우리는 '더 적합한 직원'을 보내시려는 하나님의 계획을 스스로 차단할 수 있습니다.

이는 발생할지도 모르는 미래의 고통과 어려움만을 생각하며, 전능하신 하나님의 뜻과 주권을 묻지 않는 명백한 불순종이자 불신앙입니다. 인간의 지혜와 경험은 한계가 명확하며, 영원하고 선하신 하나님의 계획을 결코 포괄할 수 없습니다. 우리의 판단이 하나님의 주권보다 앞설 때, 우리는 자신을 보호하려는 방어기제 속에 갇혀 하나님이 예비하신 새로운 축복의 통로를 잃어버리게 됩니다.

시간이 지나 하나님께서 그 선택의 기억을 다시 떠올리게 하실 때, 우리는 그 결정이 얼마나 자기중심적이고 육신적인 두려움에 근거했는지를 깨닫게 됩니다. 그러나 놀라운 것은, 하나님께서는 우리의 어리석고 잘못된 선택조차도 낭비하지 않으시고, 내 내면의 깊은 죄악과 과거의 상처를 드러내시고 정결하게 하시는 도구로 사용하신다는 사실입니다.

우리의 실패와 고통의 대가는 결국 우리를 십자가 앞에 다시 무릎 꿇게 하여, 하나님은 당신의 영광을 위해 깨끗하고 순종하는 그릇을 사용하신다는 진리를 확인시켜 줍니다.

"너는 마음을 다하여 여호와를 신뢰하고 네 명철을 의지하지 말라 너는 범사에 그를 인정하라 그리하면 네 길을 지도하시리라"(잠 3:5-6)

"만물보다 거짓되고 심히 부패한 것은 마음이라 누가 능히 이를 알리요마는"(렘 17:9)

묵상 Point

1. 중요한 결정을 내릴 때 내 과거의 경험이나 상처가 하나님의 인도하심을 가로막는 고정관념이 되고 있지는 않습니까?
2. 나의 명철을 내려놓고 범사에 하나님을 인정하며, 그분의 선하신 계획이 내 삶에 온전히 이루어지기를 기도하고 있습니까?

2022. 06. 05.

109 세상의 틀을 깨고, 자녀를 향한 하늘의 소명을 회복하라

오늘날 부모들은 자녀를 바라보는 시각이 세상의 좁은 틀 안에 갇혀 있지는 않은지 절박하게 점검해야 합니다. 특히 한국 사회의 학부모들은 자녀의 학령기부터 대학 진학, 취업, 연봉이라는 일련의 과정에만 초점을 맞추며, 세상적인 성공이라는 척도에 자녀의 존재 가치를 종속시키는 경향이 있습니다. 그러나 우리는 구원받은 존재이며, 우리의 자녀들은 이 땅의 성공을 넘어 하나님의 영원한 계획 가운데 부르심을 받은 귀한 영혼들입니다.

부모가 진정으로 자녀를 통해 하나님의 계획이 성취되기를 바란다면, 세상의 경쟁 논리를 버리고 하나님의 선한 목적과 소명 안에서 자녀들을 바라봐야 합니다. 부모의 역할은 단지 진학과 취업의 효율적인 길잡이가 아닙니다. 부모는 하나님께서 그분의 일을 성취하기 위해 세우신 동역자로서, 자녀를 영적으로 지도하고 끊임없이 기도로 섬겨야 할 영적 제사장입니다. 우리가 하나님의 관점에서 자녀의 재능, 기질, 어려움을 바라볼 때, 비로소 세상의 가치관에서 벗어나 진리 위에 세워진 양육을 할 수 있습니다.

자녀의 성적이나 경력에 대한 집착은 부모의 불안과 자기 의가 투영된 결과일 수 있습니다. 성경은 자녀를 주의 교훈과 훈계로 양육할 것을 명하며, 우리의 시민권은 이 땅이 아니라 하늘에 있음을 선포합니다. 자녀에게 가장 중요한 가치는 성공적인 직업이 아니라, 그리스도의 장성한 분량에 이르도록 양육되는 영적인 성숙입니다. 부모가 먼저 세상의 욕심을 내려놓고, 하나님의 말씀과 진리 안에서 영적인 권위를 회복할 때, 자녀들은 부모의 삶을 통해 하늘의 소명을 배우고 이 땅을 살아가는 참된 목적을 깨닫게 될 것입니다.

우리는 자녀의 미래가 부모의 정보력이나 재력이 아닌, 오직 하나님의 신실하신 손길과 언약에 달려 있음을 믿음으로 고백해야 합니다. 자녀가 세상에서 조금 뒤처지는 것처럼 보일지라도, 그 영혼이 하나님과 인격적으로 만나는 자리에 있다면 그것이 가장 큰 성공임을 인정하는 영적 안목이 필요합니다.

부모가 자녀의 인생을 통제하려는 손을 놓을 때 비로소 하나님께서 그 아이의 삶을 직접 경영하기 시작하십니다. 자녀를 내 소유가 아닌 하나님의 기업으로 인정하며, 그들이 세상의 유행을 따르는 자가 아니라 시대를 거슬러 하나님의 뜻을 이루는 거룩한 남은 자로 자라나도록 눈물로 씨를 뿌리는 부모가 되어야 합니다.

"또 아비들아 너희 자녀를 노엽게 하지 말고 오직 주의 교훈과 훈계로 양육하라"(엡 6:4)

"그러나 우리의 시민권은 하늘에 있는지라 거기로부터 구원하는 자 곧 주 예수 그리스도를 기다리노니"(빌 3:20)

묵상 Point

1. 자녀의 진학이나 성공 여부에 일희일비하며 자녀를 세상의 틀에 맞춰 압박하고 있지는 않습니까?
2. 자녀의 인생을 통제하려는 욕심을 내려놓고, 하나님이 자녀의 삶에 두신 고유한 소명을 발견하도록 기도로 돕고 있습니까?

2022. 06. 06.

110 속사람의 정결함을 먼저 구하라

기적보다 깨끗한 그릇을 원하시는 하나님

하나님은 결코 겉모습에 속지 않으시는 분입니다. 인간은 눈에 보이는 외모와 드러난 성과를 통해 사람을 판단하지만, 하나님은 우리의 깊은 중심, 즉 '속사람'을 보십니다. 겉으로는 경건하고 의로운 신앙인의 모습을 갖추었을지라도, 속사람이 여전히 거짓과 불신, 탐욕, 교만, 미움과 같은 더러움으로 가득하다면 하나님은 그 사람을 당신의 거룩한 목적을 위해 사용하실 수 없습니다. 하나님은 당신의 권능을 나타내는 기적과 능력을 행하는 '도구'보다, 먼저 깨끗하고 거룩한 '그릇'을 원하십니다.

성령님께서 우리 안에 거하시면서 시작하시는 가장 중요한 첫 번째 일은 바로 이 속사람을 정결케 하시는 작업입니다. 겉으로 드러난 화려한 간증이나 외적인 성공에 우리의 시선과 마음을 빼앗기지 않도록 경계해야 합니다. 오히려 영적 삶의 깊은 영역에서 묵혀 있는 죄와 오래된 상처, 세상적인 가치관과 혼합된 탐욕의 뿌리들을 드러내어 철저히 회개하고 하나님 앞에 나아가야 합니다. 연단은 고통스럽지만, 이 과정을 통해서만 우리는 주인이 쓰시기에 합당한 깨끗한 그릇으로 빚어질 수 있습니다.

우리의 속사람이 정결해질 때 비로소 우리는 하나님의 세밀한 음성을 분별할 수 있는 영적 감각을 회복하게 됩니다. 깨끗한 거울이 사물을 온전히 비추듯, 정결한 심령만이 하나님의 거룩한 뜻을 왜곡 없이 반영할 수 있기 때문입니다. 내면의 불순물이 제거된 자리에는 비로소 성령의 열매가 맺히기 시작하며, 우리는 억지로 애쓰지 않아도 그리스도의 향기를 풍기는 존재가 됩니다. 하나님은 큰 능력을 가진 자보다 주님의 마음을 닮아 정결한 한 사람을 찾으시며, 그 한 사람을 통해 이 땅에 당신의 살아계심을 나타내기를 기뻐하십니다.

이러한 영적 원리는 자녀 양육에도 동일하게 적용됩니다. 우리 자녀가 겉으로는 세상적인 성공을 이루었을지라도, 하나님과의 관계에서 멀어진 채 살아간다면, 그것은 부모로서 경험하는 가장 큰 영적 고통이 될 것입니다. 자녀의 진정한 성공이란 높은 지위나 풍족한 재물이 아니라, 온유와 겸손함으로 하나님의 길을 따라 순종하며 살아가는 삶입니다. 하나님께 기쁨을 드리고, 하나님의 마음을 시원하게 하는 자녀로 세워지는 것, 그것이야말로 영원한 가치가 있는 성공이며 부모의 참된 소망이 되어야 합니다.

"여호와께서 사무엘에게 이르시되 그의 용모와 키를 보지 말라 내가 이미 그를 버렸노라 내가 보는 것은 사람과 같지 아니하니 사람은 외모를 보거니와 나 여호와는 중심을 보느니라 하시더라"(삼상 16:7)

"그러므로 누구든지 이런 것에서 자기를 깨끗하게 하면 귀히 쓰는 그릇이 되어 거룩하고 주인의 쓰심에 합당하며 모든 선한 일에 준비함이 되리라"(딤후 2:21)

묵상 Point

1. 하나님 앞에서 속사람의 정결함을 구하기보다, 사람들 눈에 보이는 화려한 성과에 더 마음을 쏟고 있지는 않습니까?
2. 자녀의 외적인 경력보다 그 아이의 속사람이 하나님 보시기에 깨끗한 그릇으로 빚어지도록 눈물로 기도하고 있습니까?

2022. 06. 08.

111 상처를 복음의 문으로: 예상치 못한 간증의 자리

우리의 일상, 특히 가장 긴장되고 공식적인 자리조차도 하나님께서는 복음의 문을 여시는 거룩한 기회로 바꾸실 수 있습니다. 신임 회장님과의 첫 회식 자리처럼, 격식을 갖춘 딱딱한 환경에서 갑작스레 "예수님을 어떻게 믿게 되었냐"라는 질문이 나온 것은 결코 우연이 아니었습니다. 그 순간은 하나님께서 우리를 증인으로 세우시려고 치밀하게 예비하신 무대였습니다. 과거 말더듬이라는 깊은 고통 속에서 절망하다가 예수 그리스도를 만나게 된 개인적인 간증은, 세상의 논리로 무장한 사람들의 마음을 가장 무방비 상태로 열어젖힐 수 있는 복음의 강력한 통로가 됩니다.

이 자리는 단순히 친목을 위한 회식이 아니었습니다. 이 사건은 과거의 아픔을 치유하여 복음의 통로로 사용하시는 하나님의 섬세한 손길을 다시 확인하는 증거였습니다. 하나님께서는 2010년대 초 퇴직까지 고민하게 만들며 힘들어하던 시절, 당시 IT 회사 사장님을 변화시켜 사무실에서 영접 기도를 하고 교회를 나가게 하시고, 그 과정을 통해 내 마음을 회복시켜 함께 사역하듯 일할 마음을 다시 주셨습니다. 하나님은 우리의 상처와 고통을 낭비하지 않으시고, 그것을 복음을 전달하는 가장 효과적인 이야기로 엮어내십니다.

하나님께서 우리의 약함을 간증의 도구로 사용하시는 이유는, 인간의 자랑이 섞일 틈을 주지 않고 오직 하나님의 영광만을 드러내기 위함입니다. 말더듬이라는 약함과 결핍은 세상적인 관점에서는 부끄러운 단점일 뿐이지만, 하나님 손에 들려졌을 때는 죽어가는 영혼을 살리는 생명의 언어가 됩니다. 우리가 자신의 완벽함을 뽐낼 때보다 자신의 깨어짐을 정직하게 고백할 때, 사람들은 그 진실함 속에서 살아계신 하나님을 대면하게 됩니다. 고통의 터널을 통과해 본 자만이 줄 수 있는 위로와 소망은, 세상 그 어떤 화려한 수사학보다 강한 울림을 주며 듣는 이들의 영혼에 거룩한 파동을 일으킵니다.

우리는 일터가 곧 하나님께서 우리를 파송하신 선교지임을 기억해야 합니다. 그날 나눈 간증이 임직원들의 마음에 뿌려진 생명의 씨앗이 되어 반드시 합당한 때에 열매 맺기를 간절히 기도하게 합니다. 우리는 이미 완성된 사역을 기대하기보다, 하나님께서 그분들의 삶 가운데 어떤 새롭고 놀라운 일을 이루실지 기대하며 중보하는 사명을 받아야 합니다. 우리의 약함과 상처를 통해 오히려 하나님의 강하심이 드러날 때, 그 간증은 능력이 되어 사람들의 마음을 움직입니다.

"그러나 하나님께서 세상의 미련한 것들을 택하사 지혜 있는 자들을 부끄럽게 하려 하시고 세상의 약한 것들을 택하사 강한 것들을 부끄럽게 하려 하시며"(고전 1:27)

묵상 Point

1. 나의 부끄러운 상처나 약함이 하나님의 손에 붙들릴 때 복음을 전하는 영광스러운 도구가 될 수 있음을 믿습니까?
2. 예상치 못한 순간에 신앙의 이유를 묻는 이들에게 주저 없이 주님의 살아계심을 증거할 준비가 되어 있습니까?

2022. 06. 08.

112 반복되는 듯한 상황에서 하나님이 예비한 '새 일'을 보라

신앙 여정에서 우리는 종종 과거의 고통스러운 경험과 유사한 상황에 다시 직면하곤 합니다. 외형적으로 비슷한 사람, 비슷한 갈등, 비슷한 재정적 압박이 반복될 때, 우리는 쉽게 '또다시 동일한 고난이 시작되었다'라고 절망하며 좌절합니다. 그러나 이 순간, 우리는 영적인 시각을 회복해야 합니다. 하나님은 동일해 보이는 상황 속에서도 결코 같은 목적을 가지고 일하지 않으십니다. 하나님은 과거의 아픔을 반복시키시는 분이 아니라, 우리를 더욱 깊은 치유와 회복으로 이끄시기 위해 '전혀 새로운 일'을 예비하시는 분입니다.

과거와 현재가 같아 보이는 것은 단지 우리의 시각이 제한적이기 때문입니다. 하나님은 우리의 성숙도와 영적 분량을 따라, 사건의 목적과 깊이를 매번 새롭게 설정하십니다. 이 순간은 이전의 상처와 두려움이라는 낡은 옷을 벗어 던지고, 매 순간 하나님이 새롭게 행하고 계심을 믿으며 그분의 뜻에 집중해야 할 때입니다. 모든 고난은 단순히 고통을 주는 형벌이 아니라, 우리를 다루시는 하나님의 '영적 수술대'이며, 불순물을 제거하시고 우리를 정결하게 하시기 위한 정화의 과정입니다.

따라서 우리는 반복되는 문제 앞에서 습관적인 절망이나 세상의 방식을 선택하기보다, 그 속에 숨겨진 하나님의 세밀한 의도를 질문해야 합니다. 과거의 패배감과 상실감에 사로잡혀 현재를 살지 못하는 것은 하나님이 우리를 위해 준비하신 은혜를 거절하는 것과 같습니다. 하나님은 불가능해 보이는 상황, 즉 광야에 길을 내시고 사막에 강을 만드시는 분이기에, 우리가 도저히 길이 없다고 믿는 그 지점에서 비로소 역전의 드라마를 시작하십니다. 어제 경험했던 하나님에 머물지 않고, 오늘 내 삶의 현장에서 새롭게 역사하시는 하나님을 전적으로 신뢰하고 그분의 인도하심에 항복할 때 우리는 비로소 반복의 굴레를 벗어나 자유로움으로 승리의 계단을 오르게 됩니다.

하나님은 선지자 이사야를 통해 "이전 일을 기억하지 말며 옛날 일을 생각하지 말라 보라 내가 새 일을 행하리니"라고 선포하셨습니다. 우리가 하나님의 얼굴을 찾는 순간부터 어떤 사건의 겉모양은 같아 보여도, 그 안에 담긴 하나님의 목적과 세밀한 손길은 언제나 새로운 차원의 축복과 성숙을 향하고 있습니다. 하나님은 우리를 과거의 틀이나 삶에 가두지 않으시고, 매일 새롭게 빚으시며 이전보다 더 아름답고 온전한 모습으로 변화시키기를 원하십니다.

"너희는 이전 일을 기억하지 말며 옛날 일을 생각하지 말라 보라 내가 새 일을 행하리니 이제 나타낼 것이라 너희가 그것을 알지 못하겠느냐 반드시 내가 광야에 길을 사막에 강을 내리니"(사 43:18-19)

"너희 믿음의 확실함은 불로 연단하여도 없어질 금보다 더 귀하여 예수 그리스도께서 나타나실 때에 칭찬과 영광과 존귀를 얻게 할 것이니라"(벧전 1:7)

묵상 Point

1. 반복되는 문제 앞에서 과거의 상처에 매몰되지 않고 하나님이 예비하신 새 일을 기대하고 있나요?
2. 현재의 고난을 나를 정결하게 하시는 하나님의 영적 수술대로 인정하며 그분의 뜻을 구하고 있나요?

2022. 06. 09.

113 진리의 영으로 거짓된 영을 분별하라

우리가 그리스도인으로 살아가면서 끊임없이 경계해야 할 것은 바로 거짓과 미혹의 영입니다. 이 거짓된 영은 미묘하게 우리의 생각과 마음을 지배하며, 만연한 세상의 원리를 따르게 합니다. 이 영이 속삭이는 가장 치명적인 거짓은 '하나님 없이도 나의 능력과 지혜, 성공으로 충분히 살 수 있다'라는 자기 확신입니다. 자아를 절대적으로 신뢰하게 만드는 것입니다. 이러한 속임은 우리를 영적인 교만에 빠지게 하고, 하나님으로부터 독립된 삶을 추구하게 만듭니다. 그 결과, 우리는 하나님을 떠난 곳에서 자유를 찾으려 하지만, 결국 죄와 사망의 노예가 되는 역설적인 상황에 놓이게 됩니다.

그러나 우리에게는 진리의 영이신 성령님이 계십니다. 성령님은 예수 그리스도를 통해 선포된 진리를 깨닫게 하시고, 세상과 사탄이 퍼뜨리는 모든 속임을 명확하게 드러내시는 분입니다. 성령님의 빛이 비칠 때, 우리는 우리가 무엇에 얽매여 있었고, 어떤 거짓된 생각에 속아 살아왔는지를 비로소 직시하게 되며, 참된 자유를 누리게 됩니다. 이 자유는 세상의 방종이 아니라, 진리 안에서 하나님의 뜻에 기꺼이 순종할 수 있는 영적인 해방을 의미합니다.

이러한 분별의 과정은 단회적인 사건으로 끝나지 않고 매일의 치열한 영적 전투로 이어집니다. 거짓의 영은 때로 광명의 천사처럼 가장하여 우리의 감정과 욕망을 자극하며 진리를 왜곡하기 때문입니다. 우리는 자신의 판단력을 과신하기보다 기록된 말씀의 잣대 위에 서서 성령의 조명하심을 구해야 합니다.

내 안에서 일어나는 수많은 생각이 하나님의 성품과 일치하는지, 아니면 나를 높이고 이웃을 멀리하게 만드는지를 점검할 때 미혹의 안개는 걷히게 됩니다. 진리의 영과 동행하는 삶은 곧 나를 부인하고 내 안의 그리스도가 드러나게 하는 삶이며, 이때 비로소 우리는 요동치는 세상 속에서도 흔들리지 않는 평안을 소유하게 됩니다.

우리는 성령님의 강력한 임재를 간절히 간구해야 합니다. 성령님께서 우리의 생각 속에 임재하셔서 세상의 가치관을 몰아내시고, 하나님의 소원과 영원한 계획을 우리의 마음에 불어넣어 주실 때, 우리는 피상적인 변화가 아닌, 내면 깊숙한 곳으로부터의 진정한 변화와 은혜를 경험하게 됩니다. 모든 사람이 어떻게 마귀와 세상의 미혹에 당해 하나님께 마음을 다하여 나아가지 못하도록 막고 있었는지 성령님께서 계시하시고 가르쳐주사, 모두가 자유로움을 경험하도록 중보해야 합니다. 매일 생생하게 살아계신 진리의 영을 만나는 것이 우리의 소망입니다.

"그러나 진리의 성령이 오시면 그가 너희를 모든 진리 가운데로 인도하시리니 그가 스스로 말하지 않고 오직 들은 것을 말하며 장래 일을 너희에게 알리시리라"(요 16:13)

"주의 영이 계신 곳에는 자유가 있느니라"(고후 3:17)

묵상 Point

1. 내 삶의 선택이 나의 능력과 지혜를 의지하는 자기 확신인지, 성령님의 인도하심인지 분별하고 있나요?
2. 매일 기록된 말씀과 성령의 조명하심을 통해 내 안의 거짓된 생각들을 몰아내고 참된 자유를 누리고 있나요?

2022. 06. 09.

114 성령님과 함께 왜곡된 생각의 프레임을 재구성하라

우리의 생각이 바뀌면, 내면세계뿐 아니라 나 자신과 타인, 그리고 주변 상황을 바라보는 관점 자체가 근본적으로 변화됩니다. 인식과 해석의 내용이 새로워지고, 삶을 대하는 태도 또한 예수 그리스도의 시각으로 재구성됩니다. 모든 사람은 자신이 경험해 온 과거의 경험, 지식, 상처에 근거하여 특정한 '생각의 프레임'을 가지고 살아갑니다. 이 프레임은 각자의 내면 깊숙이 자리 잡고 있어, 강력한 외부 충격이나 성령의 역사가 아니면 쉽게 깨지거나 바뀌지 않는 견고한 요새와 같습니다. 이 프레임은 평생을 따라다니며 우리의 생각과 중요한 선택에 지속적인 영향을 미칩니다.

문제는 이 프레임이 진리와 조화를 이루며 나와 타인에게 유익을 준다면 좋겠지만, 만약 그것이 성경적 진리에 반하고 갈등이나 분쟁을 유발하며 우리를 하나님에게서 멀어지게 한다면, 그 생각의 틀은 반드시 하나님의 생각으로 전환되어야 합니다. 로마서는 우리가 이 세대를 본받지 말고 마음을 새롭게 함으로 변화를 받아 하나님의 선하시고 온전하신 뜻이 무엇인지 분별하라고 촉구합니다.

그렇다면 이 근본적인 생각의 전환은 어떻게 가능할까요? 가장 먼저 해야 할 일은 내 안에서 떠오른 생각을 여과 없이 말하거나 행동하기 전에, 그것이 하나님께서 옳다고 여기시는 생각인지 끊임없이 말씀에 비추어 점검하는 것입니다. 하나님의 생각은 먼저 성경을 통해 명확히 선포

되었으며, 이어서 간절히 기도하는 자들에게 성령님을 통해 깨닫게 하십니다. 성령님은 우리 안에 내주하시어 하나님의 깊은 뜻을 알려주시기를 원하십니다. 성령님은 진리의 영이시므로, 우리의 모든 왜곡된 생각과 얽매임에서 우리를 자유롭게 하시고, 그 은혜가 흘러넘쳐 다른 이들에게도 전달되기를 원하십니다.

삶에서 어떤 일에 대해 내 생각이나 강박관념, 주변 사람들의 의견이 밀려올 때마다, 반드시 성령님의 도우심을 의지하여 하나님의 생각과 계획이 무엇인지 물어보십시오. 성령님은 매일 우리의 마음과 생각 속에서 새롭게 일하시며, 우리를 날마다 새사람으로 변화시키시고 예수님의 발자취를 따르게 인도하십니다. 서로 다른 생각과 죄성을 가진 우리가 공동체 속에서 갈등을 일으킬 때, 그 문제를 온전히 해결하실 수 있는 유일한 분은 평안과 화평의 영이신 성령님뿐이십니다. 그러므로 모든 사람 안에 성령님의 내주와 충만함이 임하도록 간절히 기도해야 합니다.

"너희는 이 세대를 본받지 말고 오직 마음을 새롭게 함으로 변화를 받아 하나님의 선하시고 기뻐하시고 온전하신 뜻이 무엇인지 분별하도록 하라"(롬 12:2)

"우리가 그리스도의 마음을 가졌느니라"(고전 2:16)

묵상 Point

1. 내 삶을 지배하는 낡은 생각의 프레임이 하나님의 선하신 뜻을 분별하는 데 장애물이 되고 있지는 않나요?
2. 갈등의 상황에서 내 생각을 고집하기보다 모든 생각을 사로잡아 그리스도께 복종시키는 훈련을 하고 있나요?

2022. 06. 13.

115 정결한 신부의 단장: 하나님의 꿈에 동참하라

하나님께서 각 사람을 향해 품고 계신 궁극적인 꿈은 단순히 이 땅에서의 행복이나 성공이 아닙니다. 그것은 영원한 하나님의 나라에 들어가는 그날, 우리가 예수 그리스도의 거룩하고 정결한 신부로 주님 앞에 서는 것입니다. 이 영광스러운 목적을 위해, 하나님은 우리가 이 땅을 살아가는 동안 당신의 뜻을 온전히 나타내며, 그분의 일을 감당할 수 있는 그리스도의 성품을 닮은 사람으로 끊임없이 준비시키고 이끌어 가십니다.

하나님께서 우리를 그리스도의 사도로, 혹은 하나님의 종으로 부르시고 때로는 혹독한 연단과 고난의 과정을 통과하게 하시는 이유는, 연약한 육신의 불순물을 제거하고 정결한 하나님의 사람으로 세우신 후 당신의 순전한 영광을 나타내기 위함입니다. 이 준비 과정 자체가 성령님께서 우리를 기쁨으로 사용하실 수 있는 합당한 도구로 빚으시는 하나님의 꿈이요, 적극적인 사랑의 행위입니다. 만약 우리가 좋은 직장, 튼튼한 건강, 풍족한 재정적 여유, 평화로운 관계와 같은 목표에만 매몰되어 있다면, 이러한 목표들은 때때로 하나님의 궁극적인 꿈을 가로막는 육신의 소원일 수 있습니다.

따라서 우리가 마주하는 연단의 시간은 결코 의미 없는 시간이 아니라, 영원한 나라의 주인공으로 세워지기 위한 거룩한 '단장의 시간'입니다. 신부가 자신을 정결하게 준비하듯, 우리 또한 삶의 시련을 통해 교만과 이기심을 깎아내고 그 자리에 예수님의 형상을 채워 넣어야 합니다. 하나님은 우리가 단순히 사역의 성과를 내는 일꾼이 되기보다, 그분과 온전한 사랑의 연합을 이루는 신부가 되기를 원하십니다. 이 부르심의 가치를 깨달을 때, 우리는 현재의 고난을 장차 나타날 영광과 비교할 수 없는 축복의 통로로 고백하며 담대히 나아갈 수 있습니다.

우리는 지금까지 어떤 꿈을 위해 살아왔는지 스스로 깊이 질문해야 합니다. 나의 기도와 삶의 초점이 세상이 추구하는 성공이었는지, 아니면 하나님의 뜻이 내 안에서 온전히 이루어지기를 소망하며 연단의 길에 기쁨으로 동참하고 있는지를 점검해야 합니다. 하나님의 꿈은, 우리가 그분의 성품(사랑, 희락, 화평, 오래 참음 등)을 닮은 자녀로 이 세상에서 어둠을 밝히는 빛과 썩지 않게 하는 소금으로 살아가는 것입니다. 우리가 기꺼이 자기 부인하고 십자가를 질 때, 그 삶을 통해 우리는 비로소 하나님의 영원한 꿈에 참여하게 되며, 세상이 줄 수 없는 참된 축복과 만족을 누리게 됩니다.

"하나님이 미리 아신 자들을 또한 그 아들의 형상을 본받게 하기 위하여 미리 정하셨으니 이는 그로 많은 형제 중에서 맏아들이 되게 하려 하심이니라"(롬 8:29)

"그러므로 누구든지 이런 것에서 자기를 깨끗하게 하면 귀히 쓰는 그릇이 되어 거룩하고 주인의 쓰심에 합당하며 모든 선한 일에 준비됨이 되리라"(딤후 2:21)

묵상 Point

1. 나의 기도가 이 땅의 안락함을 구하는 육신의 소원에 머물러 있나요, 아니면 그리스도의 정결한 신부로 빚어지는 하나님의 꿈에 머물러 있나요?
2. 현재 연단의 과정이 나를 합당한 도구로 만드시려는 하나님의 적극적인 사랑의 표현임을 믿음으로 고백하고 있나요?

2022. 06. 15.

116 이해되지 않는 고난 속에서 질문하고 기다리는 믿음

삶에서 마주하는 갑작스러운 사고, 질병, 억울한 일, 악한 자들로 인한 고통 등은 종종 도무지 이해되지 않는 사건으로 다가옵니다. 그러나 그러한 고난조차도 하나님의 시선에서는 많은 열매를 맺기 위한 '한 알의 밀알'이 될 수 있습니다. 제자들과 믿음의 선진들 또한 그들의 고난이 당시에는 온전히 이해되지 않았지만, 오순절 이후 성령님의 계시를 통해 그 의미가 드러났습니다. 마찬가지로 우리 삶의 사건들도 하나님의 섭리 안에서 나중에야 그 뜻이 드러날 수 있습니다.

성도가 주님의 뜻을 따라가다 겪는 고난은, 설령 죽음이라 해도 주님의 삶을 따라가는 대속적 의미를 지닐 수 있습니다. 우리는 사건의 표면만 보고 섣부른 판단을 내리기보다, 하나님의 관점과 섭리 안에서 해석하고 수용하는 훈련을 해야 합니다.

요한복음 9장의 시각장애인처럼, 어떤 고난도 하나님께서 이루실 분명한 목적과 일이 있습니다. 중요한 것은, 그 고난 속에서 하나님의 목적과 마음을 질문하고, 그분이 계시해 주시는 뜻에 귀를 기울이는 것입니다. 하나님은 구하는 자에게 반드시 응답하시며, 그분의 일하심을 깨닫게 하십니다. 그 깨달음은 우리가 모든 상황 속에서도 하나님을 찬양하게 하며, 자유로움 가운데 주님의 영광만을 드러내게 합니다.

빌립보서 4장 4~13절의 말씀처럼, 우리의 삶은 주 안에서 어떤 상황에서도 기뻐하고 감사하며, 하나님의 평안을 배워가는 여정입니다. 그 은혜의 증거들을 세상 앞에 드러내며 살아가는 것이 성도의 부르심입니다. 지금 우리가 겪는 모든 일은 하나님의 허락하심 아래에 있습니다. 모든 염려를 기도와 간구로 주님께 맡기십시오. 주님께서 친히 돌보시겠다고 약속하셨습니다.

하나님의 일을 온전히 이해하고자 한다면 조급한 인간의 시각을 내려놓고, 하나님의 크고 깊은 섭리와 시선으로 바라보는 것이 중요합니다. 그것이 모든 상처와 오해에서 벗어나 생명으로 가는 길입니다. 마침내 우리는 이 길 끝에서 주님과 마주하게 될 것이며, 주님이 준비하신 영광을 보게 될 것입니다. 믿음의 선진들과 삼위일체 하나님께서 기쁨으로 우리를 맞아 주시는 그날을 기대하며 오늘의 길을 묵묵히 걸어가십시오.

"내가 진실로 진실로 너희에게 이르노니 한 알의 밀이 땅에 떨어져 죽지 아니하면 한 알 그대로 있고 죽으면 많은 열매를 맺느니라"(요 12:24)

"아무 것도 염려하지 말고 다만 모든 일에 기도와 간구로, 너희 구할 것을 감사함으로 하나님께 아뢰라 그리하면 모든 지각에 뛰어난 하나님의 평강이 그리스도 예수 안에서 너희 마음과 생각을 지키시리라"(빌 4:6-7)

묵상 Point

1. 도무지 이해되지 않는 고난 앞에서 상황을 섣불리 판단하기보다 하나님께서 나타내실 일을 질문하며 기다리고 있나요?
2. 모든 염려를 기도로 맡기며 내 지각을 뛰어넘는 하나님의 평강이 내 마음과 생각을 지키시도록 내어드리고 있나요?

2022. 06. 16.

117 영혼의 고통에 응답하는 동역자가 되라

모든 사람은 하나님께서 특별하게 창조하신 존재이므로, 우리는 누구를 대하든 하나님의 시선과 마음으로 존중해야 합니다. 사람마다 살아온 환경 속에서 형성된 기질과 재능은 다르지만, 하나님께서 본래 계획하신 속성과 부르심은 오직 그 사람만의 것입니다. 그렇기에 심지어 나를 힘들게 하거나 상처 준 사람이라 할지라도, 그를 향한 하나님의 마음과 계획을 구하며 바라보아야 합니다.

아버지 하나님은 내가 불편해하는 그 사람조차도 나를 존귀하게 여기시는 것처럼, 귀히 여기십니다. 어떤 사람을 만나든지 하나님이 그 사람을 통해 이루고자 하시는 뜻과 아버지의 마음을 먼저 물어야 합니다. 한 영혼의 마음과 내면의 소리에 진심으로 귀 기울이고, 그가 온갖 억압과 묶임에서 벗어나 자유롭게 살아가도록 격려하고 축복하십시오. 더 이상 누구도 비교하거나 단정 짓지 말고, 판단하는 말을 멈추십시오.

진정한 동역은 상대방의 허물을 들추어내는 것이 아닙니다. 그 허물 아래 감춰진 영혼의 신음 소리와 그 영혼을 향한 하나님의 부르짖음까지 듣는 것에서 시작됩니다. 많은 이들이 겉으로는 견고해 보이나 속으로는 해결되지 않은 과거의 상처와 죄책감으로 인해 고통받고 있습니다.

우리가 하나님의 마음을 품는다는 것은 그들의 방어기제 너머에 있는 연약함을 긍휼히 여기는 것입니다. 비난 대신 기도를, 훈계 대신 공감을 선택할 때 비로소 닫혔던 마음의 문이 열리고 하나님의 치유가 시작됩니다. 나 또한 하나님의 전적인 은혜로 용납받은 죄인임을 기억할 때, 우리는 비로소 정죄의 자리에서 내려와 형제의 발을 씻기는 그리스도의 사랑을 실천할 수 있습니다.

성령님의 음성에 귀 기울이고, 그분이 말씀하시는 대로 순종하십시오. 성령님이 지금 그 사람에게 전하고자 하시는 메시지에 민감하게 반응하며, 하나님의 눈으로 바라보고 행동에 옮기십시오. 하나님은 외적인 조건보다 중심의 태도와 동기를 살피시는 분이십니다. 사람들의 마음속에 있는 외로움과 상처, 분노, 깨어진 자아를 주의 깊게 살펴보십시오. 하나님의 위로와 격려로 그들을 돌볼 수 있는 하나님의 동역자, 멘토가 되기를 구하십시오.

"내 형제들아 너희가 여러 가지 시험을 당하거든 온전히 기쁘게 여기라 이는 너희 믿음의 시련이 인내를 만들어 내는 줄 앎이라"(약 1:2-3)

"서로 마음을 같이하며 높은 데 마음을 두지 말고 도리어 낮은 데 처하며 스스로 지혜 있는 체 하지 말라"(롬 12:16)

묵상 Point

1. 내가 쉽게 판단하거나 불편해했던 사람을 향해 하나님은 어떤 계획과 마음을 품고 계신지 성령님께 묻고 있나요?
2. 타인의 외적인 실수나 기질에 집중하기보다 그 내면의 상처와 고통에 공감하며 위로의 통로가 되기를 힘쓰고 있나요?

2022. 06. 19.

118 일시적인 즐거움을 내려놓고 새 소명에 순종하다

둥지를 흔드시는 하나님의 사랑

지난 14년 동안 주일의 황금 시간을 기꺼이 바쳤던 교회 축구 동아리 활동은 표면적으로 '축구선교회'라는 이름을 가졌으나, 내면적으로는 오랜 시간 허락된 '즐거움'이자 안식처였습니다. 그러나 하나님께서는 최근 몇 달간 지금의 직장 생활을 정리하고, 내 인생 가운데 진정으로 원하시는 새로운 일을 준비하라는 강한 마음을 주셨습니다. 이는 마치 어미 독수리가 새끼 독수리를 더 큰 세상으로 날려 보내기 위해 평온했던 둥지를 흔드는 것과 같은 하나님의 깊은 사랑과 훈련의 과정이었습니다.

특히 회사 내 한 직원과의 30개월간 이어진 어려운 관계를 지나오면서, 하나님께서는 내 깊은 내면을 만지시고 치유하셨습니다. 이 고통의 연단은 나의 영적인 민감성을 극대화하였고, 이 평온했던 일상을 흔들어 하나님이 원하시는 새로운 부르심으로 나아가도록 준비하는 예비 과정이 되었습니다. 그 연장선상에서, 10여 년 전 마음속에 주셨던 간증 책 집필에 대한 소명을 다시 불러일으키셨습니다. 1차로 써두고 묵혀두었던 원고를 이제 마무리하여 세상에 내놓을 때가 되었음을 깨닫게 하신 것입니다. 그 책을 통해 억눌리고 자유롭지 못한 수많은 영혼이 진정한 회복을 경험하고 하나님 앞으로 돌아오게 하시려는 하나님의 뜻이 점점 더 분명해지고 있음을 느낍니다.

하나님께서는 이제 지난 14년간 허락하셨던 '즐거움'을 내려놓고, 당신이 원하시는 더 크고 영원한 일에 동참하라고 부르심을 주고 계십니다. 이 부르심은 인간적인 계산이나 능력으로 감당할 수 없기에, 오직 하나님께서 주신 은혜와 결단의 힘으로 순종하며 나아가는 것만이 우리의 길입니다. 지금은 하나님께서 앞으로의 삶을 어떻게 이끌어 가실지에 대해 기도해야 할 때입니다. 책 출간은, 오직 하나님의 은혜를 전하는 통로가 되어 60대 이후의 삶을 온전히 그분의 뜻대로 살아가기 위한 구체적인 확신과 사명 선포의 기회가 될 것입니다.

이러한 결단은 익숙한 것과의 결별을 의미하기에 두려움이 따를 수밖에 없지만, 하나님은 우리가 비운 그 자리에 세상이 줄 수 없는 신령한 기쁨을 채워주십니다. 한때는 인생의 가장 큰 활력소라 믿었던 취미와 인간관계가 하나님의 부르심 앞에서 우선순위가 바뀔 때, 우리의 영적 지경은 확장되기 시작합니다. 하나님이 주신 소명은 고통 가운데 있는 다른 영혼들을 살리기 위한 생명줄입니다. 나를 흔들어 깨우신 하나님의 손길이 결국은 나를 비상하게 하려는 은혜임을 신뢰하며, 이제는 주님이 예비하신 사명의 하늘로 힘차게 날갯짓을 시작해야 합니다.

"너희가 나 있을 때뿐 아니라 더욱 지금 나 없을 때에도 항상 복종하여 두렵고 떨림으로 너희 구원을 이루라 너희 안에서 행하시는 이는 하나님이시니 자기의 기쁘신 뜻을 위하여 너희에게 소원을 두고 행하게 하시나니"(빌 2:12-13)

묵상 Point

1. 하나님께서 새로운 사명을 위해 나의 평온했던 일상의 둥지를 흔드실 때 믿음으로 순종할 준비가 되어 있나요?
2. 나를 위로했던 일시적인 즐거움을 내려놓고, 영혼을 살리는 간증의 통로로 쓰임 받기 위해 무엇을 결단할 수 있나요?

2022. 06. 21.

119 자기 생각의 틀을 깨트리고 무한한 세계로 날아오르라

우리는 종종 편안하고 풍요로운 삶에 만족하며, 직장이나 가정이 주는 안전함과 매일의 필요한 것들에만 의지하며 살아갑니다. 그렇게 사는 것이 인생의 전부라고 믿고 있다면, 이제는 그 생각에서 벗어나야 합니다. 우리는 자신이 가진 좁고 제한된 경험의 틀 속에 갇혀 있으면서도, 그것이 최선이며 옳은 삶의 방식이라 여기며 살아가고 있지는 않습니까? 하나님께서 우리를 부르신 삶은 결코 그렇게 작고 제한된 울타리 안에 머무는 것이 아닙니다.

하나님이 계획하신 삶은 무한하고 자유로운 세계입니다. 그런데 우리는 각종 염려와 두려움, 과거의 상처와 세상의 가치관에 얽매여 마음과 생각이 묶인 채 살아가고 있는 경우가 많습니다. 그런 마음의 결박이 무엇인지 성령님의 도우심으로 분별하고, 과감히 끊어내야 합니다. 자기 생각과 경험이라는 좁은 울타리 안에만 머문다면, 결코 하나님의 풍성한 세계를 경험할 수 없습니다. 다른 사람을 통해 전해 들은 지식에 머무르지 말고, 큰 갈망과 목마름으로 하나님께 직접 구하고 찾으십시오. 그분은 간절히 찾는 자에게 진리의 문을 여시는 분이십니다.

우리가 깨트려야 할 가장 견고한 틀은 바로 '내가 생각하고 보고 아는 것만이 진리'인 것처럼 믿는 영적인 교만과 안일함입니다. 하나님은 광야에 길을 내시고 사막에 강을 만드시는 분이지만, 우리의 고정관념은 자꾸만 자기를 포로로 만드는 장벽을 쌓아 올립니다. 성령님께서 우리의 영안을 열어주실 때, 우리는 비로소 자아라는 좁은 감옥에서 벗어나 하나님의 가능성이라는 광활한 대지로 발을 내디딜 수 있습니다. 익숙함이 주는 안락함은 때로 우리를 영적으로 병들게 하는 독이 되기도 합니다. 주저앉아 있던 자리, 편안한 생각과 습관에서 벗어나 믿음의 모험을 시작할 때, 우리는 비로소 나를 위해 마련된 하나님의 광대하신 통치와 공급하심을 생생하게 보게 될 것입니다.

새로운 세계로 들어가려면, 기존의 익숙한 생각의 틀을 깨야 합니다. 성령님께서 주시는 하나님의 생각과 말씀을 받아들일 때, 비로소 진리의 자유와 하나님의 놀라운 계획을 맛볼 수 있습니다. 나비가 날기 위해서는 반드시 그 알을 깨고 나와야 하듯이 말입니다. 성령 안에서 묵은 틀을 깨트리고 하나님의 새로운 생명과 자유로 나아가는 첫걸음을 내딛기를 소망합니다.

"오직 너희의 심령이 새롭게 되어 하나님을 따라 의와 진리의 거룩함으로 지으심을 받은 새 사람을 입으라"(엡 4:23-24)

"이러므로 우리에게 구름 같이 둘러싼 허다한 증인들이 있으니 모든 무거운 것과 얽매이기 쉬운 죄를 벗어 버리고 인내로써 우리 앞에 당한 경주를 하며"(히 12:1)

묵상 Point

1. 내가 정해 놓은 좁은 경험과 생각의 울타리가 하나님의 크신 일하심을 가로막고 있지는 않나요?
2. 안주하고 싶은 마음을 뒤로하고 하나님의 풍성한 세계를 직접 경험하기 위해 간절한 갈망으로 나아가고 있나요?

2022. 06. 22.

120 나는 집 안에 있는 탕자인가, 집을 떠난 탕자인가?

탕자는 결코 하나님 앞에서 홀로 버려진 존재가 아닙니다. 전능하신 하나님께서는 언제나 성령님과 천사들, 그리고 믿음의 사람들을 통해 탕자 곁을 지키시며, 그가 마음을 열고 자원하는 심령으로 돌아오기를 간절히 기다리고 계십니다.

우리가 세상 끝에 홀로 있는 것처럼 느껴질 때조차, 하나님은 그 자리에서도 우리를 부르십니다. 하나님은 인격적이시고 온유하신 분입니다. 탕자들이 자신의 영적·정서적 비참한 상태를 깨닫고 아버지께로 돌아올 때까지 오래 참고 기다리십니다. 그러나 집 안에 있는 큰아들처럼, 겉으로는 아버지 집에 머물고 있으나 그 마음과 생각이 아버지의 마음과 전혀 닮지 않았다면, 과연 아버지께서 그 모습을 기뻐하실 수 있을까요?

집 안에 머물며 의무를 다하고 있다는 안도감이 때로는 우리를 더 큰 영적 장애인으로 몰아넣기도 합니다. 큰아들의 비극은 아버지와 한 공간에 있었음에도 아버지의 기쁨에 동참하지 못했다는 데 있습니다. 그는 동생이 돌아왔을 때 함께 기뻐하기보다 자신의 의로움을 내세우며 분노했습니다. 이는 우리 안에 도사린 '율법주의적 독소'를 보여줍니다. 내가 행한 열심과 헌신이 하나님을 향한 사랑이 아닌, 보상을 바라는 거래가 될 때 우리는 언제든 집 안의 탕자가 될 수 있습니다. 아버지가 진정 원하시는 것은 완벽한 종의 성실함이 아니라, 아버지의 아픔에 공감하고 아버지의 기쁨에 함께 춤추는 자녀의 마음입니다.

반면, 비록 집을 떠난 탕자라 할지라도 결국 자신의 상태를 깨닫고 아버지의 크신 사랑을 믿고 진심으로 회개하며 돌아온다면, 아버지께서는 진심으로 그를 기뻐하며 맞아 주십니다. 잃었던 자녀가 돌아온 것보다 더 큰 기쁨은 없기 때문입니다. 우리의 마음은 지금 아버지께서 기뻐하시는 상태일까요? 아니면 겉모습만 아버지 곁에 있는 듯하지만, 실제로는 불만과 자기 의로 가득 찬 큰아들의 모습인가요?

혹시 구원받은 이후에도 오랜 시간 동안 스스로는 깨닫지 못한 채 큰아들처럼 살아온 적은 없었습니까? 아버지의 마음을 알지 못하고 살아가는 것이 바로 탕자의 삶입니다. 그런데도 자신은 여전히 하나님의 자녀로 잘살고 있다고 착각하고 있는 외식적인 삶이야말로, 가장 안타까운 상태입니다. 하나님 아버지는 집 안에 있는 탕자도, 집을 떠난 탕자도 모두 진심으로 자신의 상태를 돌아보고, 회개하고 돌아오라고 부르고 계십니다.

"우리 주 예수 그리스도와 우리를 사랑하시고 영원한 위로와 좋은 소망을 은혜로 주신 하나님 우리 아버지께서 너희 마음을 위로하시고 모든 선한 일과 말에 굳건하게 하시기를 원하노라"(살후 2:16-17)

"아들이 이르되 아버지 내가 하늘과 아버지께 죄를 지었사오니 지금부터는 아버지의 아들이라 일컬음을 감당하지 못하겠나이다 하나"(눅 15:21)

묵상 Point

1. 나는 겉으로 보기에 신앙의 자리를 지키고 있지만, 속으로는 큰아들처럼 자기 의와 불만에 사로잡혀 있지는 않나요?
2. 잃어버린 영혼이 돌아올 때 아버지의 기쁨에 온전히 동참할 수 있을 만큼 내 마음이 아버지의 심장과 연결되어 있나요?

2022. 06. 23.

121 온유와 겸손의 길: 성령님과 함께 메는 예수님의 멍에

마태복음 11장 28~30절에서 예수님은 우리에게 '멍에'를 메라고 하셨습니다. 그분이 말씀하신 멍에는, 하나님의 뜻을 이루기 위해 예수님께서 성령님과 철저히 함께 걸으신 삶을 따르라는 부르심입니다. 이 멍에는 단순히 고난이나 짐을 의미하지 않습니다. 그것은 성령님과 동행하며 하나님의 일에 참여하는 삶, 곧 예수님이 보여주신 온유와 겸손의 길을 따르는 것입니다.

예수님의 공생애를 통해 우리는 그분이 어떻게 멍에를 메셨는지 배울 수 있습니다. 예수님은 십자가의 죽음에 이르기까지, 자기 뜻과 육신의 욕구를 완전히 내려놓고 철저히 하나님의 뜻에 순종하셨습니다. 이것이 참된 온유와 겸손의 모습이며, 그 안에 진정한 자유와 안식이 있습니다. 예수님은 항상 성령님의 인도하심을 따라 움직이셨습니다. 아버지께서 지금 무엇을 원하시는지 성령님을 통해 듣고 보신 만큼만 행하셨습니다. 이것이 겸손한 삶의 본질입니다.

온유란, 나를 대적하는 이들까지도 스스로 판단하거나 대응하지 않고, 모든 것을 하나님께 맡기며 하나님의 뜻에만 집중하는 성령님의 열매입니다. 철저하게 자기 생각이나 경험을 내려놓고 하나님의 생각과 뜻을 구하고 순종하는 삶입니다. 예수님은 우리에게 그분의 멍에를 메라고 하셨습니다. 그 멍에는 다음과 같은 의미를 담고 있습니다.

첫째, 멍에는 예수님의 십자가 언약으로 맺어진 '아버지와 자녀의 관

계'입니다.

이 관계는 두 인격체가 하나의 방향과 목적을 향해 함께 나아가는 언약의 연결입니다. 결코 끊어질 수 없는 동행의 고리입니다.

둘째, 멍에는 철저히 성령님을 의지하며 그분과 함께하도록 설계된 삶입니다.

내가 내 인생의 짐을 홀로 지려고 할 때는 결코 주님의 멍에를 멜 수 없습니다. 주님이 이미 메고 계신 멍에 안으로 들어가야 주님과 함께 멍에를 메고 그분과 동행할 수 있습니다.

때로는 내 안의 연약함이 하나님의 특별한 섭리 속에 허락된 멍에일 수 있습니다. 그 멍에 때문에 우리는 성령님께 더욱 가까이 나아가게 되고, 결국 그 약함이 인생의 걸림돌이 아니라 든든한 디딤돌이자 반석이 되어 주님의 길을 걷게 합니다. 예수님의 멍에를 메고, 무거운 짐을 벗으며 참된 안식을 배우십시오. 성령님과 함께 걷는 멍에의 길은 결코 고달픈 인생이 아니라, 하나님의 능력과 평안이 흐르는 복된 삶입니다.

"수고하고 무거운 짐 진 자들아 다 내게로 오라 내가 너희를 쉬게 하리라 나는 마음이 온유하고 겸손하니 나의 멍에를 메고 내게 배우라 그리하면 너희 마음이 쉼을 얻으리니"(마 11:28-29)

"만일 우리가 성령으로 살면 또한 성령으로 행할지니"(갈 5:25)

묵상 Point

1. 내 삶의 무거운 짐을 홀로 지려 애쓰기보다 주님과 함께 멍에를 메고 그분의 속도에 맞추어 걷고 있나요?
2. 나를 힘들게 하는 연약함이 오히려 성령님을 더 깊이 의지하게 만드는 축복의 멍에임을 인정하며 감사를 고백하나요?

2022. 06. 28.

122 수혜자의 자리에서 복음 전달자의 통로로

참된 복음은 우리를 도움을 받는 자의 위치에 계속 머무르게 하지 않습니다. 오히려, 우리를 통해 하나님의 온전한 선물이 흘러가도록 하시며, 차고 넘치는 공급의 통로로 변화시키십니다. 모든 사람은 하나님께서 특별한 사명과 목적을 가지고 이 땅에 보내신 존재입니다. 하나님은 각 사람을 복음을 전하는 사명자로 부르셨습니다. 우리는 사람들을 단순히 이익이나 도움을 주는 대상으로만 볼 것이 아니라, 하나님의 목적을 위해 부르심을 받은 동역자로서 존귀하게 대해야 할 것입니다.

♣ 수혜자의 의존을 넘어 통로의 사명으로

우리는 자신에게 물어야 합니다. "나는 사람들에게 무엇을 기대하고 있는가? 그들을 통해 하나님의 뜻이 이루어지기를 바라는가, 아니면 나의 현실적인 필요만을 채워주는 존재로 생각하고 있는가?" 우리는 사람을 통해 공급받을 수 있습니다. 그러나 그것이 성령님의 인도하심과는 무관한, 육신의 필요를 채우기 위한 만남이라면, 그것은 위험한 의존이 될 수 있습니다.

하나님께서 쓰시는 사람이라 할지라도, 내가 하나님보다 사람을 의지한다면, 결국 하나님의 뜻에서 벗어나게 될 수 있습니다. 이는 사람 자체가 우리의 근본적인 공급원이나 구원의 능력이 될 수 없기 때문입니다. **성도의 시선은 항상 눈에 보이는 사람이나 환경을 넘어, 모든 공급과 능력의 근원이 되시는 하나님께 고정되어야 합니다. 우리가 사람과의 관계 속에서 그들을 통해 공급받는 것에 익숙해질수록, 하나님과의 수직적인**

관계보다는 인간적인 수평적 의존에 빠지기 쉬우며, 이는 영적인 게으름과 퇴보로 이어질 수 있습니다.

우리가 사람에 대한 의존을 끊어내지 못할 때 발생하는 큰 비극은 하나님의 '직접적인 일하심'을 기대하지 않게 된다는 점입니다. 기도의 무릎보다는 인맥의 목록을 먼저 살피게 되고, 성령의 세밀한 음성보다는 권력자의 말 한마디에 일희일비하게 됩니다. 하지만 하나님은 때로 우리가 의지하던 사람의 손길을 거두심으로 우리가 오직 하나님 한 분만을 바라보게 훈련하십니다. 이 훈련은 우리를 고립시키기 위함이 아니라, 우리를 사람의 종이 아닌 하나님의 종으로 바로 세우기 위한 필수적인 과정입니다. 하나님 한 분만으로 충분하다는 신앙의 기초가 견고해질 때, 우리는 사람을 향해 구걸하는 자가 아니라 하나님의 부요함을 나누어주는 거룩한 통로로 거듭나게 됩니다.

♣ 능동적인 복음 전달자의 삶

진정한 복음은 우리에게 수동적인 수혜자가 아닌, 능동적인 복음의 전달자이자 하나님의 은혜가 흘러가는 그릇이 되게 하십니다. 복음 안에는 하나님의 의가 나타나 있습니다. 이 의는 우리가 율법을 행함으로 얻는 것이 아니라 오직 믿음으로 주어지는 것이며, 그 믿음으로 우리가 살게 됩니다. 우리가 받은 구원과 의의 은혜가 너무나 크고 풍성하므로, 우리는 이제 자신의 필요를 채우는 데 급급한 수혜자의 자리를 벗어나, 그 은혜를 다른 이들에게 전하는 사명자로 부르심을 받은 것입니다.

전달자의 삶을 산다는 것은 내 삶의 현장에서 그리스도의 생명력을 증명하는 것을 의미합니다. 수혜자로만 머물러 있을 때는 나의 부족함과 결핍에 집중하게 되지만, 전달자로 서게 되면 내 안에 이미 주어진 하나님의 풍성함에 주목하게 됩니다. 복음의 통로로 쓰임 받기 시작할 때, 놀랍게도 내가 먼저 채워지는 은혜를 경험하게 됩니다. 이는 샘물이 흘러가야 새 물이 솟아오르는 것과 같은 영적 원리입니다. 우리가 타인의 영혼을 향해 하나님의 사랑과 진리를 흘려보낼 때, 우리 내면의 메마른 땅은 축복의 단비로 적셔지며, 비로소 그리스도인의 정체성이 완성되는 희열을 맛보게 됩니다.

하나님께서는 우리를 이 땅에 보내시면서 모든 민족을 제자로 삼아 아버지와 아들과 성령의 이름으로 세례를 베풀고, 예수님께서 분부하신 모든 것을 가르쳐 지키게 하라는 위대한 사명을 주셨습니다. 이 사명은 우리가 사람들을 단지 우리 삶의 필요를 채우는 존재로 여기는 근시안적인 시각에서 벗어나, 그들 한 사람 한 사람을 하나님 나라의 영광스러운 제자로 세워야 할 대상으로 보게 합니다. 우리가 복음 전달자의 통로가 될 때, 우리의 삶은 하나님의 공급으로 차고 넘치게 되며, 세상에 그리스도의 향기를 흘려보내는 존귀한 그릇이 될 것입니다.

"복음에는 하나님의 의가 나타나서 믿음으로 믿음에 이르게 하나니 기록된 바 오직 의인은 믿음으로 말미암아 살리라 함과 같으니라"(롬 1:17)

"그러므로 너희는 가서 모든 민족을 제자로 삼아 아버지와 아들과 성령의 이름으로 세례를 베풀고"(마 28:19)

묵상 Point

1. 나는 사람과의 관계에서 나의 결핍을 채워줄 수혜자의 자리에 있나요, 아니면 전달자의 사명에 집중하고 있나요?
2. 내 삶의 모든 공급이 하나님에게서 옴을 신뢰하며, 내게 주신 은혜를 누구에게 흘려보내야 할지 찾고 있나요?

하나님의 꿈은 계속 진행 중이다

침묵의 시간 속에 감추어진 섭리와 하나님의 때

2023년 4월 5일, 제 인생의 첫 번째 책이 세상의 빛을 보게 되었습니다. 이 책이 한 권의 결과물로 나오기까지의 과정을 되돌아보면, 인간의 이성으로는 도저히 설명할 수 없는 하나님의 기이한 섭리와 정확한 타이밍에 전율하지 않을 수 없습니다. 하나님은 제가 40세가 되던 무렵, 제 마음밭에 작은 소망의 씨앗 하나를 심어주셨습니다. 그것은 50대가 되면 책을 출간하여, 제 삶에 역사하신 하나님의 일들을 세상에 알리고 복음을 전하는 통로로 삼고 싶다는 꿈이었습니다.

그러나 마음속의 열망과 현실의 실천 사이에는 언제나 건너기 힘든 깊은 강이 흐르고 있었습니다. 막연한 꿈이 구체적인 현실로 다가오기까지는 꽤 오랜 연단의 시간이 필요했습니다. 하나님은 저를 멈추게 하셨다가 다시 걷게 하셨고, 침묵하게 하심으로 비로소 말하게 하셨습니다.

♣ 광야의 도서관, 멈춤이 가져다준 선물

2012년 8월, 5년간 몸담았던 회사가 문을 닫으면서 저는 예기치 않게 실직이라는 광야에 내던져졌습니다. 가장의 무게가 어깨를 짓누르는 상황 속에서 제가 할 수 있는 일이라곤 집 근처 강동구 성내도서관으로 출근하는 것뿐이었습니다. 세상의 눈으로 볼 때 그곳은 실직자의 도피처였을지 모르지만, 하나님 보시기에는 저를 작가로 훈련시키기 위한 '광야학교'였습니다.

취업을 위해 이력서를 쓰는 시간과 하나님이 행하신 일들을 기록하는 시간 사이에서 저는 줄타기를 했습니다. 놀랍게도 하나님은 생존을 위한 글쓰기보다 사명을 위한 글쓰기에 집중할 때 제 영혼에 기쁨과 평안을 주셨습니다. 온전히 집중하여 시간을 떼어놓지 않으면 결코 하나님의 이야기를 담아낼 수 없음을 그때 깨달았습니다. 다음 해 5월에 재취업하기까지 이어진 9개월의 공백 기간에, 저는 이 책의 모태가 되는 첫 번째 책 원고의 절반가량을 완성할 수 있었습니다. 돌이켜 보면 그 9개월은 잃어버린 시간이 아니라, 하나님께서 강제로 확보해 주신 '거룩한 집필의 시간'이었습니다.

그러나 2013년 5월, 다시 직장 생활이 시작되자마자 펜은 멈추었습니다. 안정이 찾아오니 간절함이 사라진 것입니다. 하나님은 다시금 고난이라는 확성기를 드셨습니다. 어렵게 입사한 공제조합에서 저는 말로 표현할 수 없는 고통을 겪으며 3개월 만에 해고를 당했습니다. 이후 2014년 2월 재취업하기까지 7개월간 또다시 실직이 반복되었습니다. 하나님은 이 두 번째 광야에서도 저를 도서관 책상 앞에 앉히셨습니다. 저는 이력서를 제출하고 남는 모든 시간을 쏟아부어 글을 썼습니다. 그때는 몰랐지만, 하나님은 10년 뒤에 완성될 퍼즐 조각들을 그때 미리 깎고 다듬고 계셨던 것입니다.

♣ 고통이라는 이름의 조련사, 그리고 다시 든 펜

2014년 2월, 현재의 회사에 입사하며 생활은 안정되었고, 책을 쓰겠다는 꿈은 다시 깊은 서랍으로 들어갔습니다. 그렇게 8년이라는 시간이 흘렀습니다. 하나님은 저를 다시 깨우기 위해 '관계의 고통'이라는 강력한 도구를 사용하셨습니다. 2022년 중반부터 시작된 회사 내 직원과의 극심한 갈등은 제 영혼을 밑바닥까지 뒤흔들었습니다.

그 고통 속에서 저는 문득 미래에 대한 두려움과 마주했습니다. "이 회사를 언제까지 다닐 수 있을까?"라는 현실적인 질문 앞에, 아무런 준비도 되어 있지 않은 자신을 발견했습니다. 30세 무렵 하나님께서 주셨던 '상담가'의 비전이 떠올랐습니다. 비록 세상이 인정하는 학위도, 전문적인 경력도 없었지만, 하나님은 저를 세상과는 다른 방식의 상담가로 빚어오셨음을 깨달았습니다.

반복되는 직원과의 마찰은 저를 책상 앞으로 밀어붙이는 하나님의 손길이었습니다. 자발적으로 순종하지 않는 저에게 힘든 상황을 만들어서라도 당신의 꿈에 동참시키려는 하나님의 열심이었습니다. 저는 다시 펜을 들었습니다. 멈추었던 10여 년의 시간을 뛰어넘어, 2022년 12월까지 미완성으로 남겨졌던 원고들을 하나둘씩 정리해 나갔습니다. 고통이 없었다면 결코 다시 시작하지 못했을 작업이었습니다.

♣ 닫힌 문 뒤에 예비된 좁은 문

막상 원고를 완성했지만, 출판의 벽은 높고 견고했습니다. 2022년 7

월부터 두란노, 규장, 예수전도단 등 내로라하는 기독교 출판사 3곳에 원고를 보냈지만, 5개월의 기다림 끝에 돌아온 것은 '출판 불가'라는 차가운 거절뿐이었습니다. 11월, 모든 문이 닫힌 것 같은 절망감 속에서 마음이 절박해졌습니다.

저는 인간적인 방법을 내려놓고, 가장 낮고 겸손한 방법으로 하나님의 인도를 구하기로 했습니다. 지인들이 있는 카카오톡 단체방 네 곳에 원고 파일을 올리며 기도를 부탁했습니다. "이 글을 읽고 감동을 받는 누군가가 출판사나 작가님과 연결될 수 있도록 기도해 주세요." 그것은 막막한 현실 속에 띄워 보낸 믿음의 편지였습니다.

그리고 하나님께서는 2022년 12월 17일, 생각지도 못한 곳에서 일하기 시작하셨습니다. 코로나 팬데믹 이후 오랜만에 열린 고시원 연말 모임이 그 시작점이었습니다. 과거 고시 공부를 함께했던 9명의 지인과 만난 자리에서, 저는 근황을 나누며 출간 준비 중인 책과 오륜교회 '하늘카페 아름다운 이야기' 영상을 소개했습니다.

그때 그 자리에 있던 한 형제님이 제 이야기에 깊은 감동을 받았습니다. 놀랍게도 그는 교정직 공무원 시절 함께 근무했던 기독교 수필 작가님을 알고 있었고, 그분에게 제 원고와 영상을 전달해 주었습니다. 전혀 연결고리가 없을 것 같았던 두 사람 사이에 하나님은 '한 형제님'이라는 징검다리를 놓으셨습니다.

♣ 만남의 신비, 예비된 동역자

12월 22일, 작가님으로부터 짤막한 피드백 문자를 받았습니다. 그리고 다음 날인 12월 23일 저녁, 서울 지하철 7호선 철산역 부근의 한 식당에서 작가님과 마주 앉았습니다. 처음 뵙는 분이었지만, 2시간의 대화 속에서 우리는 서로에게 흐르는 성령의 감동을 느꼈습니다. 영향력 있고 실력 있는 전문 작가님이 무명의 예비 저자인 저의 윤문 작업을 흔쾌히 맡아주시기로 한 것은 기적과도 같았습니다.

더욱 놀라운 사실은 대화 중에 밝혀졌습니다. 그 작가님이 제가 섬기는 오륜교회 김은호 담임 목사님과 중고등학교 동창이라는 사실이었습니다. 전혀 접점이 없어 보였던 우리 만남 뒤에 하나님께서 촘촘하게 엮어놓으신 관계의 그물망이 드러나는 순간, 우리는 서로 마주 보며 하나님의 섭리에 감탄할 수밖에 없었습니다. 이것은 우연이 만들어 낼 수 없는, 오직 하나님만이 하실 수 있는 '필연'이었습니다.

2023년 1월부터 2월 말까지 이어진 윤문 작업은 은혜의 연속이었습니다. 바쁜 일정 속에서도 작가님은 하루 10시간 가까이 제 원고를 붙들고 씨름해 주셨습니다. 나중에 듣기로는 그 많은 시간을 쏟으면서도 피곤함보다 기쁨이 가득했다고 하셨습니다. 하나님께서 그분의 마음에 거룩한 부담감과 기쁨을 동시에 부어주신 것입니다. 인간적인 계산으로는 도저히 불가능한 헌신이 오직 하나님의 은혜로 이루어졌습니다.

♣ 마지막 퍼즐 조각까지 맞추시다

출판사가 '지식과감성'으로 확정되고, 지인들의 서평을 통해 은혜의 확증을 받으며 모든 과정이 순조롭게 진행되는 듯했습니다. 하지만 제 마음 한구석에는 여전히 해결되지 않은 부담감이 자리 잡고 있었습니다. 바로 책 내용에 포함된, 현재 재직 중인 회사 직원과의 갈등 이야기였습니다. 실명은 거론하지 않았지만, 관계의 고통을 겪는 이들에게 실제적인 도움을 주기 위해 불가피하게 기록한 내용이었습니다.

그런데 하나님께서는 이 문제마저도 당신의 시간표에 맞춰 완벽하게 해결해 주셨습니다. 2023년 2월 23일, 분당오륜교회 목사님께서 제가 단톡방에 올린 원고를 읽으시고 감동을 받아 3월 10일 금요기도회 간증자로 저를 초대하셨습니다. 간증을 하루 앞둔 3월 9일, 저를 그토록 힘들게 했던 그 직원이 공식적으로 사직 의사를 밝혔습니다. 책 출간 예정일인 4월 5일쯤에는 그 직원이 회사를 떠날 수 있게 된 것입니다. 하나님은 제가 마음 편히 책을 출간하고, 그 책이 필요한 곳에 흘러갈 수 있도록 장애물마저도 완벽한 타이밍에 거두어 가셨습니다.

마지막 관문이었던 추천사 또한 하나님의 드라마였습니다. 김은호 목사님의 추천사를 받고 싶었지만, 절차상 어려움이 있었습니다. 그때 하나님은 분당오륜교회 목사님을 통해 길을 열어주셨습니다. 작가님의 인맥을 의지하고픈 인간적인 유혹을 뿌리치고 기도로 나아갔을 때, 생각지도 못한 방법으로 추천사를 받을 수 있게 하셨습니다.

♣ 에필로그를 마치며

첫 번째 책은 단순히 한 개인의 기록이 아닙니다. 글쓰기와는 전혀 무관했던 한 사람을 10년의 세월 동안 광야에서 훈련하시고, 결정적인 순간에 사람을 붙이셔서 당신의 이야기를 완성해 가신 하나님의 '집요한 사랑과 열심의 기록'입니다.

제가 멈추었을 때 하나님은 상황을 흔들어 다시 쓰게 하셨습니다. 길이 막혔을 때 하나님은 사람을 통해 새 길을 내셨습니다. 나의 계획이 무너진 자리에서 하나님의 섭리는 더욱 선명하게 빛났습니다.

아울러 금번 이 책이 나오기까지 보이지 않는 곳에서 기도로, 헌신으로 함께해 주신 모든 동역자분께 진심으로 감사를 드립니다. 그리고 무엇보다, 부족한 저를 작가로 부르셔서 당신의 위대한 구원 역사에 작은 점 하나를 찍게 하신 나의 하나님께 모든 영광을 올려드립니다. 하나님의 꿈은 지금도, 그리고 앞으로도 계속 진행 중입니다.

"사람이 마음으로 자기의 길을 계획할지라도 그의 걸음을 인도하시는 이는 여호와시니라"(잠 16:9)

"우리가 알거니와 하나님을 사랑하는 자 곧 그의 뜻대로 부르심을 입은 자들에게는 모든 것이 합력하여 선을 이루느니라"(롬 8:28)